# 인권과 통일

- 통일을 위한 인권 이념-

박한식 교수

박한식 사랑방 통일이야기 2

# 인권과 통일

- 통일을 위한 인권 이념-

열린서원

# 머리말

저를 좋아하고 대화하길 원하는 뜻있는 몇몇 이들이 옛날 우리의 사랑방처럼 오가는 사람들이 몸도 녹이고 격의 없이 대화하고자 하는 뜻을 살려 매달 만나 저의 얘기를 듣고 같이 연구한 것이 벌써 삼년 반이됩니다. 그동안 한국 뿐 아니라 미국, 캐나다, 독일, 중국, 핀란드, 호주, 나이지리아 등 세계 각국에서 많은 분들이 강의에 참여하였는데 이는 우리 민족이 조국의 평화와 통일에 대한 집념이 강하기 때문이라 생각합니다. 그 사이에 『안보에서 평화로』라는 책이 나왔고 그 후 있었던 스무 개의 강좌를 모아 이번에 두 번째 책을 펴냅니다.

우리가 평화와 통일을 추구하지만, 사실 통일 없이는 남북 사회에 평화도 없습니다. 통일을 지향하지 않으면 평화는 오지 않는다는 것을 저는 항상 느낍니다. 남과 북이 평화롭게 살고 통일하자는 것은 1972년 7.4남북공동선언에서 시작해 수차례에 걸쳐 정상들 사이에서도 대화가 오가고 선언문도 만들어지고 했지만, 전쟁이 끝난 후 70년이 지나도 여전히 진전이 없는 이유는 무엇보다도 남과 북이 각각 가지고 있는 기득권의 뿌리 때문입니다. 이 기득권 문제가 해결되지 않으면 절대로 평화와 통일이 오지 않습니다. 따라서 남과 북이 기존의 단체나 개인이 누려

온 기득권을 현 체제 안에서 추구할 수 있게 하는 통일 모델을 찾아야 됩니다. 이것이 다름 아닌 김대중-김정일 남북정상이 최초로 만나 합의한 2000년 6.15 선언입니다.

　　우리가 체제와 이념에 차이가 있어도 민족이 중심이 되어 통일을 추구해야 한다는 것이 바로 6.15의 정신이며, 기득권의 뿌리가 깊은 현 상황에서 현실적인 통일 방안은 그것 밖에 없습니다. 따라서 남과 북이 자본주의와 사회주의를 각각 추구하도록 두고 남과 북 사이에 미래의 통일 정부가 될 수 있는 제3의 정부를 만들고자 하는 것이 저의 생각입니다. 나라와 정부는 항상 통치이념이 있어야 하는데, 제가 미국에 와서 50년 동안 연구하며 생각해왔던 것이 남북이 통일하고 동서가 평화롭기 위해서는 두 체제가 다 용인하는 공통의 이념이 있어야 하며, 이것은 자본주의도 사회주의도 아닌 인권주의, 즉 우리 통일국가에는 바로 이 인권주의가 국가통치 이념이 되어야 한다는 것입니다. 제가 강조하는 여섯 가지의 주요 개념으로 구성된 통일국가의 인권주의는 유엔총회에서 이미 채택된 세계인권선언에서 보듯이 매우 상식적인 것이며 보편적인 개념입니다.

　　제가 주장하는 인권주의에서 제일 중요한 것이 생존권인데, 사회주의나 자본주의가 하등에 생존권을 반대할 이유가 없으며 이러한 공통분모인 인권주의를 중심으로 남북의 통일을 설계를 해보자는 것이 이번 책의 목적입니다. 사회주의는 인류역사상 제대로 한 번도 실현되지 아니 하였고 소련식 사회주의마저 소련의 붕괴를 계기로 벌써 자취를 감추고 말았습니다. 미국과 몇몇 자유주의 국가들에 의해 영위되고 있는 자본주의는 그들의 국내외의 여건으로 인해 더 이상 그 제도를 존속시킬 수 없는 어려운 상황에 처해 있습니다. 그래서 우리의 인권주의가 전 세계적으로도 새로운 이념으로써 자본주의와 사회주의의 맹점을 보완해서 더욱 평화로운 세상을 만드는데 공헌하기를 희망해 봅니다.

독자들께서는 이번 책과 더불어 먼저 발간된 『안보에서 평화로』를 같이 읽으신다면 제가 이야기하고자 하는 전체적인 통일국가의 설계를 잘 이해하실 수 있으리라 믿습니다. 미래의 통일 조국을 생각하며 고심 끝에 이 책을 펴내는데 한국에서 저명한 이장희 교수와 이재봉 교수가 추천하는 글을 써 주셔서 고맙게 생각합니다. 그리고 마지막으로 이 사랑방의 운영을 삼년 반 동안 함께하며 애써 주신 사랑방 운영위원들께 고마움을 전하지 않을 수 없습니다. 강좌 때마다 사회를 맡아본 이금주 위원, 중요한 뒤풀이를 격의 없이 능숙하게 잘 이끌어 준 장유선 교수께 특히 감사드립니다. 준비 회의 때마다 좋은 의견을 내주신 한익수, 김미라 위원, 매달 포스터를 만들어 광고에 열과 성을 다한 김창종 위원, 또 모든 것을 총괄해서 중심적인 역할을 해준 김수복 선생께 각별한 감사의 말씀을 드립니다.

박한식 (Han S. Park)

조지아대학교 국제관계학 명예교수 (University Professor Emeritus of Public and International Affairs at the University of Georgia)
조지아대학교 국제문제연구소 창립소장 (Founding Director of the Center for the Study of Global Issues (GLOBIS))

## 제3의 이념, 인권주의로 통일을 추구합시다

이재봉 원광대학교 정치외교학·평화학 명예교수

박한식 선생님의 〈박한식 사랑방〉 강의록을 정리한 책이 두 번째 나왔습니다. 2020년 9월부터 1차로 실시한 월례강좌 20회 내용을 정리해 2022년 10월 『안보에서 평화로: 격동하는 새 세계질서와 통일』을 펴낸 데 이어, 2022년 8월부터 2차로 진행한 강좌 16회 내용을 묶어 2024년 1월 『인권과 통일: 통일을 위한 인권 이념』을 펴낸 것입니다.

2차 강좌는 두 달 뒤 번역, 출판될 역저 『Globalization: Blessing or Curse? (세계화: 축복인가 저주인가?)』의 주제 몇 가지를 바탕으로 진행되었습니다. 50년간 미국 대학에서 영어로 강의하며 온 힘을 기울여 영어로 쓴 학술서적의 중요 내용을 우리말로 강의하는 게 좀 어려웠겠지만 큰 보람을 느꼈다고 합니다.

책의 핵심 주제가 '발전'이라면, 강의의 주요 주제는 '인권'이었습니다. 발전(development)은 개인이든 국가든 언제 어디서든 추구하기 마련인데, 이는 '양적 성장(growth)'이 아니라 질적 향상을 뜻하며, 그 목적은 인간의 삶의 질을 높이는 것이요 그게 바로 인권 증진이라는 주장이었습니다. 발전의 목표는 인권 증진에 있고, 발전된 사회는 모든 종류의 인권이 선양되어 있는 곳이라는 거죠. 박한식 선생님이 이렇게 발전과 인권에 관해 연구하고 강의해온 것은 무엇보다 남북 평화통일을 머릿속과 마음속에 두었기 때문입니다. 통일을 이루려면 이질성을 줄이고 동질성을 늘려야 하는데, 남북 사이에 가장 큰 이질성은 이념입니다. 자유민주주의든 인민민주주의든, 자본주의든 사회주의든, 목표는 사람이 잘 살기 위한 것으로 발전을 위한 수단일 뿐이지만, 그 목표를 추구하는 방향과 방법이 너무 다릅니다. 게다가 자본주의로 잘 된 나라도 별로 없고 사회주의가 제대로 된 나라도 거의 없습니다.

학자로서 통일을 위해 상식적이고 설득력 있으며 남북 양쪽이 받아들일 수 있고 정책적 효과를 거둘 수 있는 새로운 이념을 찾아야겠다는 사명감 또는 소명의식으로 평생 고민하며 연구해온 것이 '인권주의'입니다. 자본주의/자유민주주의와 사회주의/인민민주주의에 이은 '제3의 이념'인 거죠. 바로 이 인권 이념으로 통일을 추구하자며, 대한민국과 조선민주주의인민공화국의 한반도/조선반도가 인권주의 시발점이 되자고 호소합니다.

여기에 인권 기준이 다른 게 문제입니다. 자본주의에서는 자유를 내세우고 사회주의에서는 평등을 앞세우기 마련이거든요. 그러나 인권 가운데 가장 중요한 것은, 유엔 헌장에도 명시돼있고 인권 공부하는 사람들 모두 인정하듯, 자유권도 아니고 평등권도 아닌 생명권/생존권 (life right)입니다. 따라서 생명권/생존권을 핵심으로 삼고 자유권, 평등권, 정체성의 권리, 사랑의 권리 등을 아우르는 인권을 통일 정부의 이념으로 밀어붙이자는 게 이 책의 핵심 내용입니다.

저는 인권주의로 남북통일을 추구하자는 박한식 선생님 주장에 전적으로 동의하며, 먼저 보편적 인권에 대한 국제적 논의의 흐름과 표준을 소개합니다. 제2차 세계대전이 끝나자 '보편적 인권(universal human rights)'을 규정하는 선언문이나 서약서 등이 나오기 시작했습니다. 1948년 많은 나라들이 '양도할 수 없는 인권에 대한 포괄적 목록(comprehensive list of inalienable human rights)'에 동의했습니다. 이에 따라 1948년 12월 유엔 총회는 '인권에 대한 보편적 선언(Universal Declaration of Human Rights)'을 결의안으로 채택했고요. 흔히 '세계인권선언'이라 불리는 거죠. 모든 인간은 '자유롭고 평등하게' 태어난다며, 그들의 '기본적 권리를 존중'해야 한다고 규정하는 내용입니다. 이 선언에 법적 구속력이 없고 구체성이 부족하다는 지적에 따라, 1966년 12월 유엔 총회는 법적 구속력을 지니고 인권을 더욱 구체화할 기본적이고 보편적인 두 가지 국제조약을 채택했습니다. 첫째, '경제적 · 사회적 · 문화적 권리에 관한 국제규약(International Covenant on Economic Social and Cultural Rights)'으로, 줄여서 '사회권' 또는 'A규약'이라 불리는데, 실질적 평등, 정의로운 분배, 일할 권리, 교육받을 권리 등 적극적 권리를 보장하라고 요구합니다. 둘째, '시민적, 정치적 권리에 관한 국제규약 (International Covenant on Civil and Political Rights)'으로, '자유권' 또는 B규약이라 불리는데, 재산 소유, 사상의 자유, 양심의 자유, 종교의 자유 등을 보장하는 소극적 권리의 보장을 요구하고요. 이 두 가지 규약을 합친 게 '인권에 관한 국제법안(International Bill of Human Rights)'입니다. 우리는 '국제인권장전' 또는 '국제인권규약'이라 부르지요.

이와 함께, 미국과 중국 그리고 한국과 조선은 서로 다른 인권 잣대를 적용해 저마다 상대방의 인권 현황이 최악이라고 주장하는 편향적이고 왜곡된 현상을 덧붙입니다.

첫째, 미국은 매년 3-4월 세계 '인권 보고서(Human Rights Reports)'를 발표합니다. 국무부가 '1961년 대외 원조법(Foreign Assistance Act of 1961)'에 따라 미국 원조를 받는 나라들의 인권 상황을 조사해 의회에 보고하기 시작했는데, 1970년대 말부터 미국을 제외한 세계 200여 국가들 대상으로 '국가별 인권 보고서(Country Reports on Human Rights Practices)'를 만들어온 겁니다. 지난 3월 발표한 2022년 보고서엔 윤석열의 워싱턴 욕설과 관련해 정부와 여당이 MBC에 폭력적으로 대응하며 언론·표현의 자유를 제한한다는 대목이 있군요. 그러나 예나 지금이나 세계 최악의 인권 국가엔 중국과 조선이 뽑히기 마련입니다. '자유권'이 전혀 없다는 거죠.

둘째, 중국은 해마다 '미국 인권 기록(US Human Rights Record)'을 발표합니다. 중국 국무원이 미국 국무부의 세계 인권 보고서에 맞서 미국의 열악한 인권상황을 비판하는 보고서를 1990년대 말부터 내기 시작한 거죠. 미국이 만든 보고서엔 "중국을 포함한 190개 이상의 국가와 영토의 인권 상황에 대한 왜곡과 비난으로 가득 차 있다"며, 미국이 인권을 "다른 나라의 이미지를 훼손하고 자국의 전략적 이익을 추구하기 위한 정치적 도구"로 사용하고 있다는 겁니다. 흑인을 비롯한 소수민족 차별, 끊임없는 폭력범죄와 총기사건에 따른 국민의 생명과 안전 위협 등 정작 자신의 일에 대해서는 한 마디도 하지 않으며 타국의 인권 문제를 운운할 자격이 있느냐는 비판도 곁들입니다.

셋째, 한국은 '북한 인권 보고서'를 발행합니다. 2016년 박근혜 정권 때 만들어진 '북한 인권법'에 근거해 2017년부터 보고서를 만들었는데, 2023년 3월 윤석열 통일부가 처음으로 공개 발간했습니다. 나아가 "북한 주민의 처참한 인권 유린의 실상이 국제사회에 낱낱이 드러나야 한다"며, 전 세계에 널리 알리라는 윤석열 지시에 따라 지난 7월부터 이 보고서를 영어, 스페인어, 프랑스어, 중국어, 러시아어, 아랍어 등 6개 유엔 공식 언어로 작성해 국내외 주요기관에 배포한다는군요. 정치범 수용소, 강제 노동, 감시와 고문, 공개 처형 등 세계에서 가장 끔찍한 인권 유린이 이루어진다는 내용입니다.

넷째, 조선도 인권 백서를 발표하기 시작했습니다. 조선인권연구협회가 1948년 12월 10일 유엔총회에서 채택된 세계인권선언 75주년을 기념해 미국 인권을 비판하는 백서를 2023년 12월 처음으로 냈습니다. 한국은 조선을 주적으로 삼아 조선을 비난하는 인권 보고서를 만드는데, 조선은 미국을 주적으로 삼고 미국을 비난하는 인권 백서를 발표한 거죠. "세계인권선언이 강조한 인간의 존엄과 권리는 오늘 총기류 범죄와 인종차별, 경찰 폭행과 여성 및 아동학대 등 형형색색의 사회악이 만연하는 미국과 서방 나라들에서 무참히 유린당하고 있다"는 겁니다.

참고로, 한국 언론엔 미국과 한국이 비판하는 '북한 인권' 상황이 자세히 보도되지만, 중국과 조선이 지적하는 '미국 인권' 상황은 거의 보도되지 않기에, 조선이 처음 발표한 인권 백서 몇 대목을 그대로 아래에 소개합니다.

"미국의 연구기관들과 언론들이 발표한 통계자료에 의하면 미국에서 지난 30년간 총기류에 의해 사망한 사람들의 수는 무려 110여 만 명에 달하며 2022년 한 해에만도 5,800명이 넘는 18세 이하의 미성년들이 총격으로 부상당하거나 사망하였다고 한다. 백인경찰에 의한 흑인살해 사건이 매일과 같이 연발하고 유색인종들에 대한 차별행위가 사회적 풍조로 만연되어 있는 나라도 바로 미국이다. 미국인구의 13%도 안 되는 아프리카계 미국사람들은 경찰의 총에 맞아죽는 확률이 백인의 2배, 경찰의 폭력적인 법집행으로 사망하는 확률은 백인의 2.9배, 감옥에 감금되는 확률은 백인의 6배에 달한다고 한다..... 침략전쟁과 제도전복, 무력간섭 행위를 수없이 감행하여 인류의 생명권과 생존권을 유린 말살하여왔다. 제2차 세계대전이 끝난 1945년부터 2001년까지 지구상에서 발생한 248 차례의 크고 작은 전쟁과 무장충돌 가운데서 80% 이상은 미국이 도발한 것이며 21세기에 들어와서만도 '반테로'와 '인권보호'의 미명 하에 80여개 나라에서 군사행동을 벌려 약 92만 9,000명의 민간인 사망자와 약 3,800만 명의 피난민을 초래하였다..... 고분고분하지 않은 나라의 정권과 제도를 붕괴시키기 위해 '인권 문제'를 물고 늘어지며 해당 국가의 영상을 깎아내리고 악마화하려드는 것은 미국의 상투적 수법이다. 미국이 중국과 로씨야의 '인권문제'를 떠들어대는 것은 이 나라들의 발전을 어떻게 하나 억제하고 국제무대에서 최대한 고립시켜 저들이 주도하는 불법무법의 서방식 패권질서를 수립하려는데 그 목적이 있다..... 우리 공화국에 대한 '인권'소동 역시 반제자주의 기치를 높이 들고나가는 우리 국가를 고립압살하고 사상과 제도를 전복해보려는 극악무도한 대조선 적대시정책에 그 뿌리를 두고 있다. 선택성은 이중기준을 동반한다..... 다른 나라들의 인권실상을 때 없이 걸고드는 미국과 서방나라들이 최근 가자지대에서 감행되고 있는 이스라엘의 집단학살 만행에 대해서는 자위권 행사로 극구 비호 두둔하고 있는 것이야말로 이중기준의 전형적인 사례가 아닐 수 없다."

이와 같이 미국과 중국 그리고 한국과 조선의 인권 기준이 너무 달라 '자유권도 아니고 평등권도 아닌 생명권/생존권'을 핵심으로 삼는 인권주의로 남북통일을 추구하자는 박한식 선생님의 지혜롭고 상식적인 주장조차 한국에서는 받아들여지기 힘들 것 같다는 생각이 드는군요. 이 책을 읽으며 궁리해보시기 바랍니다. 고맙습니다.

# 추천사

이장희 한국외대 명예교수 / 6.15 남측위 상임공동대표

다년간 박한식 사랑방의 zoom 청강 학생으로서 감히 스승의 책(박한식, 『인권과 통일』, 열린서원, 2024)의 추천사를 써 달라는 부탁을 받고, 조금 망설였습니다. 그리고 제가 들은 좋은 강의를 기록으로 정리하여 한권의 책으로 꾸민 노력에 감동했습니다. 직접 수강하지 못한 분들께 이 강의에 대한 제 소감을 전달하여 더 많이 공유해야 한다는 소박한 사명감에서 추천사를 수락했습니다.

본인은 전공 국제법의 여러 분야 중 국제인권법에 오랜 기간 관심을 가진 학자입니다. 그래서 이번에 박 선생님의 강의를 직접 듣고 정리한 것을 보고, 몇 가지 소감을 피력해서 추천사를 대신할까 합니다.

첫째, 한반도 통일방안에서 가장 예민한 부분이 통일국가의 지향가치인데, 이 책은 통일국가의 지향가치로서 제3의 이념으로 "인권주의"를 제안합니다. 여기서 인권주의는 먹고 사는 권리, 다시 말해 생존권입니다. 이 개념은 이념성을 탈피하기에 민초에게 쉽게 감동을 줍니다. 사회주의도 아니고 자본주의도 아닌 제3의 길로서 인권주의를 통일국가

의 지향가치로 저자는 제안합니다.

둘째, 이 책은 전체 16개 장 중에서 마지막 장, "인권과 통일"에서 통일국가는 궁극적으로 어느 한쪽 이념성에 매몰되지 않고 모든 인간이 인간답게 삶을 향유할 수 있는 소박한 인권주의에 기초를 두어야 한다고 마무리했습니다.

셋째, 국제인권법상 제1세대 인권은 "자유(freedom)", 제2세대 인권은 "평등(equality)", 제3세대 인권은 "연대(solidarity)"를 그 지향가치로 강조합니다. 그러나 인권주의는 위 어느 어느 곳에도 치우치지 않고 인간의 존엄과 가치를 유지하고 생존할 수 있는 인간의 소박한 권리입니다. 모든 국가의 법 및 정책도 인권주의를 위한 수단으로서 존재할 뿐입니다.

넷째, 인권주의는 기본적인 의식주가 보장되고, 전쟁이 없는 평화가 반드시 유지되어야 합니다. 민초의 의사와 전혀 관계없이 남북 양 국가주의가 민초의 기본적인 삶의 요건과 평화로운 삶을 마음대로 결정하고 파괴해서는 결코 안 됩니다.

다섯째, 저자는 인권주의를 동서양의 민주주의 발달사 및 권위 있는 학자들의 이론 분석을 통해 고증하고, 왜 인권주의가 남북한의 제3의 길인가를 쉽게 설명해주는 통찰력을 보여줍니다.

결론적으로 『인권과 통일』 책은 통일국가의 지향가치와 제3의 길로서의 인권주의의 필요성을 상기 5가지 메시지에 근거해 강하게 피력하고 있습니다. 독자 여러분들의 일독을 강추합니다.

# CONTENTS

# 1

# 세계화, 축복인가 저주인가?

"이북이 하는 사회주의 공산주의나 이남이 하는 자본주의적 민주주의나 다 발전을 위한 수단에 불과합니다."

왜 통일이 안 되느냐. 70년 동안 통일 이론조차 하나 없어요. 통일은 목적이 아니라 수단이기 때문입니다. 그래서 공부와 연구가 별로 안 돼 있어요. 목적을 앞에 갖다 놓고 공부해야 하는데, 그 목적은 다름 아닌 발전입니다.

발전(Development)이라는 말을 우리는 별로 많이 안 쓰는 것 같은데, 이 말을 안 쓰면 이 역사를 잘 이해하기 어렵습니다. 어떤 개념인지 잠깐 말씀드리겠습니다.

Development는 가치관이 있는 개념입니다. 좋은 것입니다. 나쁜 변화는 Development라고 하지 않습니다. 그냥 양적으로 팽창했다고 하죠. Development는 질적 향상이 있어야 합니다. 이 개념은 서구의 생물학에서 나왔습니다. 올챙이가 개구리 되는 것을 성장한다고 하지 않고 발전한다고 합니다. 개구리는 발전된 양상의 올챙이입니다. 올챙이가 살이 찌고 커진다고 해서 개구리가 되지는 않습니다. 달걀이 영양을 더 준다고 병아리가 되는 게 아닙니다. 병아리는 계란에서 부화해 발전하는 것입니다. 질적 변화를 의미합니다.

질적 변화를 학문적으로 정당화시키는 게 쉬운 작업이 아닙니다. 그래서 공부를 많이 하지 않습니다. 대한민국에도 Development 강의를 많이 하는지 모르겠지만 연구가 별로 안 되어 있을 겁니다. 질적 변화. 질이 변화된 좋고 바람직한 상태. 우리가 희망을 가지고 추구해야 하는 상태라는 것을 발전론에서 알아야 합니다.

또한 발전은 과정입니다. 발전은 어디에서 와서 어디로 가느냐가 분명히 있어야 합니다. 발전은 과정에 불과하고 목적이 있어야 됩니다. 발전 개념을 정확히 이해해야 합니다. 발전을 정의하려면 정의가 무슨 말인지 알아야 될 거 아닙니까. 정의의 정의. 정의를 어떻게 정의하는지. 과학과 철학에서는 거기부터 시작합니다. 정의는 주관적 의미를 부여하는 것입니다. 예를 들어 주관적인 주체사상이라 하면 이 세상에서 특별한 사상 체계를 의미하지 않습니까? 사람마다 주관이 있지 않습니까?

객관은 이 세상에 없습니다. 대신 주관과 주관이 모인 합의는 있습니다. 합의하는 것이 발전이라고 우리는 얘기하지요. 북에서 자기들이 발전됐다 남에서 발전됐다고 하지만 남북이 서로 발전을 합의한 적도 없고 또 합의할 수도 없습니다. 발전을 한 가지 척도로 얘기하자 하면, 북에서는 자기들이 좋아하고 자기들이 성취해 놓은 것을 중심으로 발전을 얘기할 거고, 남은 남대로 1인당 평균 소득이나 무역량이나 무기의 준비 상태를 가지고 발전이라고 하겠지요. 하지만 그런 발전은 주관이지 객관은 아닙니다. 공통점이 있어야 합니다. 발전을 정의하는 작업을 누가 어떻게 했고, 학자들이 한 것이 잘 됐는지 살피며 어떻게 추구해야 할지를 이번 시즌 2에 했으면 생각합니다.

이전에 제 책을 소개했는데 『Globalization: Blessing or Curse? (세계화: 축복인가 저주인가)』(*2022년 Sentia Publishing 출간)라는 책입니다. 나름대로 심혈을 기울이고 수십 년 동안 써온 책입니다. 영어로밖에 안 돼 있어 미안합니다. 제가 될 수 있는 한 상식적으로 설명해드리겠습니다. 그걸 교재로 통일을 얘기해야 하니까 매 시간 어떤 개념에서 통일을 정확하게 볼 수 있겠는지 명심하고 얘기할까 합니다.

책은 세 파트로 나뉘어졌습니다. 처음은 '타당성(feasibility)'이 있어야 하고, 다음은 '정확성(relevance)'이 있어야 됩니다. 역사적으로 현실적으로 옳은 말이어야 합니다. 역사적으로 증명되어야 합니다. 말하자면 조건이 있습니다. 발전은 우리가 선망하고 추구하는 '도덕성'을 부여해야 합니다. 이 세 가지를 나누어서 그 책에서 취급했습니다. 발전 이론을 세 가지 큰 묶음으로 식별할 수 있습니다.

어느 나라 어느 사회가 하는 걸 그대로 따라가는 것을 발전으로 보는 게 가장 질이 낮은 개념입니다. 미국이 하는 거 따라가고, 중국이 하는 걸 따라가고, 그래서는 제대로 되지 않습니다. 그 사회문화 의식 구조에서 바람직한 발전을 우리가 밝혀주어야 됩니다. 우리가 통일하려면 더 발전된 상황을 만들어내야 하고, 남북이 각각 더 발전한 상태가 되면 통일하기가 더 쉬워져요. 더 바람직한 통일이 올 수 있어요. 통일을 올바르게 도덕적으로 바람직하게 정의해야 합니다. 그냥 A라는 나라가 하니까 우리도 그렇게 하자. A가 더 발전된 나라니까 이게 발전인가 보다 하면 안 됩니다. 우리나라는 우리가 봐서 바람직하게 발전한 사회가 어떤 것인가를 우리 스스로 정립해야 됩니다. 남 하는 걸 따라서 돈 많이 벌면 좋다, 무기 많으면 좋다, 무슨 관료 체제가 잘 됐으면 좋다. 외국에서 그렇게 하니까요.

우리나라에 가서 보면 가장 듣기 불편하고 제 마음을 괴롭히는 것은 선진국 얘기입니다. 선진국에는 어떻게 하는데 그럽니다. 선진국이 뭡니까? 선진국, 후진국 없습니다. 모든 사회가 발전 도상에 있습니다. 모두 발전하는 상황이라고 봐야 합니다. 그렇기 때문에 발전이라는 개념은 온 세계의 다양한 체제와 상황을 다 포함시킬 수 있는 거죠. 발전 도상에 있는 국가입니다. 미국도 발전 도상에 있고 발전 도상이 아니라 지금 퇴보 도상에 있지요.

과학적으로도 맞고 현실적으로도 타당성이 있는데, 도덕적으로는 정당화시킬 수 없는 발전이 있습니다. 민주주의적 발전이나 자본주의적 발전이나 사회주의적 발전이나 이렇게 보는 것입니다. 이론적 타당성은 있는데 현실적으로 도덕성이 결핍된 이론들이 많습니다. 바람직하면서 이론적으로도 설득력 있는 이론을 제시해야 합니다. 제가 책의 파트 3에서 제시한 것이 그것입니다. 인간 중심이어야 하고, 사회 제도나 정치

사상이나 모두 수단에 불과합니다. 무엇을 위한 수단이냐? 발전을 위한 수단입니다. 그럼 발전이 뭐냐? 발전된 사회는 모든 종류의 인권이 선양되는 곳입니다.

이걸 우리가 세상에 내보내야 되는데, 그러한 발전 개념을 발전시킨 나라도 없고 사람도 없습니다. 지금까지 인류 역사에서 나온 발전 이론에서 가장 설득력이 있는 것은 칼 마르크스가 제시한 사회주의 사상입니다. 도덕적으로는 사람에 따라 다르겠지만 이론이 논리적으로 설득력 있게 만들어졌습니다. 모든 역사는 아니지만, 역사적으로 입증할 수 있는 케이스가 많습니다.

지금 상황에서 마르크시즘을 보면, 칼 마르크스가 살아있을 때는 서구 사회가 아직 충분히 산업화되지 않았기 때문에 노동 계층이 없었습니다. 지금도 노동계층이 있지만 레닌이나 칼 마르크스의 생각처럼 노동자들이 세계적으로 단결하는 징조는 보이지 않습니다.

제가 미국에서 발전론을 공부하는데 마르크시즘을 연구할 수가 없어요. 소련이나 중국에서 나오는 책 같은 거를 미국에서는 구하기 어렵습니다. 인간만 환경 혹은 역사의 산물이 아니고, 인간이 지닌 이론이나 생각도 역사의 산물이다. 이렇게 보입니다. 환경을 무시할 수 없습니다. 사람을 알기 위해서는 생활환경을 알아야 해요. 사회도 그렇고 국가도 그렇고 세계도 그렇습니다. 사람이나 동물이나 식물이 환경에 적응하며 사는 게 생명체의 모습입니다. 자본주의적 민주주의와 사회주의적 공산주의가 한반도 남북에 각각 정착되어 제 나름대로 발전해서 지금 이런 모습이죠. 서로 타당하다고 옳다고 주장하는 것들이 한반도에 와서 정착되어 있습니다. 이걸 올바르게 이해해야 해요. 이북이 하는 사회주의, 공산주의나 이남이 하는 자본주의적 민주주의나 둘 다 발전을 위한 수단에 불과합니다. 수단으로 삼을 이념들을 따져봐야죠. 그리고 그건 인간과 관계되어야 됩니다.

사회가 인간을 위해서 존재하는 것이지 인간이 사회를 위해서 존재하는 것이 아닙니다. 인본주의의 핵심이 거기에 있지 않습니까? 그런 철학적 이론적인 명제들을 제가 이번 학기에는 많이 내놓을 것입니다.

예를 들어, 정치 체제는 경제가 어렵다고 해서 붕괴되는 것이 아니다. 체제의 정통성이 붕괴되면, 없어지면, 상실되면 붕괴된다. 그럼 정통성이 뭐냐. 이런 식으로 따져 들어가야지 경제가 어려우니까 망한다는 식으로 생각하면 안 됩니다. 경제가 나쁘면 체제가 망한다는 건 잘못된 명제입니다. 최대의 정통성이 결여되면 체제가 붕괴될 가능성이 있다. 이렇게 보는 것이 잘된 명제이고 옳습니다. 그런 명제들을 이번 학기에 강의 때마다 내놓겠습니다.

내놓은 것을 보고, 북한의 변화를 붕괴까지 포함해서 볼 수 있습니다. 통일이라는 개념이 하나의 병인데, 우리는 그 병을 치료해야 하는 의사들입니다. 의사는 의사 면허증이 있어야 하죠. 면허증을 받으려면 명제들을 많이 가지고 있어야 합니다. 심리적인 명제도 있고, 사회적인 명제도 있고, 이념적인 문제도 있고, 문화적인 명제도 있고, 사회제도적인 것도 있고, 여러 가지 명제가 있죠. 그것들을 이번 학기에 계속 보여 드리겠습니다.

인간이 절대적인 존재가 아니라 상대적인 존재라는 것은 기독교에서 그런 질책을 많이 하지요. 인간은 하느님의 자식이기 때문에 절대적인 존재다. 하느님이 인간한테 절대적 가치를 줬다. 하지만 인간은 철저하게 상대적입니다. 인간의 행동을 상대성 원리로 보지 않으면 행동이나 사상이나 모든 분야에서 인간에 관한 것을 설명할 수 없고 예측할 수도 없습니다. 인간과 환경의 관계는 어떻습니까. 인간에게 가장 중요한 환경은 다른 사람입니다. 다른 사람이 제일 중요하기 때문에 인권 중에 제일 중요한 인권으로 제가 넣은 게 '더불어 살기' 아닙니까?

다른 사람이 중요해요. 다른 사람을 나의 본질로 봐야 해요. 그게 변증법 사상인데, 변증법 사상은 남이 나의 본질이다. 정반합인데, 정하고 반 사이의 관계는 하나는 다른 하나의 본질입니다. 정의 본질은 반에 있고, 반의 본질은 정에 있습니다. 그래서 정과 반이 진화해서 합이 되죠. 그러한 정반합의 논리는 진리라고 생각합니다. 사회학도 그렇고 심리학도 그렇고 나를 연구하려면 내가 아닌 사람과 내가 아닌 환경을 연구해야 됩니다.

우리가 대한민국을 연구하기 위해서는 북을 알아야 되고 세계를 알아야 합니다. 그렇지 않으면 대한민국을 알 수 없습니다. 우리가 북도 알려고 하면 세계를 알아야 합니다. 북과 관계하는 나라들을 알면 북을 알게 됩니다. 나는 북을 안 가봤기 때문에 북한에 대해서는 별로 지식이 없다? 지식이 중요한 것이 아닙니다. 지혜가 중요한 것입니다. 안 가봤더라도 그 사람들이 행동하는 양상을 알 수 있습니다. 인간과 인간의 관계가 인간 행동입니다. 인터랙션(interaction, 상호작용)이 곧 액션입니다. 인터랙션 없는 액션은 없습니다. 우리 개인도 그렇지 않습니까? 액션은 항상 다른 사람이 관계됩니다. 중요한 다른 사람이 관계됩니다. 그 사람들을 연구하면 나를 알 수 있는 겁니다. 그러한 차원에서 남북 관계를 보고 남북의 이질성을 이해해서 그걸 극복하는 철칙의 하나로 사용해야 한다고 봅니다. 발전이라는 것이 잘못된 것과 잘된 것이 있고 타당성이 있는 것과 타당성이 없는 게 있습니다. 우리는 타당성도 있고 도덕적으로 잘된 것을 추구해야 합니다.

과감하게 기존의 생각들을 버리셔야 되는데 너무나 많은 사람들이 기존의 생각 그대로 붙들고 갑니다. 객관적인 진리는 없습니다. 다 주관적인 주장뿐입니다. 그러나 사회 전체로 보고 국가 전체로 보면 객관적인 진리가 있습니다. 예를 들어, 우리나라의 통일은 해야 되고 안 해야 되고 투표로 결정할 것이 아닌 우리가 꼭 해야 하는 사명입니다. 소명입니다.

상식에 대해 한 말씀 드리죠. 상식이 얼마나 중요한데 학자들은 상식을 떠납니다. 상식을 비상식적으로 복잡하게 만들면 뭐 아는 것 같거든. 그게 아는 게 아니에요. 복잡한 현실을, 역사적인 현실을 상식화시키는 것이 학문입니다. 전기가 마이너스하고 플러스하고 스위치로 서로 딱 붙이니까 불이 들어와요. 그건 과학이 아닙니까? 내가 저기에 가서 저렇게 하면 불이 들어온다는 것은 이제 상식화가 됐어요. 전기공학이 발전했기 때문에 그 정도는 상식으로 되었어요. 상식이 많은 사회가 더 발전된 사회입니다. 궤변이 지배하는 사회는 후진국입니다. 인간이 성취할 수 있는 가장 고급이고 가장 고차적인 업적이 곧 상식 생산입니다. 인민, 민중, 국민. 이게 얼마나 중요합니까? 학교, 대학교에 가서 첫날부터 배우는 게 뭡니까? 궤변입니다. 상식 아닌 것을 상식화시키는 게 아니고, 상식을 비상식적으로 화하는 것은 잘못된 학문입니다. 지금 그렇게 돼 있습니다.

미국도 마찬가지예요. 내가 미국의 대학교에서 45년 동안 가르쳤지만, 학생들에게서도 비상식적인 질문이 많이 나와요. 비상식화시킨 잘못된 학문을 하기 때문입니다. 진짜 학문의 업적은 상식을 확장시키는 것이고, 상식으로 해결 안 되는 문제가 없습니다. 우리가 상식화가 된 통일론을 설계하면, 상식적으로 통일론을 만들어 놓으면 실현되기 쉽습니다. 상식적인 말이 공중에서 떨어진 게 아니고, 저 나름대로 연구를 많이 하다 보니까 상식에 도달해요. 상식적이 되면 모든 사람이 이해합니다. 말하자면 대화가 가능해져요.

상식이 있는 사람들은 자기들끼리 의미 있게 대화를 잘하는데, 공부하는 사람들은 그렇지 않죠. 세미나를 하며 이론이 되지도 않았고 중요하지도 않은 걸로 이론 투쟁을 하고. 논쟁을 위한 논쟁을 하고. 학자들이 잘못된 생각을 하고 있습니다. 역사는 이렇게 보면 이렇게 보이고 옆에 가서 보면 저렇게 보이고 그렇게 주관적으로 다 다르게 보입니다. 내가 서 있는 곳에서는 역사는 이렇더라 하는 것을 내가 잘 설명하기 위해서는 내가 선 자리에 다른 사람을 데리고 와서 함께 앉아 같이 보자고 해야 같은 것이 보입니다. 주관의 객관화랄까.

정의(definition)라는 것은 이렇습니다. 어떤 사람이 "사람은 틀림없이 동물이다. 온혈이 있고 눈이 두 개 있고 두 발을 가지고 걷는다. 그런 게 사람이다." 그래 놓으면 원숭이도 다 사람이 돼버려요. 사람만이 유독

지니는 상황을 얘기해야죠. 그래야 사람이 아닌 거는 그 정의에 맞지 않습니다. 맞는 것과 맞지 않는 것을 구별할 수 있는 것이 정의입니다. 예를 들어, 새가 뭐냐? 두 발로 걷는 거다. 그러면 사람도 다 새가 돼버려요. 그러면 안 되지요. 부리. Beak. 새의 입. 그런 입을 가진 것이 새다. 새 말고는 그런 입이 없어요. 그런 식으로 정의해야 합니다. 이렇게 정의하고 나면 민주주의는 뭐다, 민주주의 equal(=) 뭐뭐. 이렇게 붙여서 정의한 것만 보면 다른 게 될 수 없어요.

정의할 수 있어야 돼요. 부분적인 기술은 정의가 아닙니다. 분명히 알아야 합니다. 민주주의 정의를 하고 해야지 우리가 따라가서 실현하든가 주장하든가 할 수 있죠. 민주주의는 무엇이다 할 때 다른 게 들어오면 다른 거하고는 맞지 않아야 됩니다. 예를 들어, 미국의 민주주의는 for the People, by the People, of the People 이 세 가지가 헌법에 나와 있지 않습니까? 그거 다 궤변이에요. 맞지 않습니다. For the People하고 By the People하고 맞지 않아요. For the People은 어떻게 보면 독재나 전체주의도 될 수 있고 사회주의도 될 수 있고 자본주의도 될 수 있어요. 그러나 By the People은 국민이 투표하고 간접적으로 직접적으로 참여하는 것이 국민에 의한 정치입니다. 국민이 하는 정치입니다.

우리는 민주주의나 행복 같은 개념을 정의할 때 뭔지 분명히 알고 해야 합니다. 과학 철학에 들어가면 첫 시간부터 나오는 것이 정의는 어떻게 되었고 설명을 합니다. 설명이 얼마나 중요합니까. 설명이 뭔지 정의해야 돼요. 예측도 정의해야 되고. 영어로 프리딕션(prediction)과 포캐스트(forcast). 일기 예보를 포캐스트라 하지 않습니까? 프리딕션은 학문에서 우리가 예측하는 겁니다. 미래를 예측한다든가 a와 b가 보태지면 c가 된다든가 하는 건 과학적인 프리딕션이지만, 기후 같은 것의 포캐스트는 이론도 필요 없어요. 내일 비가 올 확률은 한 60%다. 그게 어디서 증명됩니까. 기술하는 것만으로 설명이 되지 못합니다.

우리가 통일 정책을 하려 하면 그걸 설명해내야 합니다. 설명해내야 하나하나 길이 보이고 걸어갈 수 있는 발자국이 보입니다. 그런 의미에서 발전이 구체적으로 어떤 것인지를 그다음에 정확하게 정리를 해낼 수 있겠습니다.

# 'I'로 살 것인가? 'me'로 살 것인가?

### -'발전'된 인간관계는 '역지사지(易地思之)'-

"Me만 가진 사람들이 모이면 자기주장만 하고 되지도 않은 걸로 논쟁하고 그렇죠. 'I'를 어느 정도 가지고 있는 사람을 찾아보세 요. 여러분 친구 가운데도 여러분 스스로도 한번 찾아보세요."

학문의 목적은 상식을 확대시키는 겁니다. 우리 통일 문제는 아주 복잡해서 상식적으로는 해결이 안 되고 이론가도 없습니다. 고차적인 이론도 없고. 우리 사랑방에서는 이 복잡한 문제를 상식적으로 해석하고 설명할까 합니다.

우리가 통일을 하려고 하면 국가를 얘기하는데, 국가가 있기 위해서는 말할 것도 없이 국민이 있어야 하지요. 우리는 국민도 있습니다. 영토가 있어야죠. 그렇게 넓지는 못하지만 남과 북에 다 있죠. 그러고는

주권이 있어야 됩니다. 없으면 있도록 만들어야죠. 그다음에 중요한 것
인데 사람들이 생각 안 하는 것으로 이념이 있어야 합니다. 이념이 없으
면 정치를 어떻게 할지 모릅니다. 통일하려면 통일된 이념이 있어야지
요. 지금 전혀 없습니다. 그렇지 않습니까? 사회주의, 공산주의, 민주주
의, 자본주의. 전혀 통일된 게 없습니다.

　이질성을 제가 크게 세 가지로 나누어서 1학기 때 설명했습니다만,
이것이 개인주의냐 단체냐 사유 재산이 있느냐 사유재산이 없느냐 하
는 문제나 국가에 대한 개념도 두 체제가 서로 완전히 다릅니다. 이 두
체제의 현존하는 이념을 조화시키는 방법도 없고, 그렇게 기도한 사람
도 없습니다. 6.15를 중심으로 두 체제의 정상들이 합의문도 많이 있고
이런 저런 성명서도 있지만, 공통으로 합의한 이념은 없습니다.

　사실은 세계적으로 자본주의와 공산주의, 자본주의와 사회주의를 조
화시키는 방법이 없습니다. 이 강의를 하고 있는 지금도 중동을 위시해
서 러시아와 우크라이나가 전쟁을 하고 있지 않습니까? 이게 대화가 안
되는 제목들로 대화하려고 하니까 대화를 안 하죠. 못하죠. 사회주의와
자본주의를 조화시키는 방법은 인류 역사에 누구도 찾지 못했고 또 앞
으로도 어려울 겁니다.

　대한민국과 조선민주인민공화국 사람들이 통일되는 거를 보면서 세
계가 통합되고 평화롭게 될 수 있는 방법을 제시하자. 그게 우리 민족이
할 일입니다. 발전으로서 자본주의와 사회주의를 조화시켜야 합니다.
발전을 원하지 않는 국가와 단체와 개인은 없습니다. 전부 다 원합니다.
발전의 방법으로 자본주의로 가느냐, 사회주의로 가느냐, 차이는 있지

요. 저는 발전이 궁극적인 목적이라고 생각합니다. 우리가 잘하면 방법의 차이는 조화시키기 쉽습니다. 통합시키기 쉽습니다. 가장 과학적이고 가장 설득력 있고 도덕적으로도 바람직하게 발전을 올바르게 정의해 놓아야 합니다.

지난번에 제가 발전 개념에 대해 너덧 가지 얘기했지요. 명심하십시오. 첫째, 발전이란 보편타당성 있는 개념으로 누구나 원하는 거다. 둘째, 발전은 질적인 변화를 의미한다. 개구리와 올챙이 얘기도 했었죠. 질적인 변화가 있어야 됩니다. 양적인 변화만으로 발전이라고 할 수 없습니다. 경제적으로 돈이 많다고 되는 것이 아닙니다. 그래서 발전을 질적으로 규정해야 한다고 얘기했고, 발전을 바람직한 상태로 인식해야 한다고 얘기했고, 그런 몇 가지 발전의 개념에 보편타당성을 부여했습니다.

오늘은 이 발전에 더 깊이 들어가 봅시다.

발전을 통일 조국의 목적으로 하면 자본주의, 사회주의 등 여러 가지 수단이 따릅니다. 다르게 되어 있지만 같은 곳인 발전에 도달합니다. 개인도 행복하고 단체도 행복하고 국가도 행복하고 세계도 행복하고, 가장 정확한 발전 상태는 행복이라는 개념으로 고정시키는 것이 가장 정확하고 보편타당성이 있는 것 같습니다. 행복은 단체도 개인도 국가도 세계도 추구합니다. 그런데 발전을 추구하는데 수단에 차이가 있다고 해서 서로 대화를 안 하면 절대 안 됩니다.

남과 북이 지금 어디에서 차이가 있습니까? 발전이 아니라 이념에 있지 않습니까? 수단에 있습니다. 수단 차이 때문에 우리가 대화까지 안 하는 건 어리석고 상식적으로도 맞지 않아요. 목적의 차이가 있으면 싸

2. 'I'로 살 것인가? 'me'로 살 것인가?

움을 할 만하죠. 그런데 목적의 차이는 없어요. 그래서 발전을 정리해야 합니다. 이번 학기에 발전이라는 것이 경험적으로 역사적으로 어떻게, 왜 그렇게 되어 왔나 다 설명해드릴게요.

개인적으로는 행복이 제일 중요합니다. 인간은 필요한 거와 원하는 것을 동시에 추구하고 조율하면 행복해집니다. 그게 인류 역사에서 어떻게 되어 가는지 살펴봅시다. 인간이 욕망을 추구하며 잘못한 점이 한두 가지가 아닙니다. 어디에서 잘못되었는가 알아서 반복해서는 안 될 거 아닙니까. 머릿속으로만 하는 게 아니라 세계 역사를 보고 인류 사회에 현존하는 실존적 모습을 보면서 인간이 무엇을 필요로 하고 또 욕망하는지를 얘기하겠습니다. 여기에 관해서는 제 책 『글로벌리제이션』에 잘 정리되어 있어요. 영어로밖에 안 돼서 미안합니다만 그걸 정리하기 위해서 많은 공부를 했습니다.

냉전이 한 30~40년 오고, 그 후에도 대한민국에는 70년 넘도록 아직까지 냉전이 있습니다. 냉전 문화가 우리한테 와버렸어요. 분명히 알아야 됩니다. 냉전 문화는 서로 죽이기 문화입니다. 둘 다 살 수 없는 문화입니다. 안보에서는 서로 죽이는 일을 하고 있어요. 서로 죽이기 위한 수단, 무기 경쟁이나 하고 있어요. 안보에서 떠나지 않으면 평화를 얻을 수 없습니다. 추구할 수 없습니다. 우리 남과 북 사람들이 평화하자. 그거 반대하는 사람이 어디 있습니까? 전쟁 안 하면 평화다? 그거는 평화의 아주 작은 분야에 불과합니다.

북쪽 사람들하고 제가 여러 번 만났죠. 세미나도 많이 하고. 제가 평화는 전쟁이 없는 상태가 아니다 하면 그 사람들도 다 따라와요. 사람이 상식이 있으면 전쟁 안 한다고 평화가 있는 게 아니다 하는 말은 알아들어요. 그 정도의 명제는 알아들어요. 그러면 평화라는 건 뭐냐. 이질과 이질이 전쟁하지 않고 이질과 이질이 서로 좋아하는 거예요.

거기서 제가 가지고 들어온 좀 무거운 개념이 변증법 아닙니까? 변증법은 다른 게 아니고 이질과 이질이 좋아하는 거예요. 상대방을 부정하고 배제하는 것이 아니고 받아들이는 것이 변증법의 첫 발자국입니다. 제일 중요합니다. 우리가 사는 데 제일 중요한 것은, 나를 정의하는데 제일 중요한 것은 남이다 그거예요. 남이 그렇게 중요한 겁니다. 남이 있기 때문에 내가 있는 거예요. 남이 내가 있는 본질이니까 남을 중요하게 생각해야 돼요. 그렇게 해야 합니다. 남쪽에서 북쪽을 그렇게 중요한 존재로 생각합니까? 북쪽에서 남쪽을 그렇게 중요하게 생각합니까? 그렇게 중요하게 생각해야 합니다. 이것을 우리 사랑방에서 전파해야 합니다. 이론으로 전파해야 합니다.

영어에 'I'라는 말이 있고 'Me'라는 말이 있지 않습니까? "I am me."거든. 아임 어 티처. 아임 어 스튜던트. 아임 어 카펜터. 아임 어 솔져. 얼마든지 있죠. 무수하겠죠. 그 이름들이 전부 me입니다. 아 앰 미스(Mes; s를 복수접미사로 사용.) 그렇죠? 근데 me는 상당히 많아요. 얼마든지 있어요. 무수하게 많아요. 그런데 I는 하나뿐이에요. 하나뿐이기 때문에, 그렇게 중요하기 때문에 I는 문장 안에 들어가도 대문자로 쓰지 않습니까? I하고 Me 관계를 알아야 됩니다. Me를 다 보탠다고 I가 되는 게 아니에요. Me는 암만 다 보태도 모르는 사이에 남은 게 어디에 얼마든지 있어요. 그래서 I는 완전하게 우리가 정의할 수가 없어요.

거기에서 종교적 차원이 나오죠. 저는 인간을 어떻게 보느냐면 I, Me에서 I적인 요소는 인간의 절대성을 가지고 있습니다. 그거는 Me를 다 뽑아내도 역시 남는 거예요. 무엇이 남느냐. 저는 인간을 인간의 속성을 네 가지로 봅니다. 그 네 가지가 각각 역할(function)을 해요. 우리가 육체가 있는 걸 우리가 어떻게 아느냐. 째보면 아프거든. 말하자면 감각을 느낀다고. 몸이 있는 거 안다고. 인간은 다들 육체가 있어요.

또한 모든 인간한테 있는 것은 이성입니다. 이성이 인간으로 하여금 생각하게 해요. 생각은 연결시키는 거예요. 내가 뭘 생각한다. 뭐든 생각하면 나하고의 관계가, 연결이 나타납니다. 내가 선생이라면, 학생이 있기 때문에 내가 선생이 되는 거예요. 학생과 선생의 관계. 그래서 인간이 생각한다는 거는 관계를 맺는다는 얘기예요. 뭐라 생각을 해도 관계를 떠나서는 생각을 할 수가 없습니다. 자꾸 이런 얘기를 하는 이유는 이남에서는 이북이 그렇게 중요하다는 걸 강조하기 위해서입니다.

인간의 셋째 속성은 뭐냐. 정신이에요. 정신이 있는 거예요. 정신이 무슨 역할을 하냐면 가치 판단을 해요. 저건 아름답다, 저거는 위태롭다, 저건 추하다, 저거는 높은 거다, 저건 낮은 거다. 그런 것을 판단하는 것이 인간의 정신입니다. 정신을 더 연구하는 학문은 철학이나 인문과학일 거고, 육체를 연구하고 또 이성을 연구하는 거는 또 다른 과학이 있죠.

인간의 세계가 있고, 그 세계만 있으면 간단한데 넷째가 있습니다. 인간이기 때문에 있는 넷째 속성이 혼(魂)이에요. 영혼이라 그러든지. 종교성을 부여할 필요는 없어요. 혼났다고 하죠. 우리 말에 혼이 났다는 혼이 나가는 거예요. 그만큼 정신이 홀딱하면 혼났다고 하죠. 육체가 있고 이성이 있고 정신이 있고 혼이 있는 것이 인간이에요. 이 네 가지를 다 육성하고 더 높은 차원으로 올리는 것이 인간 성장이에요. 인간 성장이 그리 간단한 게 아닙니다. 이 네 가지를 다 올려야 인간의 발전이라고 해요. 발전된 인간이란 이 네 가지가 모두 어느 선을 넘어서 행복한 입장에 있는 사람입니다.

그다음은 단체입니다. 단체는 인간과 인간의 관계인데, 그것을 고차적으로 올리는 방법은 하나뿐입니다. 이것만 터득하고 배우면 인간과 인간의 관계가 원활해지고 고차적으로 발전된 관계가 됩니다. 그게 역지사지입니다. 엠파시(empathy; 공감, 감정이입, 역지사지) 내가 다른 사람의 입장이 되어 보고 다른 사람이 내 입장이 되어 보도록 하는 것입니다. 역지사지를 하면 인간관계가 훌륭하게 발전된 겁니다. 교육에서 역지사지를 배워야 해요. 다른 사람이, 다른 사회가, 다른 국가가 처한 상황에 대해서 공부해야 돼요.

대한민국과 조선민주인민공화국의 학문이 굉장히 어려운 도전 앞에 있습니다. 많이 공부해야 해요. 인간은 그렇게, 단체는 그렇게 역지사지를 했죠. 그리고 단체를 떠나서, 국가랄까, 더 큰 사회를 할 때는 개인과 인간이 서로 소통이 되어야 해요. 개인을 위한 것이 단체입니다. '개인이 단체를 위하여'는 그렇게 중요하지 않아요. 단체가 개인을 위해 존재한다는 것을, 국가가 개인을 위해서 존재한다는 것을 우리가 알아야 돼요. 개인이 국가에 충성하기 위해서 존재하는 게 아닙니다. 개인은 개인의 발전을 할 일이 얼마든지 있어요. 관계에서 발전돼야 하는 건 역지사지고, 그보다 더 넓은 조직인 사회나 국가에서 생각해야 하는 것은 '국가는 개인을 위해서 존재한다.'입니다. 그걸 알아야 해요. 앞으로 우리가 이념을 만들 때 명심해야 합니다. 국가가 시민을 위해서 존재한다. 시민이 국가가 위해 존재한다고 하면 독재자들에게 충성하라고 하는 거에 불과하지.

인본주의의 사상이 그래서 중요합니다. Me는 자꾸 바뀌어요. I는 안 바뀝니다. 아이 엠 스튜던트. 그러다가 조금 있다가 아임 어 프로페서, 티쳐가 돼버리잖아. I는 안 바뀌어요. 안 바뀌는 I를 연구하지 않고 다들 Me만 연구해요. Me는 연구하기가 쉽거든. I는 연구하기가 어려워요. 조선민주인민공화국, 대한민국이 같이 하는데 거기에 공민이 되는 그런 특별한 I를 가진 사람들이 모여야 해요. Me만 가진 사람들이 모이면, 장사하는 사람들이 모이면, 다들 자기주장만 하고 되지도 않은 걸로 논쟁하고 그렇죠. I를 어느 정도 가진 사람을 찾아보세요. 여러분 친구 가운데도 있을 거예요. 여러분 스스로도 찾아보세요.

공부하고 그보다 더 중요한 수양이 된 사람은 대문자 I를 쓸 수 있는 자격이 있어요. 아이 엠 뭐라는 거 돈 많은 사람, 아임 어 비즈니스맨, 아임 어 밀리오네어(백만장자) 빌리오네어(억만장자) 그러지 않습니까? 그런 사람 많아요. 하지만 Me는 다 없어져요. 언제? 죽으면 없어진다고. 내 주위에 사람들 많이 죽었어요. 미시시피 대학교 풋볼 코치 61세인데 엊그저께 죽었어요. 축구 월계관을 써도 아무 소용없어요. 이것저것 많이 하고 영향력이 있어도 다 끊어져요. 그런데 죽고 나서도 안 죽는 것은 혼이에요. I는 죽어도 안 죽는다고. 우리가 죽음에 대해서 좀 생각할 필요가 있지 않아요? 남과 북에서 생각하는 I는 어떤 I냐 생각해야 돼요. 돈 많이 버는 I, 땅에 충성할 I가 아닙니다.

어떤 I를 우리가 만들어야겠나. 그 생각을 많이 해야 돼요. 통일된 조국과 비슷한 거를 찾아보자 해도 이 세상에 찾아볼 데가 없어요. 그만큼 중요한 거예요. 우리가 직접 설계해야 해요. 전에 변증법 얘기, 셋째 정부 얘기도 하고, 제 나름대로 주관적인 이론도 있지만, 이거 다 개인이 설계해야 돼요. 역사에 없는 것을 만들어내야 해요. 역사는 반복되지 않습니다. 누구누구 어느 나라가 했다니까, 희랍에서 직접 민주주의가 됐다고 하니까 거기서 배우자라든지 독일에서 통일이 됐다는데 거기 가서 배우자라든지. 대한민국 국회의원이나 대통령 될 사람이나 심심하면 독일에 가요. 하지만 독일의 통일은 우리하고 달라요. 거기서는 배울 게 하나도 없어요. 우리는 워낙 다르기 때문에 어디 가서 보고 사진 찍듯이 갖고 와서 내 것으로 만들려고 하는 것으로는 배울 게 없어요. 오히려 통일 안 하는 것을 정당화시키는 거나 배울 수 있어요.

제가 볼 때 역사상 가장 훌륭한 사회과학자는 막스 베버(Max Weber; 1864-1920)예요. 독일사람 막스 베버. 저도 많이 배웠고 감명도 받은 사람입니다. 시간이 있으면 막스 베버 한번 보세요. 쉬운 책도 여러 개 썼습니다. 막스 베버는 명저를 많이 냈어요. 기독교 윤리가 없었으면 자본주의가 없었을 거다. 'The Protestant Ethic and the Spirit of Capitalism(프로테스탄트 윤리와 자본주의 정신)' 책을 썼어요.

제가 소개하려는 개념은 막스 베버의 아이디얼 타입(Ideal type; 관념적 유형. Pure type 즉 순수 유형이라고도 함)예요. 우리가 통일 정국의 모습, 아이디얼 타입을 만들어야지 현실에서 어디서 베껴 와서는 다 허상에 불과해요. 아이디얼 타입이 없으면 리얼 타입(Real type), 실제로 보이는 게 눈에 안 보여요. 우리 머릿속에는 아이디얼 타입이 다 있어요. 통일에 대한 아이디얼 타입이 있어야 통일의 길이 보입니다. 리얼 타입, 독일까지 포함해서 우리한테 보여주는 통일된 체제 같은 건 이 세상에 인류 역사에 하나도 없습니다. 아이디얼 타입이 없으면 비교도 안 되고 고찰을 해도 무엇인지도 모릅니다.

막스 베버가 예를 든 걸 얘기하죠. 막스 베버가 중세 기사에 대해 얘기하면서 자기 교실에 있는 학생들한테 "중세 기사를 본 사람이 있느냐? 그런데 어떻게 아느냐?" 하고 질문해요. 그 방에 학생으로 있었던 분께 제가 직접 들었어요. "어떻게 아느냐 하면 중세 기사에 대한 아이디얼 타입을 가지고 있기 때문에 그렇다." 그게 아이디얼 타입이에요. 이상적이고 좋다는 뜻이 아니라. 사회과학에서 굉장히 중요한 막스 베버의 아이디얼 타입을 옳게 이해하는 사람을, 외국 사람까지 포함해서, 별로 못 봤습니다.

아이디얼 타입을 봅시다. 제가 예를 더 들어보죠.

아이들한테 강의할 때, 제가 앉아 있다가 서서 내 걸상을 번쩍 듭니다. 힘이 있었어요. 하하. 내가 걸상을 번쩍 들면서 "이거 뭐냐?" 하니까 아이들이 "걸상입니다." 할 거 아닙니까? 내가 "어떻게 이게 걸상인 걸 아느냐?" 하고, 막스 베버가 자기 제자들한테 물은 거를 내가 내 제자아이들한테도 물었어요. 그러니까 거기에 대해서 대답할 사람이 없어요. "너희가 걸상이라는 아이디얼 타입을 머릿속에 가지고 있다." Chair의

chairness(註. the form of the chair를 의미한다)를, 그 의자의 속성을 너희 머릿속에 가지고 있는 거다. 의자는 사람이 앉는 거다. 일반적으로 다리가 네 개 있고 사람이 앉는 거는 의자입니다. 다리도 없이 나올 수도 있지만 그게 의자입니다. 그런 것처럼 우리가 모든 것을 아이디얼 타입으로 규정해야 돼요.

좋은 선생은 학생으로 하여금 창의적 창조적으로 생각할 수 있는 능력을 길러주는 거예요. 기원전 7세기 중국 철학자 관중(管仲)이 무슨 얘기를 했냐면, "내가 생각하는 걸 너한테 가르쳐주면 네가 그걸 섭취하는 걸 안다. 그러나 나는 그것을 가르치기를 원하지 않는다. 나는 네가 스스로 생각하는 능력을 가르쳐준다. 그러면 네가 스스로 생각하고 또 찾을 것이다." 내가 대학 교수로서 오래 있으면서 내 방에 걸어놓고 매 학기 아이들한테 보여줘요. Teach a man to fish. 고기 잡는 방법을 가르쳐라. 그러면 평생 먹고 살아갈 고기를 잡을 거다. 선생은 고기 잡는 방법을 가르쳐야지 선생이 잡은 고기를 먹이면 안 돼요. 선생이 잡은 고기는 학생의 입에 들어갈 때는 이미 다 썩어버렸어요. 싱싱한 고기가 되질 못해요. 너는 너의 못에 가서 너의 고기를 잡아라. 너는 너의 사회에 들어가서 그곳에서 법칙을 찾아내 이론을 만들어내라. 그런 원칙을 우리 통일 추구에, 'Quest for peace'라고 제목 바꾼 책에 밝혀 놓았습니다.

평화를 추구하는 방법을 가르치는 것이 평화학계의 역할입니다. 평화가 어떻다는 걸 내가 정의해서는 안 돼요. 각각 자기 삶의 여건에서 평화를 생각하고 더더구나 통일을 생각해야 된다. 그런 의미에서 아이디얼 타입 얘기를 했어요. 통일을 아이디얼 타입으로 봐야 합니다. 리얼 타입은 없어요. 아이디얼 타입은 현실에서 추리를 해내서 개념을 정립시키는 거예요. 추리하는 거예요. 현실에서 추리해서 그걸로 이론이나 어떤 복잡한 개념을 만드는 것이 아이디얼 타입입니다. 그러니까 통일을 아이디얼 타입으로 보고 정리하고 또 그런 통일을 추구해야 합니다. 이 결론을 내기 위해서 제가 아이디얼 타입 얘기를 했죠. 그렇습니다. 인간도 사회 구조도 제도도 또 국가도 세계도 행복한 사회를 만드는 게 제일 중요해요. 인간이나 국가나 자기가 필요한 게 무엇인지 알아서 그 것을 충족시키고 자기가 원하는 것을 가급적이면 많이 달성하는 것이 발전입니다.

발전학을 보면, 인간이 필요한 게 뭐냐에 따라서 발전 개념이 많아요. 먹어야지요. 입어야지요. 집이 있어야죠. 의식주가 있어야죠. 그것만 있어야 되는 게 아닙니다. 병에 안 걸려야 되죠. 병에 안 걸리려면 그것도 복잡합니다. 거기에다가 또 누가 폭탄을 던지든가 해서 나를 위협하지 않아야지요. 그러려면 평화나 안보가 있어야지요. 인간이 육체를 생존시키기 위해서 의식주뿐만 아니라 질병과 사회 안전과 외부로부터의 침략을 우리가 방어할 수 있게 해야지 생존권이 보장됩니다. 새로 만들 통일 정부는 이런 의미에서 완전한 생존권을 보장해야 합니다.

이걸(생존권 보장) 구체적으로 어떻게 해야 하는지를 1학기 때 조금 하긴 했습니다만 그건 수박 겉핥기로 했습니다. 좀 더 깊이 있게 생존하기 위해서는 국제관계에서 우리가 어떻게 행동해야 되며 어떤 국제관계를 어떻게 이해해야 되며 그 속에서 우리가 살려면 외교 정책을 어떻게 해야 하는지를 이번 학기에는 좀 다룰까 합니다.

아까 제가 네 가지 인간 속성을 얘기했는데, 그 하나하나를 다 원활하고 윤택하게 하는 데 발전하기의 목적이 있습니다. 그게 무엇이냐에 따라 의견이 생기고 다른 이론이 얼마든지 있습니다. 이번 학기에 그걸 좀 소개해 드릴게요.

제가 인간을 고찰해 보니 인간 욕구가 똑같아요. 욕구가 네 가지 있습니다. 굉장히 중요합니다. 이거 하나하나로 이번에 강의를 충실히 할게요. 잘된 거, 잘못된 거, 계속해야 되는 거, 안 해야 되는 거. 이걸 다 판단해야 하니 복잡하죠.

제가 미국에 와서 먹을 게 없어 고생할 때입니다. 학비가 굉장히 비싸서 먹는다는 게 그렇게 힘이 듭니다. 인간이 먹기 위해서 사느냐 살기 위해서 먹느냐 하는 질문만큼 옳은 질문이 없습니다. 먹을 것이 없어서 많은 사람들이 아이들까지 다 데리고 다른 나라로 정처 없이 떠나요. 그게 지금 세계적인 문제가 되지 않았습니까? 그걸 해결하기 위해서 우리는 심리적인 거, 사회적인 거, 정치적인 거, 철학적인 거, 신학적인 여러 가지를 동원해서 해결해야 합니다. 그런 이야기를 간간이 하겠습니다.

인간이 살아야 되고, 그 네 가지 속성을 지닌 인간이 살아야 되고, 그렇게 몸이 살고 나면 사람에게 필요한 거는 다른 사람이에요. 제일 처음 시작된 것이 가족이죠. 가족 제도가 그렇게 중요한 것입니다. 그 시작에서 교육도 나옵니다. 다른 사람이 필요합니다. 모르는 사람 말고. 거기서 특별한 의미를 얻을 수 있죠. 중요한 다른 사람, 나와 관계되는 다른 사람이 필요한 거예요. 그래야 인간이 더불어 사는 행복을 느낍니다.

우리는 세계에서 유일하게 이산가족 때문에 지금까지 고생하고 있어요. 이산을 해결하지 못하고 세상을 영영 떠난 사람이 얼마나 많습니까. 한을 갖고 떠난 사람들. 우리가 더불어 사는 얘기를 할 때 이산가족의 한을 생각해야 합니다. 그 한을 풀어줄 뿐만 아니라 다시는 그 한이 일어나지 않도록 해야 됩니다. 이산가족만큼 중요한 문제가 어디 있습니까? 가족끼리 강제로 헤어져서 살아야 되는 거. 저도 그런 경험을 했지만, 직접 간접으로 이산가족의 아픔과 한을 경험 안 해본 사람이 한반도에는 거의 없습니다.

　이건 통일을 위해서 무엇을 의미하는지 생각해야 합니다. 장 피아제(Jean Piaget; 스위스 아동심리학자)와 에릭슨(Erickson; 미국 교육학자, 심리학자) 같은 사람들이 성장하는 아이들을 보면서 아동 심리를 책으로도 쓰고 발표도 많이 했어요. 아이들이 뭐를 원하더라, 뭐를 필요로 하더라, 그런 것도 연구했습니다. 그게 심리학(psychology)의 핵심이죠. 저 자신도 아이가 셋이 있는데 이걸 고찰했어요. 뭐를 원하더라. 그걸 어떻게 주면 되겠더라. 고찰했어요. 아이 셋 중에 둘은 제가 출산실에 들어갔어요. 숨을 급하게 쉬는 것도 같이 하는 그런 프로그램이 있어요. 출산실까지 들어가서 아이들 나오는 걸 봤거든. 세 아이 모두 나오자마자 울더라고. 굉장히 강하게 울어요. 왜 우나. 이 세상이 살기가 좀 어려우니까 그렇게 이 세상에 나타날 징조를 벌써 알고 나오자마자 저렇게 우는가. 나는 그렇게 생각했거든요. 좀 철학적인 고찰이죠. 그런데 의사가 하는 말이 아이들이 태어나자마자 우는 건 숨을 쉬기 위해서래요. 우니까 좋은 거래요. 살기 위해서 숨을 쉬려고 하는 겁니다. 아이들을 하나하나 보면 똑같은 행동을 해요. 엄마 젖을 주든가 젖병을 입에 갖다 대든가. 공부할 때 아이를 둘이나 낳아서 제가 아기에게 젖병을 입에 갖다 대는 건 잘합니다. 젖병을 입에 갖다 대면 울다가도 그치죠. 만족하니까. 배가 고프면 울어요.

그 다음에 두어 달 있으면 우유를 줘도 울어요. 그러면은 뭐 하면 됩니까? 안아줘야 돼요. 여러분도 경험이 있을 거예요. 안아주면 울다가 그쳐요. 아기 엄마가 하면 더 좋고 아빠도 좋고, 몸과 몸이 닿고 손의 체온을 아이가 느끼면 울지 않아요. 아하, 육체적으로 우유를 실컷 먹고 편하게 해줘도 우는 거 보니까 다른 사람이 필요하구나. 간단해요. 그것까지는 좋은데 한두 달 되면 장난감을 줘야 돼요. 장난감을 원하지 않는 아이는 세상에 없습니다. 동양 서양 중국 북한 할 것 없이 아이들은 장난감을 원해요. 호기심이 있어서 그래요.

그런데 아이들한테 장난감을 사주면 문제가 여기서부터 시작해요. 우리가 통일 정부에서는 이렇게 하면 안 되겠다 하는 게 그거라고. 아이에게 장난감을 사주면 아이가 그냥 그걸로 만족하는 게 아니에요. 더 사달라고 해요. 더 많이 사달라고. 문제가 더 복잡하게 되는 거는 이웃 아이보다 더 많이 달라고 그러는 거예요. 텔레비전 같은 데서 광고가 나오니까 저거 사 달라, 이거 사 달라 하지 않습니까? 산업사회가 시장 문화가 그렇게 아이들에게까지 영향을 미쳐요. 자기가 지닌 것보다 남이 가진 것보다 더 많은 장난감을 가지고 싶어 해요. 이게 중요한 거예요. 이게 사람이 상대적인 우월감을 추구하는 거예요. 이걸 어떻게 둔화시키냐 하는 것이 우리가 새로운 이념을 만드는 데 핵심적인 과제입니다.

휴먼 니즈에서 첫째는 사는(survive, 생존) 거고, 둘째는 빌룡잉(belonging,

소속)하는 거고, 셋째가 즐기는 건데 아이들이 장난감을 더 사달라고 하니 장난감이 점점 더 비싸져요. 그걸 만족시키기 위해 산업화가 초산업사회로 변하고 초산업사회가 되면 노동이 중요해져요. 그래서 사회주의 국가에서는 노동의 중요성과 신성성을 이야기하지 않아요. 다 물 건너 갔어요.

말하자면 장난감이 사람을 망쳐요. 장난감 인형이니 모델이니 하다 조금 지나면 오토바이가 되고 자동차가 되고 비행기가 돼요. 요새 어떤 억만장자들은 장난감 삼아 달에 가고 화성에 가려고 하잖아요. 장난감이라는 게 한이 없어요. 장난감 가지고 노는 놈들이 인류 역사에서 주름잡아요. 인류 역사에 영향을 미치는 것이 장난감 가지고 노는 아이들이에요.

장난감 중에는 사람을 죽이는 무기도 있어요. 그래서 저는 장난감에 대해 혐오를 느껴요. 아이들이 어떻게 하면 장난감에서 경쟁이나 상대적인 우울감에 기울지 않도록 하느냐 하는 데에 국가의 교육 목적이 있어야 되고 학자들도 그런 연구를 많이 해야 합니다.

저의 책 『글로벌리제이션(Globalization)』에 보면 제가 사회를 네 단계로 구분해서 처음은 서바이벌(Survival, 생존) 단계, 그다음에 빌롱잉(Belonging, 소속) 단계, 그다음에 니즈(Needs, 필요) 단계, 그다음에 렐러티브 그라티피케이션(Relative gratification, 상대적 만족) 단계가 있는데 우리가 어떻게 해야 할지. 가만히 있으면 그렇게 돼요. 미국 같은 데는 아이들을 가만히 두니까 저렇게 되어 버리잖아요. 교육을 자기 마음대로 두면 안 돼요. 교육은 수양을 한 어른이 길잡이를 잘 만들어서 해야 해요.

우리 통일 정부의 교육은 인간 만들기로 하는 것이 옳다고 봅니다.

그 인간이라는 게 주체사상에서 하는 인간에 그쳐서는 안 되고, 완전한 의미에서 인간의 네 가지 속성을 동시에 권장할 수 있는 인간 만들기 행동을 해야 된다고 생각합니다. 인간 만들기를 시작하면 그것도 끝이 없습니다. 어떤 인간을 만들어야 되겠냐. 오늘 제가 얘기한 게 대부분이 거기에 있습니다. (책의) 첫 장에 이런 게 있으니 한번 봐주시기 바랍니다.

# 3

# 성장(Growth)은 발전(Development)이 아니다

"성장 안에서는 인간이 죽어버립니다. 사람의 개인적인 아이덴티
티를 죽이는 질량 문화를 하루속히 배제해야 됩니다. 어떻게 배제
할 거냐?"

사회주의와 자본주의 혹은 공산주의와 민주주의 그걸 조화시키는 방
법도 없고 길도 없습니다. 그러니까 지난 70년 동안 아무 길도 안 생긴
게 당연하죠. 이론조차 없습니다. 국내외를 막론하고 미국은 물론 세계
적으로 그런 게 없습니다. 그러나 우리 통일은 두 체제가 같은 이론을
추구할 때에 되는 것입니다. 같은 이론을 개발하기 위해서 제가 내린 결
론은 사회주의도 아니고 자본주의도 아니고 발전주의입니다. 발전을,
디벨롭먼트(developement)라는 것을 해야 합니다.

발전에는 몇 가지 핵심적인 게 있다고 제가 설명했습니다.

첫째, 발전을 바람직하게 봐야 됩니다. 발전은 좋은 겁니다. 변화는 나쁠 수도 있지만, 발전이라고 이름을 붙이면 좋은 겁니다. 그 다음으로 발전은 질적 향상을 의미합니다. 양적인 팽창을 의미하는 것이 절대 아닙니다. 내가 개구리, 올챙이, 달걀, 병아리 얘기 다 했죠? 그 다음으로 발전을 바람직한 개념으로 받아들인다면 정의나 이론을 막스 베버가 얘기하는 아이디얼 타입(Ideal Type)으로 해야지 어느 누가 하는 걸 보고 베껴서 하면 우리가 그것을 이해할 수가 없습니다. 제가 중세 기사들 예를 들어서 설명했었죠? Chairness(책상의 형태와 속성을 가리키는 낱말. 편집자 註)라는 게 머릿속에 있기 때문에 그게 걸상이라는 걸 안다는 식으로 예를 들어 설명했어요. 발전은 어느 나라가 하는 걸 따라서 정의하지 말고 이상적으로 정리해야 한다는 얘기를 지난 시간에 했습니다.

그럼 그 발전이 또 뭐냐? 한 꺼풀 더 벗겨서 보면 발전은 무엇이든지 다 될 수 있는데 성장이 아니다. 역으로 얘기해서 성장은 발전이 아니다 (Growth is not development). 성장을 발전으로 보고 발전을 성장으로 보는 한, 발전의 핵심을 이해하지도 못하고 발전으로 갈 수도 없습니다. 그래서 오늘은 발전은 성장과는 다르다는 이야기를 하려 합니다.

대한민국도 그렇고, 성장을 발전이라고 생각하지요. GNP가 많다든가 국민 1인당 평균 소득이 많다든가 하는 것으로 성장을 말하지 않습니까? 그건 좀 잘못됐다고 생각합니다. 제가 그걸 잘못됐다고 하면 사람들이 더는 말할 게 없습니다. 우리가 북쪽보다 발전했다고 얘기할 수 없습니다. 그러나 양은 더 많다고 얘기할 수 있습니다. 돈벌이로 하면 남쪽의 평균이 많을 거고, 평등하게 인간이 사는 거라든지 자살 안 하는 걸로 하면 북쪽이 훨씬 더 잘합니다. 남과 북이 서로 다릅니다. 남과 북이 공유할 수 있는 발전 개념을 우리가 올바르게 정리해야 해요. 이번 학기에는 주로 그걸 합니다. 여유가 있고 시간이 있으면 제 책 『글로벌리제이션』을 참고하십시오. 거기에 내가 아주 발전에 대해 아주 세밀하게 분석해서 발표했습니다. 우리가 자꾸 발전이 아닌 성장을 이야기합니다. 제가 발전이라는 건 질(質)의 변화라고 했죠. 조금 전에 이야기한 그런 성장은 질의 변화와 관계가 없습니다. 양의 변화가 성장입니다. 아무리 성장해도 발전된 사회는 아닙니다. 그걸 분명히 알아야 됩니다.

성장을 우리가 중요한 개념으로 받아들이는 역사적 학문적 배경이 다섯 가지가 있습니다.

첫째, 냉전의 군사 경쟁입니다. 냉전은 이념 경쟁이라고 고등학교 때부터 다 배우는데, 사실이 아닙니다. 이념의 차이는 그리 크지 않습니다. 냉전은 무기 경쟁입니다. 좋은 무기는 사람을 많이 죽이는 무기입니다. 사람을 몇 명 죽였다, 무기가 몇 개 있다, 탱크가 몇 개 있다. 비행기가 어떤 것이 몇 개 있다 따위를 경쟁하다가 냉전이 다 갔지 않습니까? 소련에 원자 폭탄 몇 개 만들었다. 미국에 몇 개 만들었다. 수백 수천 개씩 만드는데 그거 다 필요 없죠. 경쟁을 위한 경쟁에 불과합니다. 거기에 우리가 전부 흡수되고 있어요. 냉전이라 군사 정책에서 군비 확장, 여기에서 또 전쟁 가능성 등으로 월남 전쟁 때 제가 미국에서 봤는데 매일 아침 텔레비전에 미국 사람은 몇 사람 죽었는데 베트콩 공산주의자들은 몇 사람이 죽었다고 나와요. 베트콩이 10배나 20배 더 많이 죽었어요. 그날은 미국이 그만큼 이긴 거예요. 그런 식으로 죽는 사람의 수에 따라서 그날 전쟁을 이겼나 졌나 보는 게 냉전입니다. 숫자의 노예가 되는 겁니다. 냉전은 우리가 숫자에 관심을 가지도록 만듭니다.

둘째, 다섯 개 중에 더 중요한 것이 시장 문화의 팽배입니다. 시장에 나오면 항상 커집니다. 커져서 시장과 시장이 합하고 또 커지고 나라를 건너가서 국제적인 시장으로 만들어지지 않습니까? 시장은 양적으로 팽배하기 위해 만들어졌습니다. 시장이 줄어들어가는 수는 없습니다. 항상 늘어갑니다. 더 중요한 것은 뭐든 시장이 들어가면 양이 되어버립니다. 값이라는 양이 붙습니다. 값은 전부 양이지 질이 아닙니다. 사람이 생각하는 과학적인 지식조차도 물량화되고 가격화되지 않습니까? 시장에 가서 눈에 보이는 거, 시장에 가서 생각할 수 있는 거가 전부 다 양입니다. 삶의 질에 대해서 관심이 없습니다. 양의 노예가 된 것입니다.

그다음에 우리가 소위 알고 있는 미국적인 서구적인 민주주의입니다.

셋째, 양(量)입니다. 선거하는데 다수결로 결정하지 않습니까? 미국이 최근에 지난 한두 주 사이에 누가 선거에 이겼는지 숫자로 서로 비교한다고 야단이지 않아요. 투표한다, 민주주의다 하는 게 다 숫자입니다. 거기에는 선거하는 국민의 질이 절대 중요하지 않아요. 그 사람들이 양입니다. 수입니다. 한 사람은 똑같은 거예요. 대학 교수나 국민학교도 못 나온 사람이나 한 표를 던지면 다 평등이 됩니다. 그런 의미에서 민주주의가 질량과 양으로 만들어지는 데 큰 역할을 지금까지 하고 있고 앞으로도 계속해야 할 것입니다. 대한민국을 생각해 보십시오. 미국보다 더 앞장서 시장 문화, 시장 의식, 질량 문화가 개발되고 확장되고 있지 않습니까? 물론 잘못된 민주주의라도 좋은 점이 있죠. 그러나 양을 앞장세우는 모습이 현재의 민주주의이며 커다란 병폐 중의 하나입니다. 인간의 개성이 무시됩니다. 이런 것도 이다음에 다른 측면에서 주시해서 보겠습니다.

그다음에는 학문의 행태주의(Behaviorism)라는 것이 나왔습니다. 주로 미국에서 나오기 시작했죠. 1950년대 초반부터 나오기 시작했습니다. 정치학자들, 사회학자들은 무슨 말인지 알 거예요. 거기에서는 모든 것을 측정합니다. 매주 양과 수로 잽니다. 그래서 사회과학이 통계학이나 수학에 매달려서 확률이라는 개념이 나옵니다. 확률이 몇 퍼센트냐. 69%보다는 1% 차이라도 70%가 좋다. 그런 개념이 있죠. 시장 문화와 행태주의 문화가 뭘 만들었냐면, 사람을 질이 아닌 양이 되게 했어요. 인간이 아예 그렇게 돼버렸죠.

그래서 사회과학에서 통계학이 나오지요. 저도 60년대에 사회과학의 행태주의가 한참 성할 때 미국에 공부하러 왔기 때문에 통계학 배운다고 정신없었습니다. 대한민국은 정치학 같은 인문사회과학을 주로 하니까 자연과학이 아니니까 입학시험도 수학을 치지 않았어요. 요새는 입학시험이 어떤지 모르겠습니다마는 저는 미국 와서 행태주의에 입각한 정치학, 사회과학을 공부하기 위해서 통계학, 수학을 배웠어요. 전부 몇 퍼센트냐. 이런 식으로 나옵니다. 그게 아니면 학문적인 업적이 없어요. 뭘 출판하려고 하면 숫자로 원고를 만들지 않으면 1960년대, 70년대, 80년대까지 받아들이지도 않았습니다. 쓰레기통에 가버려요. 아주 유명한 학교인 시카고 대학 같은 데서는 정치 철학을 없애버렸어요. 철학 필요 없다. 과학을, 수학을, 통계학을 중심으로 하기 때문에. 그런 것이 인간 사회에 나왔어요.

제가 1965년에 미국에 와서 보니까 저의 눈에 제일 이상하고 기이한 것이 시장에 가면 가격이에요. 9불 99센트. 10불이라고 하지 않고 9불 99센트. 그런데 세금(tax)을 딱 찍으면 10불로 넘어가거든. 그럼 10불이라고 하지 왜 9불 99센트야. 그게 장사하기 위한 심리 작전이에요. 9불 99센트 하면 싸 보이거든. 10불이다, 11불이다 하면 많아 보인다고. 그런 식으로 우리의 의식 구조가 혹은 사상의 됨됨이가 숫자에 억눌리게 되었어요. 말하자면 숫자가 종교가 돼버렸어요. 숫자가 종교가 돼서 숫자는 의심하지 않습니다. 둘은 하나보다 많다. 두 배다. 그거 의심할 사람 하나도 없어요. 철학에서는 둘과 둘을 보태면 그냥 둘로 될 수도 있고 또 하나로 내려올 수도 있어요. 그게 용납 안 되는 것이 행태주의지요. 종교도 숫자가 제일 중요하죠. 교인이 몇 사람 나오느냐가 제일 중요하죠. 헌금이 얼마나 거두어지느냐에 따라서 교회가 크냐 작냐 성공적이냐 성공하지 못했냐. 그렇게 결정하죠. 그거 다 잘못된 겁니다.

이 다섯 가지가 물량 문화의 핵심적인 동기가 됩니다. 그런데 용서할 수 없는 한 가지 나쁜 게 있습니다. 성장 안에서는 인간이 죽어버립니다. 인간은 양이 아닙니다. 인간은 지혜입니다. 개성이 없으면 인간의 아이덴티티(정체성)가 없어집니다. 저의 아이덴티티는 제가 지닌 철학적인 혹은 신학적인, 형이상학적인 신념 체계 이런 것이 박한식을 만들지 이름 석자 박한식이 아닙니다. 의미가 없습니다. 질량 문화 속에서는 사람이 개성을 버리게 됩니다. 아이덴티티가 없어집니다. 아이덴티티가 없어지면 사람이 없어집니다. 그게 그렇게 중요하다는 걸 알아야 합니다. 아이덴티티가 없으면 우리가 존재하지 않습니다. 우리가 존재하지 않을 때는 사회도 존재하지도 않고 국가도 존재하지 않습니다.

그래서 우리는 사람을 죽이고 사람의 아이덴티티를 죽이는 질량 문화를 하루속히 배제해야 합니다. 어떻게 배제할 거냐. 수학을 안 가르친다고 되는 게 아니에요. 어릴 때부터 학교에서 인격을 정의하며 인간의 아이덴티티를 중요하게 생각하며 아이덴티티를 형성시키는 것이 교육의 목적입니다. 교육은 집에서도 있을 수 있죠. 어른도 마찬가지입니다. 발전하려면 성장에서 그쳐서는 안 됩니다. 보십시오. 대한민국에 발전이 있습니까? 전부 성장입니다. 월급 많이 받으려고 야단이죠. 직장에서 월급 좀 더 주면 그게 좋다고 그렇게 양으로 결정해요. 옛날 같으면 대학 교수는 월급이 적어도 좋은 직장에 있다고 생각했죠. 그런 생각은 요새 잘 안 하는 것 같아요. 양의 노예가 돼서 인간의 본질을 도외시하고 상실하고 있어요. 그러니까 하루라도 빨리 양을 떠나서 질을 추구해야 합니다. 그게 큰 변화입니다.

교육 철학도 중요하고, 사회과학 모든 분야에서 인간 중심으로 봐야 한다는 겁니다. 보십시오. 대한민국에, 제가 볼 때, 해마다 인간이 자꾸 없어집니다. 인간이 안 중요해집니다. 그 대신 물질이 더 중요하게 되고 돈이 더 중요하게 됩니다. 개인 입장에서 봐도 그렇고 단체도 그렇고 돈과 물질이 중요하기 때문에 이제 경쟁도 돈벌이 경쟁에 불과하죠. 자본주의 체제는 돈 벌려고 만들어놓은 건데, 그 안에서 사람이 돈에 눌려 죽습니다. 지금 미국 체제가 어려움에 있다고 하는데, 정치 체제가 어려운 것도 있지만 그것보다 사람들의 의식 구조나 됨됨이가 사람 중심이 아니고 물질 중심으로 되는 데서 미국이 큰 죄가 있다는 걸 우리가 올바로 이해해야 됩니다.

우리가 앞으로 통일 개념을 만들 때는 사람을 중요하게 생각해야 합니다. 그러기 위해서는 사람을 알아야 합니다. 사람이 뭐냐 하는 거에 인간이 지닌 모든 학문을 동원해야 됩니다. 학문과 학문이 협력하지 않으면 사람이라는 정체를 발견할 수 없습니다. 사람을 알기 위한 네 가지 속성은 제가 말씀드렸죠. 느끼는 '육체', 생각하는 '이성', 가치 판단을 하는 '정신' 그다음에 인간을 물질의 구속과 공간의 구속에서 해방을 시키는 '자유'입니다. 진정한 의미에서 자유는 그거죠. 정치적인 자유가 없더라도 사람에게 자유가 있으면 좋은 사회입니다.

형이상학적이고 종교적인 자유가 있다든가. 철학자들에 대해 존경심을 가지고 아이덴티티를 같이한다든가. 그런 게 중요합니다. 심화된 주체사상은 사람 중심의 사상이라 하지 않습니까. 어떻게 사람을 중심으로 하느냐. 이념적인 체제에서 인간이 사회정치적 생명체를 획득하면 사람이 더 발전하는 거고 사람이 되는 겁니다. 저 인간 언제 사람 돼? 그렇게 말하기는 하지만 무슨 말인지 모르고 그냥 얘기해요. 언제 사람 돼? 부모한테 효도하면 사람 되나. 돈을 적게 쓰면 사람이 되나. 사람 됨됨이가 됐다는 말은 무슨 의미냐. 어떻게 아이를, 어른도 마찬가지고, 변화시켜야 사람이 되느냐를 이 시간에 정리해 보겠습니다.

어떻게 한 것이 사람 된 사람인가. 사람 된 사람은 어떤 사람이고 어떤 모습을 가져야 하는가. 그걸 얘기해드리죠. 그러한 사람을 생산하고 권장시키는 제도가 더 바람직한 제도입니다. 좋은 제도입니다. 그러한 차원에서 사람을 핵심에 두고 연구해야 하고, 또 사회 발전이나 국가 발전이나 세계 발전이나 모두 다 사람에게 덕을 주는 제도로 해야 된다. 제도에 대해서는 다음 강의 시간에 다루도록 하겠습니다. 제도가 어디서 나왔으며 어떻게 변화하였으며 그 가운데 어떤 제도가 우리에게 필요한가. 통일된 이상 정부에서 필요한 제도는 어떤 것인가. 교육 제도는 어떤 거고, 군사제도는 어떤 것, 종교 제도는 어떤 것, 경제 제도는 어떤 것인가. 그걸 같이 생각해 보겠습니다.

# 4

# 인간중심의 발전이란?

"인간이 추구하는 욕구, 휴먼 니즈를 충족시키고 나서 인간이 원하는
욕망을 추구하게 해주자. 그러면 세상에서 제일 좋은 사회예요."

시즌2. 2학기에 들어와서 오늘 네 번째입니다. 네 번째 강의에서는
전체적인 그림을 아는 것이 좋을 겁니다. 발전이라는 엉뚱한 얘기를 하
고 있으니까 이게 우리 통일 문제와 평화 문제에 어떤 관계가 있는지 의
혹스럽게 생각하시는 분도 지금도 있을 거고 앞으로 나올 겁니다. 그래
서 지금까지 한 세 번 강의한 것을 한두 마디로 요약하겠습니다.

첫째, 우리가 통일을 하려 하면 이질성을 극복하고 동질성을 권장해
야 된다. 이질성을 극복하는데 극복할 길이 없습니다. 남북의 정치문화,
사회제도, 의식구조 이런 걸 우리가 비교해 볼 때 통일될 가능성이 없습
니다. 70여 년이 지났어도 통일을 구상조차 못하고 있지 않습니까? 정

상들도 몇 차례 만났고 합의도 많이 하고 선언문도 내고 했지만 통일로 가까워지지 않고 있습니다. 극복해야 합니다. 극복하기 위해서는 제가 변증법 등등을 좀 얘기했습니다.

둘째, 이념적으로 사회주의와 자본주의를 조화시키는 방법이 우리나라뿐만 아니라 세계적으로도 없습니다. 동서양을 막론하고 없습니다. 없기 때문에 우리가 도전감을 느끼고 그 길을 찾아야 할 것입니다. 통일 설계도가 없습니다. 설계도 없이는 통일할 엄두도 내지 못합니다. 집을 짓는데 설계도가 있어야지요. 그처럼 통일의 이론이 있고, 통일의 개념적이고 이론적인 수단과 방법을 모색하지 않으면 통일 가능성조차 없습니다. 그게 지금까지의 우리 역사였습니다. 남과 북을 통일시키는 설계도를 우리 사랑방에서 만들 수 있다고 생각합니다. 만들면 이것이 우리뿐만 아니라 전 세계의 분단되고 분열된 사회 혹은 국가에 적용돼서 좋은 공헌을 할 수 있으리라고 생각합니다. 그것이 우리 민족의 역사적 세계적인 소명이라고 저는 믿습니다.

발전은 질(質)의 변화를 의미한다. 질의 성장을 의미한다. 양(量)의 팽배를 의미하는 것이 결코 아니다. 제가 그렇게 결론을 냈습니다. 실질적으로 냉전시대 때도 양을 추구했고 세계적으로 양을 많이 추구하는데, 발전을 연구하는 학계의 대가들이 이 양을 어떻게 구체적으로 추구했느냐. 그걸 검토하면서 주목해야 할 것이 에피스테믹 임페리얼리즘(Epistemic Imperialism), 인식론적 제국주의라는 말을 제가 소개했습니다. 미국이 지금 에피스테믹 임페리얼리스트 파워(인식론적 제국주의자의 파워)로서 하는 짓을 우리가 직접 볼 수 있습니다.

사람이 소외되었다는 거는 우리만 느끼는 게 아니고 여러 분야의 학자들이 다 그렇게 느끼고 있는 것 같아요. 제가 공부하고 연구한 데에 의하면 그래서 사람을 다시 찾자는 말하자면 사람 찾기 운동이 학교에서 일어났습니다. 학교에서 일어났다는 거는 학교에 여러 가지 전문성을 지닌 전공 분야들이 다 있는데 모든 분야에서 학자들이 어떻게든지 인간을 발견하자는 공조가 늘어났습니다.

제일 먼저 심리학에서 나타났습니다. 사람을 들여다보자 하면 제일 처음 머리에 떠오르는 게 심리학 아닙니까. 심리학으로 개를 연구하겠습니까. 소를 연구하겠습니까. 사람을 연구하는 것이죠. 그래서 19세기에 에릭슨, 장 피아제 같은 사람들이 미국과 서양에 나타났습니다. 이 사람들은 인간 이성이 어떻게 발전하는지 아이디어를 고찰하고 연구해서 인간 이성이 다섯 가지로 변하는 것이 나이에 따라서 7세에서 10세까지, 10세에서 8세까지 이런 식으로 경험적 고찰을 했습니다.

이다음 단계로 넘어가야 되는데 그 사람들이 설명하지 않았습니다. 어린애가 자라면서 이성이 이렇게 발전된다고 했는데 왜 그렇게 발전되는지를 필요하고 충분한 조건을 제시하면서 설명해야 합니다. Necessary & Sufficient. 필요하고 충분한 전제조건을 내걸어야 이론이 되는 것입니다. 그래서 심리학에서 나왔던 단계의 이성이 이렇게 변한다. 그런데 주로 이성만 얘기했지 감성은 얘기하지 않았습니다. 심리학에서 감성을 연구한다는 것이 굉장히 어려우니까. 심리학에서 예컨대 이 두 사람이 인간의 이성 발전을 어린애들이 나이가 먹으면서 어떤 이성을 나타내더라 하고 자기 아이도 고찰하고 여러 아이들을 경험적으로 많이 고찰했습니다.

그게 1960년대에 들어와서는 소위 행태주의에 힘을 입어 여러 나라에서 장 피아제 이론을 적용해서 여러 나라의 아이들이 발전하는 모습을 많이 연구했습니다. 그게 도움이 되었지만 사회 발전을 설명하지는 못했습니다. 필요충분조건을 제시하지 못했습니다. 그게 심리학의 제한성으로 나타났고, 심리학뿐입니까. 사회학이 나타났습니다. 사회학도 이젠 설명하지 말고 설명보다 미래가 어떻게 되는지 예언하고 추측도 올바르게 하자 해서 사회학에서는 SR이 나타났습니다. 심리학에서 처음 나온 것입니다만, SR이죠. S는 Stimulus(자극), R은 Response(반응). A라는 자극이 들어오면 X로 반응하고 Y는 어떻게 반응하고 이렇게 Stimulus & Response(자극과 반응)로 과학적으로 정치 발전과 사회 발전을 설명하려고 했습니다. 과학 철학에서 설명이 무엇인지를 알아야 합니다. 설명이라는 거는 조건이 있고 결과가 나오는데 그 결과가 이 조건하고 어떻게 연결되느냐 하는 것은 자기들이 못합니다. 거기에는 상식이 있든가 기존 이론이 발견되었든가 해야 됩니다. 그래서 이론이 없고 상식도 없는 데서는 과학화가 되지 못합니다.

사회학에서는 막스 베버 같은 사람이 큰 역할을 했는데 그는 19세기 사람이고 20세기에 들어와서 미국에 대가가 한 사람 나타나죠. 세상 학자들이 다들 그 사람을 대가라고 그러는데, 제가 볼 때는 인식론적 제국주의자(Epistemic Imperialist)입니다. 그래서 저는 미국에서 처음 나타난 그 사람의 이름이 Talcott Parsons(탈콧 파슨스)입니다. 그 사람은 예컨대 어느 나라든지 어느 조직이든지 꼭 필요한 역할과 기능이 있다. 그

기능을 수행해야 그 조직이 존재할 가치가 있다고 보는 견해입니다.

어느 조직이든 간에 나라든지 간에 세 가지 기능이 있습니다.

하나, 목표 달성(Goal Attainment). 목적을 달성시키는 기능을 하지 않으면 조직이 존재하지 않습니다.

둘째, 패턴 지속성(Pattern Maintenance). 만들어놓은 자기 조직의 유형을 지속해야지. 그렇지 않으면 조직이 살 수 없다는 이야기입니다. 국가까지 포함해서. 그 다음에 중요한 것은 통합기능(Integration Function)이 꼭 필요합니다.

목표 달성(Goal Attainment), 패턴 지속성(Pattern Maintenance), 통합(Integration), 그걸 탈콧 파슨스는 기능적 필요조건(Functional Requisite)이라고 했습니다. 기능적으로 꼭 있어야 한다고 한다.

이 사람이 가고 나니까 이제 정치학이 나왔습니다. 정치학이 나와서 기능적 필요조건(Functional Requisite)을 이렇게 뜯고 저렇게 뜯고 산산조각을 내놨습니다. 거기에서 제일 중요한 사람이 가브리엘 알몬드(Gabriel Almond; 1911-2002)라는 사람입니다. 정치하는 사람이 100% 그 사람 이름을 알 거예요. 미국학자 알몬드가 한 것은 구조적 기능주의(Structural Functionalism)입니다. 그 사람도 또 다른 자기 부류의 사람들과 자기 제자들과 했습니다.

알몬드에 와서 비로소 미국의 인식론적 제국주의가 시작됩니다. 알몬드 이름을 모르는 미국의 사회과학자는 없고, 또 한국의 정치학 박사 받은 사람은 알몬드가 누군지 다 압니다. 그런데 알몬드는 미국 정부가 하는 걸 보고 입법, 사법, 행정을 어떤 건 Input Function, 어떤 거는

Output Function으로 설명하죠. 인풋을 잘 설명하면 아웃풋을 예측할 수 있다는 견해인데, 그 인풋을 암만 가져와도 그 속의 프로세스가 어떻게 발전됐는가를 잘 모르면 아웃풋이 제대로 나오지 않아요. 그래서 가브리엘 알몬드 등이 얘기하는 구조적 기능주의(Structural Functionalism)는 결국은 미국의 현실을 합리화시키는 일밖에 못 했습니다. 그러니까 거기에 대해 반감을 가진 사람이 저까지 포함해서 많이 있었습니다.

그 사람들의 책들이 1960년, 70년 이때 다 나왔습니다. 이걸로는 안되겠다. 동양학자 하나가 과학적이면서 현실에 맞으면서 설득력이 있으면서 상식적인 의견을 포함한 정치 발전론을 발표했습니다. 그래서 미국의 정치학자로 1995년 Cyclopedia(백과사전)에 실렸습니다. 권장하는 사람도 없고 우리나라에서는 관심도 없고 해서 빛을 못 봤죠. 그러다가 2017년에 제가 그 이론을 다시 담아서 책을 냈는데 그게 우리가 지금 교재로 사용했으면 하는 책 『글로벌리제이션』입니다. 엄청나게 연구도 많이 했고 야망이 큰 책이었습니다. 지금 제가 쭉 말씀드린 그 사람들을 제가 전부 다 이 책에서 비판했어요. 그 사람들이 하는 것으로는 과학화도 안 되고 일반적으로 상식화도 되지 않는다. 제가 그런 결론을 낸 적이 있습니다.

그런데 정치학에 딱 들어오니까 소위 대가들이 나타났어요. 그중에 가브리엘 알몬드는 발전론이 아닙니다. 발전론에서 대가가 한둘이 아닌데 전부 다 미국의 정치 제도를 합리화시키고 우수하다고 칭찬하고 얘기했습니다. 그 사람들은 어떤 종류의 인간성을 가지면 그 사회 전체가 발전된 사회다. 그런 발달을 하는 거다. 인간성에 두었습니다. 예를 들어오픈 마인드로 개방되어 있으면 발전됐고 폐쇄됐으면 발전 안 됐다. 미래 지향적이면 발전됐다. 과거에 집착하면 발전되지 않았다. 다른 데로 나가는 프로젝션(projection)하는 거는 발전됐고 인트로젝션(introjection: 적응 장애) 즉 내성적인 것은 발전되지 않았다. 미국 사람 비슷한 거는 다 발전된 사람으로 만들었어요. 객관성이 없습니다.

지금 단계에서 제가 보니까 미국 학문은 상당히 정치화가 돼서 정부에서 요구하는 것을 찬양하는 모습이었습니다. 제가 미국에 와서 깜짝 놀란 것이 한국이나 북한만 그런 게 아니고 이곳도 세뇌 작업을 하는데 굉장히 철저합니다. 아이들이 학교 가면 어느 책은 읽지 말라 하고 어떤 책을 읽게 하고. 지금도 그렇습니다. 그래서 미국의 교육은 객관성 있는 상식화된 교육이라고 하지 못하겠습니다.

교육뿐만 아니고 정책은 더 말할 나위가 없습니다. 1960년대에 일어난 제일 큰 사건이 뭡니까? 베트남 전쟁이었습니다. 1960년, 70년 중반까지 민주주의를 신봉하지 않은 동양 사람들은 전부 다 제거해야 된다, 이 세상에 살 자격이 없다는 식으로 생각하는 것이 미국의 학풍이었습니다. 정부보다 더 앞장서서 미국의 상황을 정치적으로 이용하고 또 다른 조직이나 다른 사람들을 악마로 취급하는 것이 말하자면 지식사회와 학문 사회에 가장 철저하게 나타나 있습니다. 그걸 모르고 해외 유학하고 박사 하나 받았다고 돌아가지만 전부 다 세뇌가 되어 돌아가게 되는 것입니다. 그걸 알아야 돼요. 세뇌가 돼서 서구 편파적으로 정당화시키는 것을 하루라도 빨리 극복해야 되는데 극복할 길이 요원합니다. 미국이 지금 얼마나 폐쇄적이며 또 얼마나 제국주의 역할과 패권을 주장하

는 나라입니까? 그걸 모르고 어떤 나라들은, 예컨대 윤석열 정부의 대한
민국은 미국을 계속 선망하고 있지 않습니까? 이유도 없이 선망하고 잘
못된 이유까지 선망하기 때문에 정책이 올바르게 안 나옵니다. 중국 비
판은 막 해놓고, 폴란드에 군사 지원해 놓고, 중국이 필요하니까 경제적
으로 중국에 의존할 수밖에 없다는 식으로 해서는 국제적인 설득력이
없습니다. 웃음거리밖에 안 돼요.

그러한 위기론이 서구화되고 그것도 미국 제국주의 모습을 그대로
따라가는 것이 지금까지 일어난 발전론 상황입니다. 미국만 자꾸 얘기
하는데, 미국 이외에는 발전론이 별로 없습니다. 미국이 그대로 영향을
미쳐서 서구 학계에는 미국의 구조적 기능주의(Structural Functionalism)
와 가브리엘 알몬드를 모르는 사람이 없습니다. 그만큼 잘못된 걸로 세
뇌되어 있으니까 우리는 여기에서 벗어나서 새로 시작해 보자, 그렇게
노력해보자 하는 것이 학자로서 저의 야망입니다.

인간의 성향이 어떤지 묻지 말고 인간의 행복을 묻자. 모든 인간이
원하는 것은 행복이다. 행복은 어떻게 하면 행복이 되느냐. 올바르게 발
전되면 행복해진다. 그렇게 되기 위해서는 인간이 추구하는 욕구, 휴먼
니즈를 충족시키고 나서 인간이 원하는 욕망을 추구하게 해주자. 그러면
세상에서 제일 좋은 사회예요. 대한민국 사람들이 느끼는 욕구나 북쪽
사람이 느끼는 욕구나 미국 사람이나 독일 사람이나 그 욕구들은 전부
동일하다고 생각합니다. Human Needs와 Human Wants를 연구해
보면 나라마다 다르지 않습니다. 똑같습니다. 예를 들어서 살고 싶다.
자살할 사람은 살고 싶지 않겠지만 그거는 조금 병적인 경우이고, 모든

사람은 살고 싶어 해요. 어떻게 사느냐 하는 거는 둘째 문제고 다 살고 싶어 해요.

그런데 살기 위해서 음식을 먹어야 해요. 상식입니다. 사는 거는 동일한데 음식은 밥을 먹느냐 빵을 먹느냐 차이가 있습니다. 우리는 밥을 먹으면서 빵 먹는 사람더러 너는 그거 못 쓰겠다 하면 안 돼요. 또 그 반대로 빵 먹는 사람이 빵을 안 먹으면 후진국이고 야만이라고 하면 안 되지 않습니까? 이념도 그래요. 이념도 하나의 수단에 불과합니다. 이념은 권력을 정당화시키고 살아가는 방법을 정당화시키는 수단에 불과합니다. 수단으로 목적을 정당화시킬 수는 없습니다. 목적에 따라서 수단이 따라와야지 수단을 먼저 앞에 놓고 "빵 먹어라, 빵 안 먹으면 아무것도 먹지 못한다." 하면 안 되지 않습니까?

인간 욕구를 충족시키는 수단 방법이 있습니다. 살기 위해서 밥을 먹어야 되고, 건강을 위해서 운동도 해야 되고. 정치 이념도 수단입니다. 사랑방에서는 이걸 분명히 알아주시기 바랍니다. 정치 이념은 목적이 아니라 수단이라고 생각합니다. "발전이 목적이다. 인간의 욕구와 욕망을 추구하는 것이 목적이다. 그러면 행복해지니까 행복이 목적이다." 이렇게 봐야지 "평등이 더 높고 바람직하다." 그렇게 봐서는 안 됩니다. "자유가 평등보다 더 고귀하다." 그렇게 봐서는 안 됩니다. 자유나 평등이다 모두 이념에 불과합니다. 크게 잘못되었어요. 이념이 수단이라는 걸 망각하고 있어요. 이념을 목적으로 봅니다. 대한민국도 그렇고 조선민주인민공화국도 그렇습니다.

우리가 통일 정부를 할 때는 통일 목적을 위한 수단으로 사용되는 이념을 정당화시켜야겠습니다. 이념은 목적이 아니라 욕구 충족과 욕망 추구가 목적입니다. 어떤 욕구와 욕망을 추구하느냐에 따라서 제도가 만들어집니다. 밥을 먹기 위해서는 농사짓는 제도가 만들어지죠. 농업은 밥을 먹기 위해서 깨끗하고 좋은 환경을 만들어야죠. 아프면 전문가한테 진료를 받아서 치료를 받든가 하려면 의학이 필요하지요. 필요한 것을 정당화시키고 또 받아들여야 됩니다. 밥을 먹는 게 좋은데 그 밥이 시장에서 사 온 쌀로 만든 밥이든가 집단 농장에서 단체로 만들어 분배한 밥이든가 전혀 상관없습니다. 그 사회에서 제 역할을 하는 방법을 취사선택하면 좋습니다.

인간 욕구 가운데 물리적으로 육체가 사는 것이 중요합니다. 살기 위해서 농업이라는 제도가 나오지요. 살기 위해서 국방이라는 제도가 나오지요. 살기 위해서 검찰 혹은 경관 제도가 나오지요. 살기 위해서 병원이 나오죠. 살기 위해서 환경 정책이 나오죠. 그런 걸 종합적으로 봐서 통일 정부의 정치 이념을 만듭시다. 갑론을박할 여지가 없도록 만들어야 합니다. 그렇죠?

살기 위해서는 농업과 군사와 경관, 검찰 등등이 있어야죠. 환경이 좋아야죠. 그러면 어떤 태도가 생기냐면, 권위에 복종하고 자연 법칙에 순응하는 그런 의식 구조가 생겨요. 군인들도 명령 복종했지. 명령에 순종하지 않으면 안 되죠. 터키에 지진이 일어나서 5천 명 이상 죽었다는데 전쟁하던 러시아, 우크라이나의 군인들이 지원을 나갔어요.

자연의 법칙에 순종해야 합니다. 자연이 없으면 농사를 못 짓고 먹을 게 없으니까. 얼마나 상식입니까. 농사는 음식을 만드는 거예요. 장난감 만드는 게 아닙니다. 그걸 생각하면 제가 지금부터 추구하는 이론이 상당히 설득력이 있을 거예요. 자연에 의존하는 것이 농사이고 농민 사업이 농업 사업입니다. 왜냐하면 비가 얼마나 오냐, 온도가 얼마냐 하는 거는 우리가 바꿀 수 없습니다. 인간이 아무리 까불어도 자연 하나 바꿀 수가 없습니다. 자연에 순종하면서 사는 방법이 통일 정부에서는 제일 중요합니다.

법칙에 순종하는 것이 권위에 순종하라는 말은 아닙니다. 군인에게 법칙에 복종하라고 가르치지 않습니까? 군대에 복종하지 않으면 안보가 안 되죠. 검사나 경찰에 복종하지 않으면 안전한 사회를 유지할 수 없지요. 일반적으로 권위나 항거할 수 없는 절대적인 힘에 복종하게 됩니다. 그 복종을 정당화시키고 복종을 더 잘하게 만드는 것이 교육입니다. 그러면 거기에 필요한 교육이며 사회며 언론이며 하는 제도가 생깁니다. 복종을 선양시키는 제도들이 생깁니다. 정당도 될 수 있고, 정치 압력단체도 될 수 있고, 군인이나 경찰의 역할도 될 수 있고. 그래서 복종이라는 것이 꼭 필요합니다. 인간의 생명을 위태롭게 하는 상황에서 우리가 살기 위해서는 복종해야 된다. 복종이 다 나쁜 게 아닙니다.

미국에서는 복종하면 독재자라 그러는데 미국은 독재자 아닙니까? 미국만큼 대통령이 독재하고 정치가 독재하는 나라가 별로 없습니다. 미국만입니까? 다른 나라들도 전부 다 독재를 합니다. 예를 들어서 북한은 독재 국가다, 1인 독재자 그러는데, 보기에 따라서 그렇게 볼 수도 있겠지만 저는 그렇게 보지 않습니다. 북한이 경제적, 안보적, 국방적으로도 어렵기 때문에 권위를 중심으로 하는 정치가 생겼습니다. 계속 그렇게 될 거예요.

인간이 뭔가를 마치고 나면, 배가 부르면 또 안전하고 건강하면, 두 달 먹은 아이가 뭐를 찾는다고 그랬죠? 엄마 손을 찾아요. 중요한 사람과 같이하기를 원하는 거죠. 두 살도 되기 전부터 계속 그래요. 인간이 사회적 동물이라는 말은 인간에게는 남이 필요하다. 나만 필요한 게 아니라 남이 필요하다. 나한테 중요한 남이 필요하다. 가정이 동창이 동향이 조직에서 같이 일할 수 있는 동지가 필요합니다. 남이 필요합니다.

남은 누가 만듭니까? 남이 필요할 때는 제도들이 생겨요. 남을 만드는 제도 중에 제일 중요한 건 가정입니다. 가정은 경험적으로 과학적으로 생각해야 돼요. 가정은 사회주의적인 조직체입니다. 가정은 사회주의이다. 가정은 어찌 보면 아버지나 할아버지나 어머니나 할머니가 독재하는 곳입니다. 가정의 독재가 없으면 가정이 깨지게 돼요. 가정은 멸하거나 붕괴하지 않아요. 아무리 오래 헤어져 이산가족이 되어도 만나지 않으면 한을 못 푸는 것이 가족입니다. 이산가족 유지할 자격이 미국 사람이나 외국 사람들은 없어요. 대한민국 사람과 조선민주주의인민공화국 사람만, 이산가족의 한을 아는 사람만 체험하고 있는 사람들이에요. 얼마나 중요한 것입니까?

제가 사실 감투가 하나 더 있는데, 유나이티드 패밀리 링크(United Family Link)라는 겁니다. 미연방 정부의 세금 혜택을 받는 조직에 제가 CEO입니다. 미국에는 별로 할 게 없어요. 한국에 가야 이산가족을 찾아주는 의미가 있어요. 그 이산가족을 찾는 사람 누가 찾는가. 제가 카메라를 메고 온 만주 벌판에 돌아다니면서 80년대 초에 대한민국에서 중공에서 찾았습니다. 그런 프로그램이 있었습니다. 김동건이라는 사회자와 단독 인터뷰도 하고 제가 찾아준 이산가족들을 마카오에 숨겨놨다가 제가 있는 자리에서 만나게 한 그런 드라마틱한 경험이 있습니다. 만나지 않으면 안 풀어지는 것이 이산가족의 한입니다. 되어보지 않으면 느끼지 못합니다. 만나야 한이 풀리는 것이 이산가족입니다. 제가 90세쯤 된 건강이 나쁘신 만주에 있는 사람을 그분의 이산가족을 찾으려고 방문했어요. 연세가 굉장히 많아 보였어요. "누구를 찾습니까?" 하니까 "저희 아버지를 찾습니다." 그래요. 들고 있던 카메라를 땅에 탁 놓칠 뻔했을 만큼 깜짝 놀랐어요. 나이 90 된 사람이 자기 아버지를 찾는데 왜? 찾지 않으면 한이 풀리지 않는 것이 이산가족입니다.

그다음에 아주 복잡한 상황이 있습니다. 제가 그 경험으로 이산가족에 관해 책을 하나 썼으면 싶어요. 남쪽에 주로 남편들이 일찍 내려왔는데 전쟁이 일어나고 소식도 없고 하니 다들 재혼을 했어요. 재혼해서 단란한 가정을 꾸리고 사는 걸 북에 살거나 중국에 사는 사람들이 알게 되고 자살하는 예를, 저 때문에 자살했겠구나 싶어 이산가족 다시 안 하겠다는 생각까지 들었어요.

풀지 않으면 한이 맺힙니다. 정말 이산가족 말고는 한이 맺히는 곳이 별로 없습니다. 더불어 살려고 하는 욕망에서 가족이 굉장히 중요하기 때문에 가족적으로 사회를 만들고 가족적으로 국가를 만드는 것이 국가의 안정과 국가의 행복을 위한 한 가지 방법입니다. 조선민주주의인민공화국이 진정으로 가정 같고 수령은 어버이 수령이라고 할 만큼 느낀다면 그거 좋은 사회예요. 우리처럼 살아야 한다, 미국처럼 살아야 한다는 이유가 없습니다. 행복하면 좋은 거예요. 가정이 중요한 사람들을 만들어요. 친형제를 만들고 부모 관계를 만들고 또 결혼하고 나면 더 많은 삶과 더불어 살게 돼요. 그게 아름다운 거예요.

대가족 제도가 얼마나 아름다운지 모릅니다. 그래서 옛날부터 하는 세배가 있죠. 요새도 보니까 음력설, 양력설도 마찬가지대요. 세배하려고 경부선에 한 이틀 차가 꽉 막히지요. 얼마나 아름다워요. 정(情)이랄까. 이산가족의 정, 남에 대한 정, 친구에 대한 정, 중요한 다른 사람들을 만들어주는 것이 가정이고 또 학교입니다.

학교에 가면 동창생이 생겨요. 오늘 이 방에 동창생 동기는 아닙니다만, 저보다 선배예요, 임수근 선생 아까 나오셨어요. 전화 올 때 제 입에서 금방 나오는 말이 선배님이에요. 왜냐하면 학교를 나보다 앞서 나왔으니까 선배님이죠. 그러면 훨씬 더 친근감을 느낍니다. 학교는 중요한 다른 사람을 만들어내는 곳입니다.

미국도 마찬가지예요. 제가 나온 학교가 저희 모교지요. 마틴 루터 킹이 나온 학교가 여기에 모어하우스(킹이 1944년부터 48년까지 이곳에서 사회학을 배웠다. 註)라는 학교예요. 그 학교에 동상도 세워져 있고. 킹은 그곳에 오면 가정집에 왔다는 생각이 든다고 썼어요. 그 사람한테는 학교가 가정처럼 됐어요. 많은 사람한테 그래요. 대한민국에서는 동창 많이들 찾지요. 동문 많이들 찾지요. 저는 경상북도 동문하고 통일관이나 북한에 대해서 의견이 많이 다릅니다. 좀 더 협상(accommodation)하려고 하는 경향을 많이 지니고 있죠. 내 고등학교 동창들은 나를 도외시합니다. 뜻이 다르니까. 그래도 적지 않은 사람들이 나를 동창으로 끼워줘요. 저도 또 그렇게 느끼고.

그뿐입니까 직장도 마찬가지예요. 직장에 동료들이 있지 않습니까. 직장 나가는 것이 돈벌이로만 나가는 게 아니고 동료들이 있기 때문에 나가는 겁니다. 많은 의미에서 동료들이 돈보다 더 중요합니다. 그렇게 돼야 돼요. 돈 때문에 생활 방법을 이렇게 저렇게 직장을 이렇게 저렇게 바꾸고 하면 그게 인간의 욕구를 충족하는 방법이 아닙니다. 행복하게 사는 방법이 아닙니다.

학교도 교회도 마찬가지입니다. 교회도 종교기관도 그렇고 직장도 그렇고 또 군대도 마찬가지예요. 거기 가면 전부 다 중요한 남들과 만나는 거예요. 우리는 그 욕망과 욕구를 충족시키기 위해서 사회에 의식 혹은 가치관을 만들어야 되요. 중요한 건 가치를 부여해야 됩니다. 친구가 중요하고 또 친구가 됐다가 거기 뜻을 같이 하는 친구가 되면 동지가 되지. 동지가 얼마나 중요해요. 이 세상에 동지 없이 어떻게 삽니까? 더구나 통일운동을 하는 이 방에 계신 많은 사람들. 동지가 없으면 활동을 못 하고 용기가 없으면 살맛이 없잖아요. 중요한 다른 사람이 저렇게 있다고.

그런데 그 다른 사람이 지금 살고 있는 사람에 그치는 게 아니에요. 저한테 중요한 사람 중에 하나는 플라톤이라고. 세인트 어거스틴. 이런 사람이에요. 그리고 공자님이에요. 부처님이에요. 그래서 특별히 종교는 얼과 얼이 만나는 겁니다. 직장은 다른 것 때문에 만나는 게 많겠지만, 종교는 얼과 얼이 만나는 겁니다. 그렇게 중요하기 때문에 종교의 자유가 굉장히 중요합니다. 사회가 어떻든 간에 종교의 자유는 남쪽도 필요하고 북쪽도 필요하고 통일정부에는 더군다나 필요합니다.

　제가 다섯 가지 욕구 중에 두 가지를 대충 얘기했습니다. 셋째, 더 복잡하고. 넷째, 말할 수 없이 복잡하고. 다섯째는 이렇게 오늘처럼 제가 사랑방에서 얘기하는 것처럼 이야기하겠습니다. 강의하는 것처럼 하지는 않습니다. 사랑방 담화로 계속 이렇게 이어갈까 생각합니다.

# 5

# 발전은 단계적으로 일어난다

"미국이 초산업사회가 됐어요. 언제? 1969년, 70년. 이때 됐습니다. 중산 계급이 없어. 중산 계급이 없는 곳은 민주주의가 몰락하게 되어 있습니다. 공식이 그렇습니다."

발전은 단계적으로 일어난다. 한 단계와 그다음 단계에는 질적인 차이가 있습니다. 그러니까 단계지요. 오르막에 올라가는 것이 발전이 아닙니다. 조금 갔다가 한 칸 더 올라가고 또 더 올라가요. 그때는 질적인 큰 변화가 있습니다. 생활 방식도 다르고 가치관도 문화도 다르고 사회제도 정책도 다르고 다 다릅니다. 이걸 제가 설명하지요.

저는 모든 설명을 어디서 가지고 오느냐 하면 어린아이들이 자라면서 어떤 행동을 취하느냐, 지성과 감성을 포함해서 어떻게 하면 어린애들이 만족해하느냐, 만족하기 위해서 무엇을 요구하며 무엇을 희망하느냐를 경험적으로 볼 뿐만 아니라 또 심리학 혹은 사회학, 철학까지 문헌을 다 뒤져서 연결시켜가면서 정당화를 시켰습니다.

후쿠야마(Francis Yoshihiro Fukuyama) 같은 사람은 그런 이론이 없습니다. 지난번에 제가 말씀드린 미국의 기능주의(functionalism) 가브리엘 알몬드 같은 사람들은 이론이 없습니다. 설명을 못하는 이론들입니다.

우리가 지금 추구하는 것은 이렇습니다. 사회 발전이 이렇게 된다. 왜 그렇게 되느냐. 따지고 들어가면 우리가 그걸 원하기 때문에 그렇다. 여기서 '우리'는 인간입니다. 사람들이 원하는 것을 주고 필요한 것을 주는 것이 사회 발전이고 정치 발전이고 발전된 역사다. 저는 그렇게 봅니다.

지난번에 두 단계를 얘기했습니다.

첫째는 살려고 하는 단계입니다. 어떤 체제나 사회도 살려고 하는 것이고, 어느 사회든지 목적이 있습니다. 탈콧 파슨스(Talcott Parsons) 같은 사람이 얘기한 거를 제가 다 부정하지는 않습니다. 미국을 사진 찍듯이 가져가서 이런 게 발전된 거라 하는 태도를 부정하지 그 사람이 보는 사회학적 견해는 훌륭한 데가 있습니다.

모든 조직과 국가가 목적이 있습니다. 목적 없는 조직은 있을 수 없습니다. 목적을 추구하다 보면 패턴이 생깁니다. 어떻게 추구할지 패턴이 정립됩니다. 어느 조직이든지 환경 속에서 사니까 역사적 혹은 지정학적 환경에서 사니까 환경과 연계해서 환경과 조화를 이루어야 된다. 사회적 통합(Social Intergration)을 해야 된다. 파슨스가 그렇게 얘기한 것이 잘못된 거 아닙니다. 그 자체는 옳은 얘기입니다. 다만 그걸 미국으로 렌즈를 돌려서 미국적으로 되니까 좋다는 거는 과학적으로도 신빙성이 없고 감정적으로도 맞지 않습니다.

지난번에 제가 어머니의 따뜻한 손까지 얘기했어요. 어린애가 울다가 배고프면 살기 위해서 또는 몸이 불편해서 우는데  젖을 줘도 울면 안아 보니까 안 울어요. 엄마가 안으니까 그쳐요. 자기 어머니하고 접촉하는 거예요. 거기서 사람이 사회적인 동물로 시작됩니다. 중요한 다른 사람들이 필요합니다. 가족이 될 수도 있고 친구도 될 수 있고 동지도 될 수 있고 국민도 될 수 있고 민족도 될 수가 있습니다. 그건 또 별도의 문제고, 저는 Belonging Need를 사랑권이라 부릅니다. Belonging. 어디에 속하려 하는 요구를 사랑권이라 부릅니다. 사랑권, Love Right 라는 말이 매력이 있어서 제가 그걸 버리지 못하고 있습니다.

중요한 다른 사람을 만나기 위해 만들어진 제도 가운데 제일 중요한 게 가족입니다. 하늘에서 떨어진 게 아닙니다. 사람이 필요해서 만들었지요. 대를 영위하기 위해서는 인간은 가족을 필요하고 아이들이 필요하게 됩니다. 결혼 제도가 생기고 또 문화가 생기고 이기적이거나 이타적인 아버지나 윗사람을 섬기기도 하고 복종하는 지혜와 복종하는 미덕도 생깁니다. 그러다가 다른 사람을 만나면 정치 조직까지 포함한 모든 사회에 중요한 다른 사람을 생산하는 조직들입니다.

이 사회 말고 역사 속에서 중요한 다른 사람들을 찾겠다면 공자님을 중요한 다른 사람으로 삼아도 되고 부처님을 해도 되고 그리스도를 해도 되고 다 좋습니다. 우리한테는 그런 자유가 있습니다. 중요한 다른 사람이 살아있는 사람이나 죽어 있는 사람이나 또 상징적인 존재도 얼마든지 가능합니다. 나 아닌 다른 사람을 만나고 그 욕구를 충족하기 위해서 사회 조직을 만들고 조직마다 그 조직이 영위될 수 있는 도덕적인 기준과 행정 규범을 만들게 됩니다.

그것을 합하면 문화가 되죠. 이 단계에 따라서 문화가 생깁니다.

첫째 단계는 권위주의적인 문화입니다. 말씀드렸듯이 농업 사회에서는 비도 오는 걸 마음대로 못하고 기후도 마음대로 못하고 마음대로 못하는 게 전부죠. 생산도 마음대로 할 수가 없어요. 땅도 제한되어 있고 종자도 있고. 그러니까 있는 질서에 복종하는 문화가 농업사회 문화입니다. 그런 사회에서는 독재 국가가 나타나기가 쉽습니다. 권위에 복종하게 되니까. 자연이라는 권위, 권력이라는 권위, 돈이라는 권위에 복종하게 됩니다.

그러다가 이제 두 번째 단계. 사랑 단계로 넘어오면 첫 단계에서는 일반적으로 불평등하고 관료적입니다. 좀 알고 힘이 세면 힘없는 사람은 부려먹고 강제로 통솔하는 대신에 제2단계에서는 평등입니다. 평등이 이렇게 인간 사회에서 중요하고 필요하다고 하는 것이 제2단계입니다. 사람끼리 사귀는데 우리가 전부 다 평등한 관계에서 사람을 만나기를 원합니다. 주종 관계에서 사람을 만나길 원하지 않습니다. 상식적인 얘기 아닙니까? 이론이 상식에서 나오면 다른 사람들이 부정하기가 어렵습니다. 그래서 평등이라는 가치관에서 모든 것이 이루어지는 것이 소위 이념 사회, 종속 사회입니다. 제가 말씀드렸듯이 인간은 주종 관계로 종속되는 걸 원하지 않습니다. 노예로 사는 걸 절대 원하지 않습니다. 그걸 원한다고 하면 궤변입니다.

노예 제도는 없애야 되고 평등 사회를 만들어야 상식입니다. 가정만큼 평등한 데가 없습니다. 인종이 같지요. 경제적 배경도 같지요. 가족은 역사적 문화적 차원에서 동질성을 가지고 있습니다. 경제적인 위치도 형제간끼리 다 같습니다. 그러다가 학교에 가면 불평등이 나타나기 시작합니다. 어떤 사람은 자기 아버지가 별을 달고 있고 어떤 사람은 기계꾼이고. 그 아이들이 학교 가면 뭐를 배웁니까? 우리는 다 평등하다고 배웁니다.

딱딱한 의자에 같이 앉아서 평등하다는 가치관을 학교에서 배우게 됩니다. 어느 나라든지 마찬가지입니다. 그렇게 돼야 제대로 된 학교입니다. 불평등한 가치관 위에서 불평등을 조장시키면 그 교육이 잘못된 것입니다. 우리는 교육을 보는 데도 원천적으로 봐줘야 하고, 저는 교육자로서 미국 교육도 평등을 가리치는 것이 목적입니다.

종교만큼 평등한 게 있습니까? 들어가서 같은 하나를 숭배하는데 종교만큼 어떤 범위 내에서 평등을 장점으로 가리키는 사외 조직도 없습니다. 군사는 어떻습니까? 집에서 돈도 많고 잘살다가 군대에 가면 머리 싹 깎고 군복 입고 나면 다 평등해집니다. 거기 가서 나는 경제적인 것이 어떻고 배경이(background) 어떻고 하면 잘못된 군대입니다. 타락한 군대입니다. 군대에 가서 자기는 좋은 전화를 가지고 있다고 친구들한테 자랑하면 그거 다 압수해야 됩니다.

평등은 더불어 사는 단계를 거치게 됩니다. 그 단계가 좋습니다. 사랑도 가르치고 더불어 사는 미덕도 가르치고 역사도 가르치고 "인간은 다 상대적인 존재다. 나 혼자 절대적이 아니다." 미덕도 가르치고 하지.

교육이 그렇게 중요하고, 종교가 그렇게 중요하고, 모든 사회 조직들이 어떤 목적 하에 만들어졌으니까 그 조직들 안에서는 평등을 추구합니다.

오늘부터 제가 말씀드리는 거는 좀 복잡해요.

어린아이가 장난감을 원할 때부터 문제가 시작됩니다. 저도 아이를 관찰하면서 느끼는 게, 장난감을 새것 하나 사주면 자기 방에 들어가 문을 꽉 잠그고 나오지를 않아요. 또 다른 사람이 거기 들어가서 자기 부모가 나가자 밥 먹자 해도 안 따라옵니다. 그 장난감을 가지고 놀아요. 장난감을 가지고 놀기 위해서는 시간이 필요합니다. 장난감이 우선 필요하고 그걸 갖고 놀 수 있는 시간이 필요합니다.

농업이 장난감을 만듭니까? 농업은 장난감 못 만듭니다. 장난감을 만드는 데서 공업이 시작되는 것입니다. 장난감, 더 좋은 장난감, 더 많은 장난감, 더 비싼 장난감. 비행기도 장난감입니다. 비행기를 먹고 살지 않잖아요. 장난감이에요. 타고 다니는 보트도 다 장난감이에요. 인간이 장난감을 원하게 되면 그건 누가 생산하죠? 농업이 안 합니다. 공업이 하죠. 장난감은 재미있을 뿐 아니라 갖고 놀기 쉬워야 해요. 그걸 늘리기 위해 기계화가 되고, 그렇게 기계화하는 목적은 사람한테 여가를 주는 것입니다.

제가 미국에 와서 학교 다닐 때는 워싱 머신이 없었습니다. 60년대 중반에는 링거라는 워싱 머신인데 들어보셨어요? 연세 있는 분 아실 거예요. 링거는 빙빙 돌아주거든. 물이 나와서 왔다 갔다 도는 게 아니고 그냥 같은 방향으로 돌아요. 물하고 같이 돌죠. 그런 워싱 머신을 제가 사니까 얼마나 편한지 모릅니다. 그거 없을 때는 손으로 어린애 기저귀를 빨았죠. 60년대 미국에는 일회용(disposable)이 전혀 없었어요. 천으로 만든 기저귀를 그 밤에 다 사용하고 나면 굉장히 무겁습니다. 그걸 메고 집에서 빨래할 수 없으니까 세탁소에 끙끙거리고 갖고 가면 이게 얼음덩어리가 돼버려요. 무겁고 옮기기도 어려운 걸 기계가 씻어주니까 시간이 생기죠.

기계화 공업화해서 거기서 나오는 생산물은 전부 다 시장에 갑니다. 집에서 소비하려고 공업 생산물을 생산하는 사람은 없어요. 시장에 가지 않습니까? 시장에 가면 팔아야 되거든. 살 사람이 나와야 된다고. 시장에 가면 살 사람과 팔 사람이 모이죠. 그 시장이 중심이 돼서 도시화가 됩니다. 도시가 생깁니다. 인류 사회의 모든 도시는 시장 중심으로 생겼습니다. 사회주의 국가도 시장이 있죠. 시장 중심으로 생기고, 그렇게 생산자와 소비자가 함께 살면 의식 구조가 같아지고 가치관이 같아집니다. 시장 문화가 생깁니다.

시장 문화는 뭡니까? 비교하고 모든 걸 양(量)으로 전환시킵니다. 양(量)은 돈이죠. 값으로 전환됩니다. 시장에 다니는 사람은 생산하는 사람도 소비하는 사람도 양만 생각하고 돈만 생각하지 질(質)은 별로 생각하지 않아요. 시장에서 생산하는 사람만 있으면 안 팔리고 돈을 못 벌죠. 생산과 소비가 서로 조화를 이루어야 합니다. 시장이 자연적으로 생산이 많으면 줄이고 생산이 적으면 늘리고 하지 않습니까? 많이 사고 소비를 많이 해야 생산을 많이 할 거 아닙니까? 생산 많이 하는 거는 굉장히 쉽습니다. 왜냐하면 기계화시켜서 대량 생산(mass production)을 합니다. 소비가 있다면 얼마든지 생산할 수 있는 것이 산업 사회입니다. 소비자들이 소비 많이 해달라고 생산자가 뭐를 합니까? 세뇌시킵니다. 광고해서 우리가 자꾸 많이 사도록 해요. 우리는 소비를 하라고 하는 세뇌 작업을 매일 받고 있습니다. 산업 사회, 초산업사회가 그겁니다.

중산 계급이 왜 생겼냐면, 18세기 당시 칼 마르크스나 사회주의자들이 볼 때는 이 생산자하고 소비자하고 계급의식이 생겨서 계급투쟁이 생기면 생산자가 이긴다. 이렇게 되어 있습니다. 왜냐하면 생산자가 총을 가지고 있거든. 근로자는 총이 없어요. 근로자는 무엇입니까? 사람의 수가 있거든. 그래서 칼 마르크스가 총 한 자루면 사람 서른 몇 명이 와도 이긴다. 한 사람인데 30대다. 이러다가 가만 보니까 그렇지 않거든. 총으로는 안 되겠거든. 그래서 기관총이 나오자 노동쟁의가 거의 사라졌어요. 그만큼 무기가 인간 사회에서 중요해요. 기관총이 서구에서 생산되고 나서는 노동자들의 노동 쟁의가 줄었어요. 노동자들이 노동 쟁의를 하는데 혼자서는 힘이 없거든. 동료들하고 같이 하는 소위 집단 파업, 단체교섭(collective bargaining)이 시작했습니다. 그걸 시작하니 노동자들이 힘이 생기거든. 뿐만 아니고 대량 생산을 하기 위해서 기계화를 시키고 자동화를 시키거든. 기계화시켜 놓으면 그 기계를 배워야 되지 않아요? 손으로 노동한 사람으론 안 된다고. 기계를 배우는 것이 자산이 된다고요. 그래서 기계를 돌릴 수 있는 사람들은 임금이 올라가죠. 그래서 중산계급의 임금이 점점 많아지고, 대량 생산에 소비를 해야 되는데 소비는 누가 합니까? 노동자들이 소비를 돌아가며 해서 소비자가 되죠. 생산자들이 자기가 만든 걸 소비하지 않습니다. 해봐야 얼마 안 되고요. 소비자들이 돌아가며 물건을 사지요. 그러니까 소비자들을 못 살게 해

놓으면 생산자들이 계속 생산할 수 있는 제도를 유지할 수 없습니다. 생산자들이 계속 생산하려면 어느 정도 중산 계급의 임금을 높여줘야 됩니다. 그래야 자기들이 사니까.

그런 식으로 하다 보니까 중산 계급이 힘이 생겼어요. 옛날에 칼 마르크스가 볼 때 힘이 하나도 없다가 이제 힘이 생겼거든. 그래서 중산층 (middle class)이 생기게 됩니다. 이게 산업 사회입니다. 중산층에 대해 한두 말만 더 하고 4단계로 넘어가겠습니다. 중산층이 있기 때문에 중산문화가 있습니다. 중산문화는 그 커뮤니티에서 국가에서 굉장히 필요합니다. 돈 많은 사람들은 돈을 더 벌려고 혈안이 되어 있지. 돈 없는 사람은 먹고 살려고 발버둥치고 있지. 국가의 건전성이나 잘 발전해야 한다는 커뮤니티 의식이 없습니다. 그런데 중산층에게는 있죠.

대부분 월급쟁이입니다. 데모도 일어나고 파업도 일어나고 하는 월급쟁이예요. 저도 월급쟁이를 평생 했고 지금도 하고 있지만 월급쟁이가 속이 제일 편합니다. 안정적이면서 자본주의에서 월급쟁이는 월급은 꼭 나와요. 더구나 교육계의 월급쟁이는 공황이 없습니다. 그래서 교수가 좋아요. 교육계는 공황이 없습니다. 아이들이 매년 자꾸 태어나니까 교육에는 공황이 없는 거예요.

국가를 생각하고 사회의 건전성을 생각하고 민주주의의 근간을 생각하는 것이 중산 계급입니다. 중산 계급이 없어지려 하는 현상은 다음 4단계에서 얘기하겠어요. 지금 미국의 민주주의가 왜 몰락하고 있습니까? 중산 계급이 없어져서입니다. 미국에 중산 계급이 없습니다. 중간 부분인 계급은 이제 없어졌습니다. 그래서 반대 법안을 제출하고 다 하지만, 그건 이다음에 제가 미국을 비판할 때 더 하겠습니다.

중산계급이 생겨나서 산업사회가 초산업사회로 넘어가게 됩니다. 초산업사회가 지닌 두 가지 특성이 있어요. 하나는 생산에 종사하는 사람들보다 은행이나 보험회사의 서비스 센터에 종사하는 사람들 수가 더 많으면 초산업사회가 되는 겁니다. 미국은 1969년, 70년 이때 초산업사회가 됐어요. 내가 미국에 와서 교수 생활을 시작할 때 미국은 초산업사회로 들어가서 중산 계급이 없어졌어요. 과거 중산 계급을 되찾을 방법이 없습니다. 중산계급이 없는 곳은 민주주의가 몰락하게 되어 있습니다. 공식이 그렇습니다. 미국은 중산계급만 없어질 뿐 아니라 민주주의조차 지금 위기에 처해 있다. 저는 그렇게 봅니다. 다음 시간쯤에 그걸 좀 더 분석적으로 얘기하겠습니다.

여섯 단계가 있는데, 제3단계 공업생산 사회에 가면 제1단계가 부서집니다. 여러 가지로 농업과 공업은 서로 병존을 못 합니다. 제4단계로 가면 제2단계가 무너집니다. 제5단계에 가면 1, 2, 3, 4가 다 무너집니다. 5단계와 6단계는 우리가 상상할 수 있지만 눈에 보이지 않습니다. 5단계를 끝으로 인류의 역사가 끝난다는 얘기입니다. 프란시스 후쿠야마는 글러 먹었어요. 인류 역사는 계속되지 않습니다. 끝납니다. 그걸 막는 일을 우리 민족이 해야 한다고 생각합니다. 그만한 역사적인 경험과 지혜를 지닌 민족이 비록 지금 이렇게 고생하고 있지만, 또 고생했기 때문에 그걸 할 수 있는 능력을 키울 수 있었어요.

4단계는 어떻게 되느냐. 장난감 더 달라. 다른 사람보다 더 좋은 걸 달라. 항상 상대적인 우위성을 욕망하는 것입니다. 항상 비교합니다. 시장 문화는 비교 문화입니다. 시장에 가면 다 비교합니다. 비교 안 되는 게 없습니다. 생각한 걸 가격화시켜 놓으면 다 수량화가 되죠. 비교 안 되는 걸 비교되게끔 하는 것이 학자들이 하는 일이죠. 모든 것을 양적으로 측정할 수 있도록 해야 하는 거예요.

그런데 그런 시장 문화가 계속 살아 있지를 못합니다. 시장이 훨씬 커졌을 뿐 아니라 의미도 달라졌어요. 그렇게 중요하지 않게 됐어요. 시장 문화가 없는데 민주주의가 살아날 수 없다. 이런 명제는 큰 명제입니다. 어느 사회든지 미국적인 민주주의, 서구적인 민주주의, 정치 참여 의식에는 시장 문화가 있어야 합니다. 정치 참여, 자유라는 것은 선택의 자유를 의미합니다. 비교하고 나서 선택하지 않아요? 비교 문화는 시장 문화에서 필요불가결하고 민주주의도 필요불가결하고, 그래서 민주주의는 시장 문화가 기필코 있어야 됩니다. 그러나 우리가 이걸 초월하려고 하면 사람이 원하는 것부터 들어가야 됩니다. 그건 제가 항상 얘기하죠.

넷째는 뭐냐 하면, 셋째가 마치고 나서 그때쯤 초산업사회에 가까이 가면 초산업사회에서는 승자와 패자가 이미 있습니다. 승자도 패자도 아닌 중산은 없어졌고, 중하층은 하층으로 전락했고, 중상층은 상층으로 올라가 버렸습니다. 그런 것도 미국 사회에서 어떻게 되느냐. 미국 사회에 1969년 이때쯤 왕성하게 일어난다는 것이 교외화(suburbanization) 입니다. 도시 밖에서 사람들이 잘 살잖아요. 독립 주택을 가지고 근교에서 사니까 사람마다 자동차를 줘야죠. 그렇게 소비가 됩니다. 도시 근교 생활에 맞도록 소비하게 됩니다. 그러나 교외로 나간 사람들이 다 부자는 아닙니다. 부자가 될 가능성이 있는 사람도 있고 전락할 사람들도 있습니다. 그래서 초산업사회에서 성공하는 사람은 그보다 더 완전한 글로벌 커뮤니티를 바라게 됩니다. 이거는 당도 없고 글로벌 라이프가 통신에 의해서 연결이 다 돼 있는 생활이죠. 세계에서 억만장자들이 몇 백명이나 되는지 몰라도 아마 미국이 제일 많고 중국이 둘째로 많을 거예요. 빌리어네어(10억)는 100만이 천 개 있어야 합니다. 10억이 천 개가 있어야 트릴리온(조)입니다.

미국이 중국한테 빚진 것이 아마 몇 트릴리온 달러입니다. 3조가 넘었습니다. 이러니 미국은 위기에 빠져 빚에 시달려요. 개인 생활도 마찬가지죠. 중산층을 둔화시키기 위해서 글로벌 공장들이 생기죠. 미국에서 동맹 파업을 하니까 그럼 미국을 떠나자 하면서 생산하는 기계를 보따리 싸서 중국으로 남미로 나가고 있잖아요. 그걸 다시 데려온다고 하는데 그건 정치적인 바람이고 실질적으로 돌아오지 않습니다. 돌아오지 않는 그 사람들은 돌아갈 나라도 없어요. 이제 이런 큰 회사들은 나라 없는 회사들입니다. 실질적으로 자기가 충성할 나라는 없어졌어요. 보통은 한 나라 이상에 충성해야지 그 회사를 이끌어갈 수 있습니다. 삼성이 어디 대한민국 겁니까?

글로벌 이코노미가 됐는데, 이거는 글로벌 커뮤니티로 변해야 합니다. 커뮤니티라는 말을 우리 많이 듣고 많이 사용하죠. 아무렇게나 사용해서는 안 됩니다. 사람들이 같이 사는데, 커뮤니케이션(소통)으로 같이 살게 됩니다. 커뮤니케이션이 없으면 커뮤니티가 없습니다. 오카스타다 아틀란타다 하는데 이게 커뮤니티가 아닙니다. 그냥 소사이어티입니다. 사람은 집에 사는 거예요. 커뮤니티는 없어지고 소사이어티만 나와서 이익 단체들과 회사들만 판을 치고 있거든. 서구에서 커뮤니티라는 말이 처음 발명될 때는 이게 자급자족할 수 있는 사회단체의 커뮤니티입니다. 커뮤니티가 필요한 생산과 소비를 그 성원들이 그 커뮤니티에서 생산해야 합니다. 근데 요새는 커뮤니티가 없어졌어요. 미국만 없어진 게 아니라 미국이 앞장서서 세계적으로 없애버렸어요. 글로벌 로테이션이라고 이름을 붙여서 각 나라의 커뮤니티를 부숴버렸죠. 글로벌 커뮤니티가 형성되지 못하도록 만든 것이 큰 회사들입니다.

제가 연구하면서 글로벌리제이션 제6단계가 뭔가 보니까, 돈 되게 많은 사람들 있잖아요. 새파랗게 젊은 아이들이에요. 50세밖에 안 됐는데 자기 돈이 얼마인지 계산도 못하는 사람들이에요. 개인이 수백억 달러를 소유하고 있죠. 조금 있다가 군산복합체 얘기를 하겠습니다. 군산복합제가 미국에서 나타났는데, 군산복합체에서 끌어들이는 돈은 개인의 돈이 아니에요. 정상적인 자본주의 상업 경쟁에서 나오는 돈이 아닙니다. 우리가 세금으로 낸 돈으로 국회에서, 그것도 타락한 국회에서, 국방비로 주고 국방비에서 비행기를 사죠. 군산복합체에서 돈벌이뿐만 아니라 정치적인 역할을 행하는데 군산복합체가 얼마나 큰 압력단체인지 모릅니다. 돈이 무진장 있으니까 압력단체죠.

대한민국도 보니까 군산복합체가 굉장히 팽창되고 있어요. 대한민국 정치인들도 미국과 마찬가지로 군산복합체에 눌려 제대로 활동을 못하는 상황입니다. 딥 스테이트(Deep State; 제도 밖의 숨은 권력집단)가 숨어 있습니다. 저는 누가 권력을 잡아서 왜 어떻게 하느냐를 평생 연구했죠. 보니까 이제는 안 잡혀요. 누가 영향력을 미치는지 안 잡힙니다. 전부

다 빠져버려요. 이리저리 해서 다 빠져요.

넷째, 산업 사회에 들어가면 생산업이 아니고 서비스 센터가 활개를 친다고 했죠. 서비스업이 활개 치는데, 미국의 경우에 제일 많이 활개를 치는 사람들이 변호사들이에요. 변호사들이 거짓말을 먹고 삽니다. 거 짓말을 만들고 다른 사람들한테 거짓말해서 죄 없는 사람에게 죄를 덮 어씌우고 살인한 사람을 거꾸로 무죄로 만들고. 자기 마음대로 만드는 변호사들이 수백 명씩 정치인들 뒤에 있잖아요. 뭐를 만들어라 하면 설 득력이 있는지 몰라도 일단 만들어냅니다. 바이든이 대통령 떨어지도록 만들어라 하니까 변호사들이 그렇게 만들었어요. 미국의 적어도 30~ 40%가 아직까지 그걸 따라가고 있습니다.

미국 민주주의는 몇 년 전에 이미 끝났어요. 민주주의의 생명이 투표 입니다. 선거입니다. 선거의 자유가 있어야 하지만 미국에는 그게 없습 니다. 대통령까지 나와서 또 떨어져 놓고도 100% 자기가 이겼다고, 선 거를 도난당했다고 얘기하는 도널드 트럼프가 아직까지 성성하게 살고 있습니다. 미국은 민주주의 이념적으로 보나 도덕적으로 보나 인간적인 도리로 보나 세계에서 패권을 유지할 자격이 없습니다. 그건 다음에 『엔 드 오브 히스토리』를 다룰 때 얘기하겠습니다.

한 단계 한 단계가 질적인 차이가 있습니다. 그래서 다음 시간에는 발전의 퇴보에 대해 이야기하겠습니다. 지금 발전됐다고 생각하는데, 그거 전부 다 땅 밑으로 떨어졌다. 그래서 인류가 지금 살기 어려워졌 다. 그 이야기를 할게요.

# 6

# 발전도 퇴보한다

"사람이 아이덴티티(Identity, 정체성)가 없으면 존재하지 않는 겁니다. 저의 아이덴티티는 박한식이 아닙니다. 저의 아이덴티티는 제 사상이고 제 가치관이지요. 그처럼 모든 사람이 다 가치관과 사상을 가지고 있는데, 그것을 권장시키는 곳이 또 잘된 곳이 발전된 사회입니다."

발전론을 시작하고 나서 오늘이 여섯 번째입니다.

지금까지도 많이 얘기 됐지만, 핵심적인 것을 정리합시다.

「발전은 질적인 변화를 의미하는 개념이다. 올챙이가 개구리가 되는 것처럼, 병아리가 계란에서 나오는 것처럼, 질적인 모양을 달리하는 변화를 발전이라고 한다. 그다음에 발전은 현재 있는 사회를 역사적으로 보고 그걸 기술해가지고 발전이라고 할 수 없다. 발전이라는 거는 아이디얼 타입, 막스 베버가 얘기한 아이디얼 타입으로 발전이라는 것을 개념화시켜야 된다. 발전이라는 것은 좋은 거다. 발전된 사회가 발전되지 않은 사회보다도 더 질적으로 좋고 인간한테 더 의미가 있고 좋은 기회가 된다.」

지금까지 그렇게 얘기했습니다. 1984년에 출판한 『휴먼 리젠 폴리티컬 디벨롭먼트』라는 책에서 저는 발전은 인간 욕구와 욕망에 의해서 규제해야 된다. 그렇게 경험적으로 역사적으로 과학적으로 되어 왔다는 것을 말했습니다.

저는 발전을 4단계로 봤습니다. 그 첫째 단계가 정권이 들어서는 거죠. 그때는 사람들이 생활이 잘 안 돼서 생활을 보장하는 국가가 그런 일을 하려고 들어오고 하나의 정권이 있게 하기 위해서는 이념과 영토와 국민이 있어야 된다. 이런 걸 다 가지고 나라가 서는 게 제1단계입니다. 제1단계를 빨리 또 능동적으로 해결하는 게 좋아요.

그다음 둘째는 사랑, 더불어 사는 단계입니다. 질적 통합(Quality Integration)이 되는 단계입니다. 나라를 만들어 놓으면 좌지우지로 막 흩어져서 분해되고 붕괴되니까 이걸 통합하는 일을 하는 것이 국가의 목적입니다.

셋째 단계는 사람들이 경제적인 욕망과 욕구가 생긴다. 산업화되는 단계를 제가 미소스 익스텐션 스테이트라고 했습니다. 산업화인데, 이게 1단계, 2단계, 3단계까지는 좋습니다. 4단계가 이제 문제예요. 4단계가 어디에서 유래하느냐 하면, 아이들에게 장난감을 한두 개 사주는 거는 좋은데 다른 아이들보다 더 많이 갖고자 하는 건 욕구가 아니고 욕망입니다. 그 욕망이 더 자라고 또 성숙될 때 사회는 감당할 수 없는 문제를 지니게 됩니다. 셋째 단계에서 지금까지 한 것이 넷째 단계에 가면 다 무너지게 됩니다. 중상계급도 없어지고 시장 문화도 없어지고 따라서 민주주의도 잘 안 됩니다. 셋째가 산업화 단계고 넷째가 초산업화 단계인데, 초산업화 단계에서 인간은 다른 사람보다 더 갖기를 원하고 더 낫기를, 더 높기를, 더 많기를 원하는 상대적인 우월감을 요구합니다. 상대적인 우월감이기 때문에 제로섬(zero sum)이 되는 것입니다. 나도 이기고 다른 사람도 이길 수가 없어요. 내가 이기면 다른 사람이 져야 되고, 그 반대도 그렇습니다. 이런 상황에서 국가에 사는 사람들을 대부분 만족시킬 수 없습니다. 한 절반쯤은 패자가 되니까 패자가 없으면 승자가 의미가 없는 것이 상대적인 우월감 아닙니까. 제가 발전이 퇴보라 하는 핵심적인 이유가 인간이 상대적인 우월감을 추구해서입니다.

상대적 우월감이 살기 위해서 반드시 필요한 거냐 하면 그렇지는 않습니다. 인간이 우월해서 다른 사람보다 좋게 되는 것보다도 자기 스스로 수행을 하든가 스스로 절대적인 가치관을 가지고 자기 성장을 추구하면 얼마나 좋습니까? 그렇게 되면 초산업화 사회가 지닌 많은 문제들이 예방되고 해결됩니다.

제1단계에서 의식주 다 하고 군대도 가지고 있고 사회질서도 보장돼서 말하자면 국가가 됐는데, 이게 2단계로 가고 3단계로 가면 1단계에서 해놓은 것이 다 무너집니다. 산업화가 되면 농업이 건전하게 발전하지 않습니다. 생산량을 늘리기 위해 종자도 개량하고 과학화도 하지만 농작물의 질을 볼 때 산업사회의 농업이 농업사회의 농업보다 발전했다고 얘기할 수 없습니다.

우리는 높은 단계를 추구하면서 낮은 단계를 무시하는 경향이 있습니다. 넷째 단계를 추구하면 둘째 단계가 없어지고, 셋째 단계로 하면 첫째 단계가 없어지고 그렇습니다. 다섯째 단계는 세계화 단계인데 이 단계를 잘하지 않으면 첫째부터 넷째까지 달성해 놓은 발전의 열매가 전부 다 없어집니다. 발전하지 않고 퇴보하면 사회가 변합니다. 가장 크게 변하는 게 중산계급이 없어집니다. 상대적인 우월감을 찾는 단계에는 계층 양극화가 생깁니다. 양극화가 생기면 중간이 빠집니다. 중산층이 빠집니다. 이 초산업사회에서는 중산계급의 몰락을 방지할 방법이 없습니다.

중상계급이 없어지면 분배의 정의가 무너지고 양극화됩니다. 양극화가 되면 경제적으로 또 사회 제도적으로 통상적인 민주주의가 되지 않습니다. 미국의 민주주의가 지금 잘 되지 않고 고난을 치르는 이유가 중산계급이 없어졌기 때문입니다. 미국에는 중산 계급이 없습니다. 건전한 중산 계급이 사라졌습니다. 중산 계급이 없으니까 중산 계급 의식 구조와 중산계급의 문화가 없습니다. 중산계급이 생기기도 전에 경제적으로 양극화가 돼버리면 민주주의가 들어서지 못합니다.

대한민국도 중산 계급이 미처 생기기도 전에 중산계급을 없애는 양극화 현상이 일어났습니다. 대한민국의 민주주의는 중산계급의 결여로 말미암아 제대로 된 민주주의가 아니라고 볼 수 있습니다. 그 얘기를 하기 위해서는 중산계급의 문화와 그 의식 구조를 알아야 됩니다. 국가를 걱정하는 거는 중산계급뿐입니다. '그럼 하층계급은 국가를 걱정하지 않는다는 말인가?' 하는 반론이 나올 수 있는데, 여기에서 하층계급이 걱정하지 않는 국가란 맥락상 작은 의미의 국가 즉 정부이다. 넓은 의미의 국가 즉 '민족이 이룬 커다란 사회'에 대해서 저자는 국가도 하나의 큰 가정이라고 말한다. 이 중산계급을 우리가 어떻게 하면 다시 부각시키느냐 하는 데서 미국의 전망이 어떻게 될지 판단해야 될 것 같습니다.

발전은 양적 팽배가 아니고 질적 성장을 의미하기 때문에 중산계급을 빼놓고 성장과 발전을 얘기할 수 없습니다. 지금 평양에서 말하는 자위, 자주, 자발(자체적 발전)은 발전의 내용은 되지만 발전의 척도는 되지 못합니다. 이런 세 가지가 있다고 발전된 사회라고는 할 수 없습니다. 발전된 사회는 인간이 필요로 하고 원하는 인권을 충족시켜야 합니다. 그러기 위해서는 생활권을 확립해야 하고 자유도 확립해야 합니다. 자유는 선택이죠. 자유, 평등, 생활권이 있어야 됩니다. 세 가지는 모든 발전의 저변에 있는 전제 조건이 될 수 있습니다.

이 세 가지가 없으면 발전이 의미가 없다고 결론지을 수가 있습니다. 그 사람들이 최근에 발표했고 김정은 체제가 들어오고서는 발전 얘기가 종종 나왔습니다. 저는 발전이라는 개념으로 평생을 먹고살았으니까 발전에 대해서 조금 알죠. 그래서 발전이라는 개념을 북에서 사용했다는 점은 고무적이고 잘된 일이라고 생각하고 호감도 지니고 있습니다. 그 대신 남쪽에서 얘기하는 발전이 무엇을 의미하는지는 남북을 비교해서 고찰해야 할 것 같습니다.

양쪽에서 얘기하는 발전은 대부분 평균으로 나옵니다. 1인당 평균 소득이죠. 평균으로 나오면 많은 사람과 적은 사람을 다 더해서 인구수로 나누니까 그걸 의미 있는 발전의 척도라고 할 수 없습니다. 평등이 전제되지 않은 성장은 양극화가 된 성장이기 때문에 의미가 없다고 봐야 합니다. 대한민국의 발전은 다음 시간에 세밀하게 검토해야 할 것 같습니다.

중산 개혁이 없으면 발전이 민주주의가 안 된다. 민주주의적인 것이 안 된다. 제가 얘기를 했는데 중산 개혁이 생기기 위해서는 산업화가 되지 않으면 안 됩니다. 사업화가 됐는데 직업을 가진 사람은 월급을 받습니다. 월급쟁이가 그렇게 중요한 것입니다. 돈 많은 사람이 돈 없는 사람을 먹여 살린다. 그거는 하나의 망상입니다. 중산계급이 있어 자기들끼리 단결해서 쟁의도 일어나고 파업도 일어나고 중산 계급이 있는 겁니다. 중산계급 없이 민주주의가 되면 아름다운 것은 아닙니다. 민주주의라는 것이 아름다운 정치 이념이 아닙니다. 복잡하고 문제가 많은 정치 이념입니다.

대한민국 같은 나라가 진짜 이상적인 날개 타입의 민주주의를 주도하기에는 적당하지 않다고 생각합니다. 아무튼 초산업사회가 되고 나면 그다음에 왜 세계화로 나가느냐. 경제적으로 보더라도 국내 시장이 고갈되었습니다. 다량으로 생산하는 산업 제품을 살 수 있는 구매력이 없어집니다. 중산계급이 구매력이 있기 때문에 민주주의 국가에서 힘을 쓰는 겁니다. 미국도 구매력이 없다는 거는 힘이 없다는 얘기입니다.

제가 듣기 싫도록 듣는 것이 소비(consumption)가 있어요. 미국 사람들과 서구의 발전된 자본주의 국가들은 다들 소비병에 들었어요. 법인을 해야지 중산을 하는 거고 나라를 살리는 거라고들 생각합니다. 그게 우리 모습입니다. 미국 사람이 그렇게 당했습니다. 소비의 결과로 환경이 문제되어 지금도 집에서 쓰고 버리는 걸 갖다 버릴 데가 없습니다. 환경을 망치게 됩니다. 환경을 망치게 되면 생활에 직접 영향이 있죠. 인간의 건강에 영향력이 있으니까. 발전된 나라가 소비를 권장하는 데서 환경 문제가 직결됩니다.

이제 세계화 단계로 가고 있지 않습니까? 초산업사회에서 시장도 없고 또 직장도 없습니다. 초산업 직장이 큰 직장이 외국으로 다 나가버렸어요. 직장도 없고 시장도 없고 하는 고갈 상태가 되죠. 세계화가 됐다는 것은 국가가 없어졌다는 얘기입니다. 국가와 국가가 서로 연결되는 게 아니라 기업과 기업이 연결됩니다. 기업과 국가도 연결됩니다. 기업들을 떠나서는 우리가 그 이상 세계화된 사회를 생각할 수 없습니다.

세계화가 되면 세계의 사람들이 세계적으로 서로 관계를 가지고 사는 건데, 이때 글로벌 커뮤니티라는 말과 글로벌 소사이어티라는 말을 특별히 구별해야 됩니다. 커뮤니티라는 말은 옛날부터 어디서 나오냐면 서로 통신하고 커뮤니케이션이 있을 때 커뮤니티가 필요하고 반응합니다. 커뮤니티는 생길 때부터 남남끼리 사는 게 아니고 서로 지능적인 관계로 서로 의존해 사는 것입니다. 글로벌 커뮤니티는 커뮤니케이션이 있어야 됩니다. 커뮤니케이션 하고 나면 저 사람이 어떤 가치관을 가지고 있는가 조금 알게 되어야 됩니다. 데이터만 왔다 갔다 해서는 커뮤니케이션이라고 할 수가 없습니다. 이 세상에서 커뮤니케이션이 없어지고 있어요. 커뮤니케이션은 가치관을 서로 교환하는 건데 사람들이 가치관

교환을 배우지 않아요. 교육은 가치관을 배우는 것입니다. 학생들도 가치관이 있어야죠. 자기의 정체성(Identity)이 생깁니다. 사람이 아이덴티티가 없으면 존재하지 않는 겁니다. 저의 아이덴티티는 박한식이 아닙니다. 저의 아이덴티티는 저의 사상이고 저의 가치관이지요. 그처럼 모든 사람이 가진 가치관과 사상을 권장시키는 곳이 발전된 사회입니다.

우리나라도 미국도 가치관을 주입시켜 보여주지는 않습니다. 가치관을 하려면 옛날 철학자들이나 옛날 학자들도 알아야 될 거 아니에요? 그런데 공부를 별로 안 합니다. 대한민국은 그렇지 않기를 바라는데, 역사 공부 안 하는 것이 미국의 현실입니다. 옛날 가치관을 배워야 됩니다. 훌륭한 사람들이 지금 계셨다면 어떻게 이야기했을까. 그렇게 생각할 줄 알아야 합니다.

지금 미국에서는 흑인 문제가 지금 굉장히 중요하고 심각한 차원의 문제로 되어 있습니다. 흑인과 백인을 구별하는 것도 아이덴티티로 구별해야지 피부 색깔로 구별해서는 절대로 안 됩니다. 흑인이라는 아이덴티티를 알려고 하면, 그들의 역사도 알고 그들이 생활하는 데 여러 가지 어려운 점과 해결해야 되는 점을 자기들이 어떻게 했는가 연구해서 아이덴티티를 알아야 해요. 그걸 모르면 흑인 사회를 모르고 흑인들의 표도 받을 수 없고 지지도 얻을 수가 없습니다.

대한민국에서도 진보와 보수 개념이 상당히 있는 것 같습니다. 미국에서는 흑인을 어떻게 보느냐에 따라서 진보와 보수가 구별됩니다. 흑인들의 역사, 흑인들의 영향력, 이런 것들을 다 뽑아서 이제 그 사람들이 노예 시절부터 지금까지 고생한 거를 만회하기 위해서 그 사람들을 이해해야겠다. 이렇게 생각하는 사람은 진보적인 사람이에요. 그렇지 않고 다른 거를 중요하게 생각하고 흑인 문제를 중요성을 두지 않으면 보수라고 생각합니다. 대한민국은 소수 민족은 좀 있지만 흑인은 거의 없죠. 대한민국은 철저하게 북한관이 적극성을 지니고 있으면 진보이고, 북한에 대해 '북한은 악마다. 도저히 용납될 수 없다.' 이렇게 생각하면 극단적인 보수입니다. 보수와 진보를 남북 관계로 결정하는 것이 한국이고, 미국은 흑인에 대한 태도로 결정합니다. 우리 사랑방은 극히 진보적입니다. 북한에 우리 발전 이론을 소개하면 소개될 수 있는 가능성이 얼마든지 있다고 저는 생각합니다.

아무튼 그래서 사회가 발전되다가 층계 다리를 하나 더 올라가 보니까 또 밑에 층계 다리를 놓아놨기 때문에 밑에서 단계가 하나 없어지면 가라앉습니다. 으스스 부서집니다. 그러니까 공업사회는 농업사회에서 또 이념 사회에서 적립해 놓은 단계를 그대로 건전하게 보존해야지 다음 단계로 들어갈 수가 있습니다. 단계는 퇴보할 수도 있다가 아니고 가만히 놔두면 퇴보하게 됩니다. 다음 단계로 올라가면 밑이 꺼집니다. 미국에 지금 농업이 아주 어려운 상황에 있습니다. 왜냐하면 농사꾼이 없습니다. 돈 많은 사람들이 큰 땅을 사고 기계화시키고 기계 다루는 외국 사람들을 고용해서 대량 생산을 하는 농사를 짓죠. 그러니까 농업 사회는 이미 끝났습니다. 그래서 식량 문제가 굉장히 심각한 문제로 지금 나타나고 있습니다.

환경 문제, 식량 문제, 또 건강 문제를 해결할 방법이 없습니다. 지금 이 시간에 제가 말씀드리고 싶은 거는 이 세상의 눈에 보이는 모든 것들이 사유화될 수 있는 것이 있고 사유화될 수 없는 것이 있다는 겁니다. 공기 같은 거 사유화가 됩니까? 평화가 사유화가 됩니까? 군대도 국가 안보도 사유화될 수 없습니다. 사유화될 수 없는 것을 사유화시킬 때 거기에서 타락이 생기고 부정부패가 생깁니다. 그래서 여기서 얘기하는 군산복합체도 그렇습니다. 산업은 사유화되지만 군대는 사유화되면 안 됩니다. 사유화되면 능력이 없게 됩니다. 미국 군인을 사유화하려는 경향이 굉장히 많습니다. 중동에 가보면 미군이 800군데나 흩어져 있어요. 안보는 퍼블릭 굿(Public Good, 공공물)이지 프라이빗 굿(Private Good, 사유물)이 아니에요. 사유화하면 안 됩니다.

땅도 사유화되면 안 돼요. 땅 위에 있는 것도 사유화의 제한을 줘야 됩니다. 부동산은 공유화되는 것이 바람직하다고 생각해요. 공유와 사유를 분명히 구분해서 공유는 주체적으로 하고 공유하지 못하는 것은 사유화돼도 좋습니다. 자본주의가 사유화를 취급하고, 공유할 수 있는 것은 사회주의가 취급해야 합니다. 이건 사회주의 몫이다 저건 자본주의 몫이다 이렇게 구별할 수 있게 되기를 바랍니다.

층계 다리를 올라가다가 자꾸 뒤로 퇴보할 가능성이 있는데, 이 가능성을 없게 하기 위해서는 하나를 고쳐야 돼요. 인간이 상대방보다 더 나아져야겠다, 더 많이 가져야겠다, 더 높은 곳에 있어야겠다면서 상대적 우월감을 추구하는 한, 단계적으로 올라가는 사회가 퇴보하는 것을 예방할 수 없습니다. 아이를 교육을 시킬 때 장난감 원하는 아이에게 장난감 사주는 거 좋아요. 그런데 다른 사람보다 좋은 거 가지고 있다. 그건 문제가 있어요. 어른도 마찬가지입니다. 미국에서 혹은 한국에서 자동차를 가지고 싶다. 집이 외곽에 있으면 당연한 거예요. 잘못된 도시 계획을 세운 점도 있지만, 이제 자동차는 생활필수품이 되어 있습니다. 롤스로이스를 가지고 싶고 메르세데스 벤츠를 가지고 싶다. 이렇게 되면 자동차는 교통수단이 아니고 다른 사람의 눈을 의식하는 소비생활을 하게 됩니다. 그렇게 물건을 소비하는 것을 과시적 소비(Conspicuous Consumption)라고 하죠. 필요에 의해 소비하는 것이 아니고 다른 사람의 눈을 만족시키기 위해서 그것을 의식하며 소비생활을 하는 것입니다.

과시적 소비자(Conspicuous Consumer)가 있는 한 이 사회는 퇴보합니다. 뭐든지 그렇지 않습니까? 예를 들어, 음악을 하기 위해서 악기를 구하는 건 좋은데 악기를 음악을 위해서가 아니라 재산으로 구하는 사람들이 얼마나 많아요. 제일 유명한 바이올린이 스트라디바리우스인데 그게 아마 이 세상에 한 열 몇 개밖에 없을 겁니다. 근데 그거는 돈 있는 사람이 재산으로 가지고 있지 음악 하는 사람은 그걸 살 수도 없고 갖고 있지도 않습니다. 악기가 혹은 그림이 예술품이 과시적 소비자를 위해 있는 거예요. 그러니까 그런 과시적 소비를 어떻게든지 제거할 수 있는 정책과 의식 구조와 문화를 만들어야 합니다.

세계화의 발전은 기로에 놓여 있습니다. 하나는 인류사회가 끝나는 거고, 또 하나는 진짜 재생하는 거예요. 미국 같은 나라가 재생을 하지 않으면 굉장히 큰 물의를 일으키고 그 결과를 감당하기에 오랜 세월이 들고 많은 재력과 인력이 들 겁니다. 미국은 망하는 길에 들어갔기 때문에 돌아서 재활하지 않으면 미국은 버려야 됩니다. 망하도록 놔둬야 됩니다.

새로운 일을 하기 위해서는 글로벌 커뮤니티가 되어야 되는데, 글로벌 커뮤니티는 서로 의지하는 이해관계가 돼야 합니다. 글로벌 커뮤니티는 정체성과 정체성이 서로 교류하는 그런 커뮤니티입니다. 종교적인 차이, 역사적인 차이 같은 걸 다 극복해서 인간과 인간이 서로 대화하고 서로서로 자기를 나타내서 변화시키고 성장시키는 인류 사회가 돼야 해요. 종교적인 대립으로 충돌한다고 보면 안 됩니다. 종교가 충돌하는 게 아니라 이해관계가 충돌하는 겁니다. 충돌하는 종교 중에 제일 핵심적인 종교가 기독교입니다. 기독교는 다른 종교들과 충돌하게 되어 있어요. 기독교는 다른 종교를 용납하지 않습니다. 다른 종교를 섬기는 걸 절대 용납하지 않습니다. 기독교가 보는 세계는 바로 된 사회이고 다른 종교는 여러 가지 이유를 붙여 악마적인 사회니 어쩌니 합니다.

앞으로는 종교와 종교가 커뮤니티 안에서 같이 살아야 합니다. 그것부터 해결하지 않고 기독교 선교하는 것은 크게 잘못된 것입니다. 저도 선교사한테 영향을 많이 받아서 교회도 다녔지만 선교사들의 역할이 아주 중요하고 또 심각한 결과를 가져 옵니다. 종교와 종교는 절대 충돌하지 않는다. 저는 그런 신념을 가지고 있습니다. 그건 우리 조선 사람, 한국 사람이 제일 잘 압니다. 여러분들 제사 지내지 않습니까? 제사라는 게 유교에서 나왔지 않습니까? 우리 집안에 어머니는 독실한 불교이시고 아버님은 유학자였어요. 저는 열세 살부터 기독교회에 나갔어요. 종교가 이렇게 한 가정에 같이 있는 곳이 대한민국입니다. 그래야 합니다. 그게 좋은 풍속이라고 생각해요.

종교를 이해해야 합니다. 종교 영역에서 인간이 인연을 맺으면 굉장히 깊어집니다. 제가 인간의 네 가지 속성을 이야기했죠? 인간은 육체에 의해서 관계를 맺을 수가 있고, 또 이론과 정신과 생각에 의해 관계를 맺을 수 있고, 정과 정서에 의해 관계를 맺을 수 있고, 마지막으로 혼의 영역에서 관계를 맺을 수 있습니다. 그건 종교적인 영역입니다. 혼에 가까운 것에 관계를 맺으면 그 관계가 좀 더 돈독하게 되고, 더 의미 있게 되고, 서로 영향을 줄 수 있게 되고, 서로 많이 존경하게 되죠. 이 세계화된 사회에서 그 망하는 데 그냥 덧붙여서 우리도 망해야 되느냐. 절대 그렇지 않습니다. 재활을 해야 돼요. 망하는 걸 보면 부활을 생각해야 됩니다. 부활하지 않는 죽음은 없습니다. 죽음은 항상 부활할 수 있습니다. 어느 종교도 그렇고, 더구나 기독교인은 부활 종교 아닙니까. 그래서 미국이 이렇게 망해도 부활을 생각하는 학자들도 적잖이 있습니다.

인류 역사를, 잘못된 역사를 부활시키는 데 남북이 합해 다른 나라에서 할 수 없는 역할을 해야 한다고 생각합니다. 저만 보더라도 제 나이쯤 되는 다른 민족의 어떤 사람과 저와 비교해도 다른 건 몰라도 한 가지는 장담할 수 있어요. 내가 더 고생을 많이 했다. 그 고생한 경험이 아름다운 겁니다. 우리 대한민국만 이산가족이 있고, 대한민국 사람만큼 조선민주인민공화국 사람만큼 고생을 깊게 또 슬프게 아프게 한 민족은 없습니다. 제가 장담할 수 있습니다.

경험이 그렇게 왜 중요하냐? 경험이 없으면 사람이 인식(perceptions)이 없습니다. 인식은 경험에서 옵니다. 경험이 없으면 뭘 봐도 뭘 보는지 모릅니다. 그만큼 경험이 중요한 것입니다. 우리만큼 깊고 아픈 경험을 한 사람이 없다고 저는 장담합니다. 그렇기 때문에 우리는 부활시키는 일을 할 수 있습니다. 누구보다도 잘할 수 있습니다. 그런 걸로 아이들이 국가와 민족에 대한 긍지를 가지도록 해야지 팝송 좀 하고 이런 걸로 만들어서는 긍지가 오래 가지 않습니다. 경험적으로 우리가, 선택된다는 말을 아주 싫어합니다만, 선택된 민족이다. 저는 그렇게 생각합니다. 남과 북이 마찬가지입니다. 남쪽 사람만 고생했나. 북쪽 사람은 고생 안 했나. 더 고생했죠. 그 고생이 역설적으로 중요하고 부활의 씨가 된다는 개념을 가지고 젊은 아이들이 민족의 자부심을 발견할 수 있도록 우리가 애썼으면 싶습니다.

# 7

# 그림자 정부(Deep State)의 정체

딥스테이트는 정체가 없는 것이 정체입니다. 정체를 찾을 수 없어요. 제 나름대로 발전 이론의 연장선에서 예전의 책에도 썼고 이번 『글로벌리제이션』에도 썼지만 발전을 4단계로 봤거든요. 넷째 단계에서 소위 비교적 발전된 나라들이 여러 가지 문제점이 많습니다. 빈부 격차를 중심으로 문제가 굉장히 많죠. 제4단계를 초월해서 세계화 단계로 가는데 대해서 그 연장선에서 보는 이론은 없습니다. 초산업사회 다음에 어쩔 수 없이 세계화가 오게 된다는 고찰을 하면서 이제 발전 이론의 연장선에서 세계화의 모습을 본 것이 제가 학자로서 한 일입니다.

넷째 단계에 가니까 점점 더 어려워져요. 중산 계급도 없어졌고 빈부 격차가 생기고 또 거기에는 도시화가 되었다가 도시화의 문제들도 생기고 중산 계급이 없어짐으로써 민주주의도 곤경에 빠지게 되는 문제들이 있는데, 딥스테이트에 가면 그런 문제를 전부 다 극복하는 것이 아니고 오히려 무시해버리고 그다음 단계로 들어가는 거예요. 그다음 단계인 세계화는 지금까지 있었던 국가가 없어지는 거예요. 국가가 없어지면서 대신 나온 것이 그림자 정부(Shadow government)입니다. 왜 섀도우(Shadow, 그림자)라고 하냐면 잘 안 보이니까. 실제로 암만 봐도 잘 안 보여요.

그림자 정부에서 제일 중요한 것은 제가 본 그대로입니다. 가장 잘된 사회에 중요한 발전의 척도는 역시 돈이거든요. 돈을 따라가는 군중이 딥스테이트를 형성하는 거예요. 돈을 따라가는 사람들이 딥스테이트를 움직입니다. 성공적으로 따라간 사람들이 딥스테이트의 중요한 역할을 하게 됩니다. 돈을 따라가는데 돈이 어디 있느냐. 국가는 없어진다고 했고, 그러니까 관료 체제나 이런 게 다 약해지고 없어지고. 그렇게 돼요. 돈이 국가가 가지는 게 아니고 그 대신에 커다란 국제 회사들이 재원을 가지고 있으니까 치열한 경쟁에서 이기는 사람들은 백만장자도 아닌 억만장자가 돼버립니다. 억만장자가 과거 한 20년 사이에 나타났어요. 그 전에는 부자라면 백만장자였지. 빌리언(10억)에는 밀리언이 천 개 있어요. 지금 제일 부자는 천빌리언(조) 이상을 가지고 있어요. 미국이 빌리오네어가 세계에서 제일 많은데 700 몇 명이, 740명인가 이렇게 있어요.

그런 돈이 생산업에서 나오는 게 아니고 주식 시장(Stock market)에서 나옵니다. 하룻밤 자고 나면 재산이 수억 달러씩 느는 주식 시장이에요. 해서 이제 억만 장자들이 생기죠. 그런데 세계화가 되면 억만 장자가 많이 생기기 때문에 그만큼 가난한 사람도 또 많이 생기게 되죠. 돈 많은 사람이 돈 없는 사람을 먹여 살리는 소위 트리클 다운(Trickle Down, 낙수 경제; 부유한 사람들의 부의 증가로 가난한 사람들이 혜택을 보는) 현상은 전혀 없습니다. 국내에도 트리클 다운은 별로 없고 국제적으로는 없습니다. 세계화되니까 나라와 나라 사이에 불평등이 너무 많아요. 있는 사람과 없는 사람 사이의 불평등도 많지만 나라와 나라 사이의 불평등이 너무 많아요. 그래서 이제껏 보지 못한 상황들이 일어납니다.

이게 딥스테이트가 나타나는 맥락이면서 또한 딥스테이트 현상이기도 합니다. 빈부차이가 많이 있고 계급도 있는데 계급의식은 없어요. 큰 사건이 일어나고 있어요. 이민자들 또는 살지 못해서 다른 나라로 가는 사람들이 온 세계에 흩어져 있습니다. 미국하고 남미만 있는 것이 아니고, 유럽이 미국보다 더 일찍 난민 이주가 있었지요. 아시아도 그렇고, 일본이나 한국에도 많이 사람들이 가고, 그런 식으로 그 사람들은 미국이 좋다고 남미에서 오려고 애쓰는 게 사실입니다. 그러나 미국 자체가 지금 잘돼 있는 것이 아닙니다. 집 없는 사람이 LA 근처에서 6만 명이나 있습니다. 다른 도시도 마찬가지이고, 집 없고 배고픈 사람들이 미국에도 많아요. 미국에 오려 하는 사람들은 또 그런 상황에 놓인 사람들입니다. 이것이 딥스테이트의 면모 중 하나라고 볼 수 있습니다.

딥스테이트에서는 여러 가지 현상들이 일어나요. 우리가 설명 못하는 수수께끼가 많습니다. 가만히 들여다보면 딥스테이트가 뒤에 있는 것처럼 보입니다. 아니, 뒤에 있습니다. 예컨대 하노이 회담이 시작도 되기 전에 결렬됐지 않아요? 지금까지 누가 그에 대해 설명합니까? 아무도 못 합니다. 딥스테이트 때문에 그렇습니다.

딥스테이트는 주로 세 군데서 만들어집니다. 하나는 무기를 생산하는 군산복합체이고, 하나는 정보활동을 하는 사람들이 군산복합체의 실권자들이죠. 그리고 여론을 조성하는 건데. 저는 이 딥스테이트가 한 20년밖에 되지 않는다고 생각합니다. 2천년에 들어와서 딥스테이트가 더 활성을 띠었고 그전에는 딥스테이트가 나라와 나라 사이의 관계였죠. 발전된 나라만 세계화되는 것이 아니고 발전되지 못한 나라도 세계화되죠.

세계화가 돼서 딥스테이트에 부닥치면 설명 못할 일들이 자꾸 생깁니다. 우리 주위에서 과거 몇 년 사이에 일어났죠. 미국이 민주주의의 온상지인데 트럼프 미국 대통령이 선거에 떨어지는 걸 승복하지 않았어요. 선거하고 나서 2년이 다 돼가도록 안 했어요. 민주주의의 생명은 승복하는 거고, 선거에 의해 평화적으로 권력을 이양하는 것이 민주주의 아닙니까? 그렇게 보면 미국은 민주주의가 아니게 되어 가고 있습니다. 무엇 때문에 무엇이 가고 있느냐? 딥스테이트 때문에 또 딥스테이트가 가고 있습니다. 딥스테이트라는 게 많죠. 북한이 무기가 어떻다. 전쟁을 할 거다 안 할 거다. 저도 그런 얘기를 많이 합니다만, 제가 100% 데이터를 갖고 하는 것이 아닙니다. 딥스테이트에 중요한 것이 소셜 미디어 아닙니까? 이놈이 통신도 하고 정보 교환도 하고 다 해요. 그 소셜 미디어를 젊은 사람들은 잘하지만 나이 든 사람은 잘 못합니다.

아무튼 소셜 미디어는 여러 가지 종류가 있고 정보의 신빙성이 없고 책임도 지지 않습니다. 자기가 말해놓고 누가 말한 것도 모르고 책임도 지지 않습니다. 이메일 같은 데 들어가서 제 마음대로 고쳐놔도 누가 고쳤다는 건 말할 것도 없고, 그런 식으로 정보라는 게 정보의 소스가 감춰져 있는 것이 소셜 미디어입니다. 그렇게 되고 나면 거짓말 많죠. 소셜 미디어가 그래요. 전통적인 미디어는 광고하는 언론으로 전락해버렸어요. 정치인을 광고하고, 정책을 광고하고, 정당을 광고하고, 광고하는

데서 끝납니다. 그 광고라는 것도 어느 정도로 과학적 정확성이 있는지 의심하지 않을 수 없습니다. 우리가 매일 읽고 듣는 중요한 뉴스들, CNN이다 MBC다 CBS ABC다 하는 것들, 그 정보를 우리가 신뢰할 수가 없어요.

과거에 명성이 있는 언론 기관도 최근에 팍스 뉴스도 소송에도 끌려 갔잖아요. 상당한 돈을 내고 타협을 했지만. 소셜 미디어는 소스도 없고 책임도 없어요. 소셜 미디어 많이 하니까 요새는 그 인공지능, AI 하면 그게 주로 믿을만한(trustful)게 아니에요. 무엇이 진짜인지 무엇이 가짜인지 모르는 상황에서 온 세계 국민들이 살아야 하는 것이 이 소셜 미디어 때문에 그렇고 딥스테이트가 그렇게 되는 것입니다.

이런 딥스테이트가 이렇게 혼란하게 하고, 그 대신에 제가 말했듯이 언론은 광고주 아니에요? 프로파간다의 끝입니다. 전부 과장하고 거짓말하고. 그것도 어느 누구를 믿어야 될지 모릅니다. 트럼프가 지난 선거에서 이겼다고 말하는 사람은 미친 사람 이외에는 없어야 됩니다. 그런데 공화당의 한 30~40%가 지금도 트럼프가 이겼다고 생각하고 공공연히 이 말을 하고 돌아다닙니다.

이와 같은 혼란한 상황에 직면하고 있는 것이 오늘날 우리가 살고 있는 국제사회의 모습입니다. 딥스테이트의 모습이 다 그렇습니다. 딥스테이트가 만드는 거는 사실로 만드는 게 아니고 유언비어와 거짓말로 만듭니다. 거짓말 얘기하니까 또 생각이 나는 것은 거짓말을 제일 잘하는 사람들이 누굽니까? 하버드까지 가서 결국 따내는 것이 변호사 면허 아닙니까? 변호사들이 거짓말을 잘해서 이겨내면 법정에서 돈을 무지하게 법니다. 그래서 미국에는 변호사가 굉장히 많아요. 변호사들이 사실을 입증하는 것이 아니고, 거짓말을 설득력 있게 해서 사람들이 추종하게 하는 것이 변호사들의 역할입니다. 옛날 변호사는 그렇지 않았습니다. 세계화됐고 초산업화되었을 때는 정직하게 사는 변호사가 별로 없습니다.

딥스테이트가 어디서 왔는지 잘 모르겠는데 어디로 가는지는 보여요. 잘못 가고 있어요. 이제 완전한 자유민주주의가 되어서 정부가 필요 없는 그러한 낙원이라고 본 사람도 있고. 후쿠오카 같은 사람은 그렇게 보죠. 저 같은 사람은 국가가 국가 역할을 못한다고 보죠. 민간 회사들이 돈을 다 가져가 버렸어요. 국가가 재원이 없습니다. 미국 국가가 재원이 없어 매년 돈을 빌리지 않습니까? 지금도 그 문제 때문에 미래 세대를 담보로 돈을 빌리는 거예요. 미국은 빚으로 살고 빚으로 우위를 과시하면서 사는 것입니다. 빚을 청산해 버리면 가난한 나라가 돼요.

이러한 상황에 이걸 가능하게 하는 것이 딥스테이트인데, 여기서 핵심적으로 중요한 재원이 무기 생산이에요. 작금에 일주일 사이 언론에 mass murder, 많은 사람을 죽인 범죄자들이 자꾸 나와요. 연일 나옵니다. 다수 살인(Mass killing)이 올해 들어 200일도 안 됐는데 200개가 넘어요. 하루에 하나 이상 있다는 거예요. 대량 총격 사건(Mass shooting)이 왜 그렇게 미국에만 있느냐. 미국이 가장 가깝게 느끼는 영국도 매스 킬링은 없습니다. 이 매스 킬링 때문에 미국은 절망 상태에 빠질 겁니다. 죽인 사람을 엉뚱한 데 가서 찾고 있어요. 무기가 사람을 안 죽여요. 거듭 말씀드리지만 사람이 사람을 죽여요. 사람을 고치지 않으면 매스 킬링이 끝나지 않습니다. 물론 총을 없애면 좀 도움이 되지요. 기관총을 한 가지만 AR15이라고 하는 게 지금 제일 많이 매스 킬링에 사용되고 있는데 그 총은 군인만 사용하고 민간인은 사용하면 안 된다는 법률이 통과가 안 돼요. 이권 때문에.

미국에는 의회에 로비가 있잖아요. 로비는 돈으로 국회의원들한테 편견을 사는 겁니다. 그게 자라고 자라서 지금 군산복합체의 로비스트가 제일 큽니다. 제일 클 수밖에 없는 것이 돈이 그곳으로 나갑니다. 지난 20년 동안 한 해도 빠짐없이 국방비는 늘었습니다. 지금 8,480억 달러인데 1년에 그 엄청난 돈이 그러나 그게 줄지를 않습니다. 해가 갈수록 점점 늘어나요. 이 돈이 부정부패하는 데 쓰이고 국회의원들, 대통령까지 포함해서 억만장자들이 또 나옵니다. 그 대통령은 국회에서 40 몇 년 동안 상원위원을 했습니다. 로비스트하고 밀접한 관계가 있는 대통령입니다. 미국은 이 문제 하나만 보더라도 어디 안전한 데가 없습니다. 교회, 학교, 쇼핑몰, 회사에서 언제 어떤 놈이 나타나 총을 갖다 댈지 모르는 곳이 지금의 미국입니다.

미국은 이 딥스테이트를 건설적으로 벗어나지 못하면 끝장납니다. 제가 이 강연을 하면서 제일 마지막을 미국의 몰락으로 했습니다. 미국의 몰락은 민주주의 몰락과 다릅니다. 제가 쓴 책들을 보면 분명하게 제가 초산업 국가들의 미래가 좋지 않다고 얘기를 했어요. 더구나 초산업 국가들 중에 민주주의를 표방하는 국가들이 민주주의를 못하고 있다. 미국은 민주주의 국가가 아니다. 미국은 잘 살아갈 것 같지 않다. 그렇게 결론을 지었습니다.

　미국이 민주주의가 아니라는 결론을 제가 어디서 찾았느냐. 자유라는 것은 곧 선택의 자유입니다. 선택의 자유가 없는 나라가 미국입니다. 점점 더 없어집니다. 사람이 선택권을 가지고 결정하는 것이 아니고 다른 요소로 결정이 되어 받아들여져요. 미국에 선택의 자유가 없는데, 그러면 다른 나라에는 있느냐. 대한민국은 선택의 자유가 있느냐, 조선민주인민공화국은 선택의 자유가 있느냐, 그걸로 자유와 인권을 생각해야 됩니다.

　미국은 선택의 자유가 없어요. 선택 대상이 있어야 하는데 대상이 없습니다. 저 두 정당이 똑같아요. 정권을 '가지고 있다'와 '가지고 싶어 한다'의 차이지 똑같아요. 선택할 정책 대안들이 그다지 없어요. 선택할 대안들이 없다는 건 국가가 다양성이 없다는 얘기예요. 다양성이 없으면 민주주의가 안 되고 선택이 안 됩니다. 선택할 수 있는 다양성이 있어야 됩니다. 저는 다양성이 크면 클수록 차이가 많으면 많을수록 선택권을 행사할 수 있는 조건이 된다고 보기 때문에 이런 생각을 합니다. 남과 북이 이렇게 차이점이 많다고 한탄하지 말자. 차이가 크면 조화가 큰 법이고 평화가 큰 법이다. 남북의 여러 가지 이질성을 좀 더 긍정적으로 보고 통일을 지향해야겠다.

　미국은 선택하려고 하면 선택 대상이 별로 없고, 선택 대상에 대한 정보가 있어야 되는데 정보가 전부 가짜 정보이고, misinformation(잘못된 정보) 혹은 disinformation(조작된 정보)입니다. Real information(진짜 정보)을 모르고 살아요. 이 세상에는 내가 가지고 싶어 하는 세상의 상(image)도 있고 또 내가 싫어하는 그런 상도 있는데, 중요한 것은 사실이 없어요. 사실을 잘 몰라요. 남에서는 북을 알아야 되고 북에서는 남을 알아야 되는데, 정확하게 알려면 정확한 사실이 있어야 되는데, 그 '사실'이 없어요.

더 혼란하게 만드는 것이 딥스테이트입니다. 모든 나라가 미국이 구상하고 원하는 대로 되어 있습니다. 러시아는 어떻게 되었느냐. 우크라이나는 어떻게 되었느냐. 노스코리아는 어떻게 되었느냐. 사우스 코리아는 어떻게 되었느냐. 재팬은 어떻게 되었느냐. 차이나는 어떻게 되느냐. 보십시오. 자료가 하나도 없습니다. 알려고 하면 미국에서 나오는 자료로는 안 됩니다. 각각 다른 나라에서 나온 재료를 보지 않으면 그 정체가 보이지 않습니다. 언론의 정체도 모르겠고, 소셜 미디어가 어느 게 옳은가 알 수도 없어요.

요새는 유행된 지 얼마 안 된 것이 있습니다. 딥스테이트의 문화가 있을 거 아니에요. 그 문화 중에 중요한 것이 취소 문화입니다. 캔슬 컬처1)라고 해요. 말해놓고 글을 써놓고 자기가 주장해놓고 그다음에 취소해버리는 게 유행이 됐습니다. 소셜 미디어를 통해서 주장한 거는 또 소셜 미디어를 통해서 취소해버려요. 같은 입에서 다른 말을 하고. 딥스테이트를 단수로 볼 게 아니고 복수로 봐야 됩니다. 딥스테이트가 많아요. 미국의 딥스테이트가 하나뿐입니까? 아닙니다. 굉장히 많습니다. 언론에 관한 딥스테이트, 선거에 관한 딥스테이트, 참정하는 데 관한 딥스테

---

1) Cancel culture. 말과 글을 언제든지 취소할 수 있다는 점을 악용해서 주로 유명인 대상으로 그가 과거에 했던 잘못된 발언이나 행동을 고발하여 사회에서 배척당하게 한다. 배척 대상은 '취송당했다'고 한다. Cancel의 의미가 이중적으로 쓰인다.

이트, 경제에 관한 딥스테이트. 딥 스테이트가 보는 견해는 전부 다 주관적입니다. 전부 다 취소할 수도 있고 또 취소될 겁니다.

미국이 북한을 보는 견해도 자꾸 변합니다. 크게 변하죠. 북한을 있는 대로 받아들이는가 아니면 악마화 시키는가도 결정되어 있지 않아요. 제가 볼 때, 미국은 북한의 비핵화를 진정으로 원하는 나라가 아닙니다. 미국이 북한의 비핵화를 원하지 않는다고 박한식 교수가 얘기하더라. 그 사람 정신 나간 사람이다, 할 사람이 있을 거예요. 그러나 수십 년 동안 비핵화를 하려고 하는데 왜 안 됐습니까? 6자 회담이 몇 번이나 타결될 뻔했는데 왜 안 됐습니까? 미국이 원하지 않아요. 원하지 않기 때문에 안 된 겁니다. 이렇게 이야기하는 박한식 교수는 그 사람대로의 견해가 미스인포페이션이나 디스인포메이션을 포함했을지라도 견해가 있습니다. 견해를 입증할 수 있는 증거물도 있습니다.

그것뿐입니까? 미국이 우크라이나는 훌륭한 나라고 훌륭한 정치인이고 러시아는 망국에 빠져 있다고 하는데, 그것도 전부 진짜 말은 아니죠. 만드는 거죠. 나쁜 정보와 자기가 필요한 정보만 이용해서 만드는 환상적인 현실입니다. 버추얼 리얼리티(가상현실)하고 리얼리티엔 차이가 있습니다. 컴퓨터로 뭘 의식적으로 만들면 버추얼 리얼리티예요. 믿고 싶은 거를 그대로 기술해서 현실을 묘사했다면 그건 버추얼 리얼리티지 리얼 리얼리티가 아니에요. 우리는 버추얼 리얼리티 속에 살고 있고, 또 제가 여기저기 말하는 것도 버추얼 리얼리티 요소가 다분히 있습니다. 적어도 그게 버추얼 리얼리티라는 거는 알아야 해요. 진짜는 버추얼 리얼리티 가운데 왼쪽이 있고 오른쪽이 있으면 그 중간쯤 자기가 짐작해서 가야 돼요.

북이 어떤 사회다 하는 것도 우리가 짐작해서 가야 돼요. 북은 단체주의이고 남은 개인주의이라는 식으로 그렇게 극단적으로 단순하게 봐서는 안 됩니다. 어떤 의미에서는 북도 상당히 개인주의이고 남도 말할 수 없는 단체주의입니다. 그러니까 통일 이념을 모색할 때에는 남과 북의 버추얼 리얼리티에서 리얼리티를 구성해내는 것이 학자들과 전문가들의 역할입니다.

제가 서두에 이야기했지만 딥스테이트는 눈에 안 보입니다. 한 가지 꼭 짚고 넘어가야 되는 것은 기독교입니다. 기독교가 어떠한 역할을 외교 정책에 반영시켰으며, 그 결과가 어떻게 나타났으며, 우리는 그걸 어떻게 평가하고 역사에서 교훈을 얻어야겠느냐 하는 것을 심각하게 생각해야 됩니다.

미국의 기독교는 두 가지가 있습니다.

하나는 개인주의입니다. 기독교는 절대로 집체주의가 될 수 없습니다. 단체주의가 될 수가 없어요. 대한민국에 있는 기독교는 구원 신앙입니다. 구원받으려고 교회에 가고 기독교를 믿는 거예요. 구원을 누가 받느냐? 개인이 받는 거예요.

또 하나는 기독교의 세계관입니다. 항상 극과 극이 만납니다. 천당과 지옥이 있고 좋은 곳과 나쁜 곳이 있고 해야 되는 것과 해서는 안 되는 게 있습니다. 그렇게 양분하는 것이 기독교입니다. 세상을 볼 때 기독교에 용납되는 사람들과 용납되지 않는 사람들을 꼭 구별해냅니다. 그러면 사회와 정치가 양분화되고 극단화되죠.

지금 미국의 딥스테이트 문화를 보면 인종차별주의자(Racist)이고 밀리터리즘(militarism, 군국주의) 입니다. 모든 것이 무력으로 해결된다는 것을 기독교가 가르쳤고 보여줬습니다. 종교 전쟁에서 우리가 많이 봤듯이 요새 한국이 그렇습니다. 한국 역사를 보면 미국이 좋은 일을 많이 했지 않느냐 그러니 미국한테 감사해야 한다고 하는 학자들이 많아요. 저는 근본적으로 그걸 받아들일 수 없습니다. 흑인이 백인한테 "과거에 우리 조상들을 먹여 살리고 입히고 집을 주고 보호해 줬으니까 고맙다. 노예 생활을 백인 밑에서 할 수 있게 해줬으니 고맙다." 그렇게 얘기하면 말이 돼요? 미국이 과거에 구호물자로 우리를 도와줬습니다. 저도 혜택을 봤어요. 그렇다고 주인이 노예를 돌봐주었다고 그 주인한테 노예로 나를 써줘서 고맙다고 얘기하겠어요? 하면 안 되죠. 잘못됐죠. 그런 걸 우리가 식별해서 미국에 대해 역사와 정책에 대해서 비판해야 될 것입니다.

저는 미국이 민주주의냐 하는 데에 대해서도 많이 준비했습니다. "미국이 민주주의가 아니다. 박한식 교수가 얘기하더라. 미친 소리다." 그런 얘기 하면 안 됩니다. 미친 소리 절대 아닙니다. 미국의 민주주의는 투표입니다. 투표고 평등입니다. 다수결입니다. 한 표라도 더 많으면 이깁니다. 그런데 지금 대통령 선거에서 국민들의 투표를 적게 받고도 당선된 사람이 몇 사람이나 있습니다. 우리 가까이 힐러리 클린턴도 있고, 그전에 알 고어도 있고. 제도가 국민 다수의 표를 받아도 당선이 못 되도록 만들어져 있죠.

제도에 의해서 희생당한 민주주의 사건이 많습니다. 그런 거는 고쳐야 되고 제리맨더링(Gerrymandering; 선거구를 개편하는 부정선거)은 대부분 아시겠지만, 선거 구역을 자기 당에 유리하게 꾸불꾸불하게 만들어서 주 전체로 보면 소수가 얼마든지 당선될 수 있습니다. 그런 게 무수하게 많습니다. 미국의 연방제에서 주의 권한과 중앙의 권한이 말할 수 없이 복잡합니다. 이에 대해서 다시 강의하려면 준비를 많이 해야 됩니다. 주와 중앙정부 사이의 여러 가지 관계가 그리 간단하지 않습니다.

이제 다시 미국에 대해 강의를 한다면 초초산업사회 그러니까 세계화된 미국을 포함시키지 않으면 미국을 제대로 알 수 없고 또 세계화된 미국을 보려면 딥스테이트를 보지 않으면 보이지 않습니다. 딥스테이트는 지금까지 저나 또 미국 정치를 연구하는 사람들이 미처 넘어가지 못한 선을 넘어서 제가 저 나름대로 생각을 몇 번 좀 해봤습니다.

# 8

# 글로벌 문화혁명과 발전

"통일 없이 통일을 지향하지 않으면서 추구했던 평화가 있지 않습니까? 과거 70 몇 년 동안의 평화가 과연 평화입니까? 우리가 지향하는 길 위에서 진정한 평화가 있는 거예요. 통일을 원하지 않는 사람들이 정권을 잡고 정책을 만들기 때문에 통일이 안 된 거예요. 국제적인 이유도 세 가지가 있고, 국내적인 이유도 세 가지가 있습니다."

제가 한국 사람입니다. 한국 사람으로서 한국 문제만 다루면 그 문제도 잘 다루어지지 않고 세계 문제와 역사 문제를 다루며 전체적 맥락에서 한반도 문제를 들여다보고 미국도 보고 중국도 보는 것이 옳다는 생각이 듭니다. 그래서 제가 지금까지 발전론을 이야기했는데, 사회주의 발전은 구소련이 끝나고 나서 없어졌습니다. 자본주의 발전은 미국이 앞장서 지금까지 해오면서 전부 다 망쳐놨어요. 왜 이렇게 망쳤다고 하는지 설명했습니다. 이 망쳐 놓은 걸 이대로 따라가다가는 인류가 끝납니다. 쉽게 끝나죠. 전쟁으로 끝날 수 있고, 식량 부족으로 생존권을 충족하지 못해 끝날 수도 있고 환경 문제와 전쟁 문제로 끝날 수도 있습니다. 그중에 하나도 우리가 해결하지 못하면 인류가 끝나게 되는 겁니다.

우리는 분단으로 고생하고 있는 민족인데, 우리가 사는 구멍만 뚫고 들어가는 게 아니라 인류를 건지겠다는 야심을 가져야 됩니다. 그럴 수 있는 충분한 역사적 맥락이 있고 이론적 근거가 있습니다. 이 부분은 몇 달 후에 제가 또 정리하겠습니다. 인류 사회가 이렇게 나쁘게 되었다. 세계화까지 되고 나니까 이렇게 나쁘게 됐다. 전부 다. 개인과 개인 사이 또 사회, 국가, 국가와 국가 관계, 또 세계 전체가 환경 문제에서 보고 핵 문제에서 보듯이 인류가 지금 얼마나 더 살겠느냐. 그래서 우리 인류는 혁명적인 변화가 필요합니다.

지금까지 수십 년 동안 미국 주도 하에 있던 것을 모든 면에서 번복시키고 사람이 살 수 있는 방향으로 나가야 됩니다. 혁명이 필요합니다. 그 맥락에서 조국 통일 문제를 인류학적인 맥락에서 봐서 우리 조국이 어떻고 어떤 역할을 해야겠고 하는 걸 이다음에 토론하려고 합니다. 이렇게 보니까 세계가 형편없이 되어가거든요. 사람도 그렇고 사회도 그렇고 정치도 그렇고 경제도 그렇고 모든 분야가 어디 하나 깨끗한 데가 없어요. 그게 어디서 오느냐 하면 자본주의가 발전되면서 두 가지를 무시했어요.

하나는 인간이에요. 인간 때문에 모든 문제가 생기는 거예요. 인간이 잘못 발전되었어요. 과거 30년, 50년 사이에 인간이 잘못 발전된 걸 어디부터 어떻게 고치겠느냐. 그걸 우리가 찾아야 돼요. 그전에 우리가 인간을 올바로 못 봤어요. 인간은 종합적으로 인간 자체를 봐야 됩니다. 인간 자체가 여러 가지 성향을 가지고 있지 않아요? 말하자면, 인간은 육체적인 게 있고 정신적인 게 있고 이성적인 게 있고 영혼적인 것도 있습니다. 이 네 가지 속성을 동시에 건전하게 만드는 것이 인간 발전입니다.

인간 발전에 대해서 아무도 연구하지 않고 있어요. 과학을 발전시켰지만 그건 인간의 제한된 이성을 발전시킨 것이죠. 프로스포츠를 보면 스포츠 하는 사람이 돈을 그렇게 많이 받으면서 육체의 건강만 생각하거든. 육체의 건강을 돌보는 게 의학이고 약학이 아닙니까. 그런데 그게 전부 다 부정부패로 말려들어 약 때문에 사람들이 제 명대로 못 살게 되었어요. 병원에 가면 죽으러 들어가는 거예요.

인간관계가 주로 시장에서 만들어졌으니까 너무 이기적이고 타산하는 관계로 전락돼 버렸어요. 인간과 인간은 어떤 동지 의식과 목적의식으로 결합돼야 하는데 타산에 맞으면 친구가 되고 타산이 안 맞으면 적이 되고 적이 되면 서로 죽이는 것이 자본주의가 만들어낸 소위 발전된 인간이에요. 그것에서부터 해방돼야 합니다.

인간은 어때야 되느냐? 홍익인간이나 이타적인 생각이 있는 인간으로 바뀌어야 돼요. 이제 그런 것이 인간을 혁명화 시키는 거예요. 발전 이론에서 제일 나쁘게 실패한 인간은 자기만족을 지키는 데 상대방보다도 더 우월한 데서 자기만족을 찾기 때문에 상대방을 깎아내리는 거예요. 대통령 선거한다고 공화당에서도 열두 명이나 나왔는데 전부 다 대통령

하려고 하는 사람이 사기꾼이고 인간이 안 됐어요. 그래서 서로 흠집만 내려 합니다. 이게 지금 발전됐다고 하는 미국의 정치 현실입니다.

서로 죽이고 서로 격하시키는 인간관계가 아니라 상호 부조하고 협력할 수 있는 인간관계로, 제로섬이 아니고 하나와 하나를 보태 둘에서 끝나는 게 아니고 둘 이상을 내는 그런 멋진 인간관계로 바뀌어야 돼요. 단체는 개인보다 개인을 합한 것보다 더 큰 거를 이해해야 돼요. 우리 민족은 이해할 거예요. 미국은 지금 전혀 이해하지 못하고 있어요.

지금 우리가 통계학을 해서 지지율이 몇 퍼센트고 어쩌고 하는데 그거 다 잘못인 거예요. 개인과 개인이 합한다고 사회가 되는 것이 아닙니다. 개인과 개인이 합하고, 거기에다가 사회 전체가 지닌 맥락이 있어야 돼요. 국민이 하나하나 합하면 나라가 되는 거 아니고, 나라는 국민들이 하나하나 합한 것보다 더 큽니다. 그게 뭔지를 찾아내야 돼요. 인류 역사에서 수백 년 동안 철학자들이 그걸 찾으려고 했는데 제가 나이가 들면서 보니까 개인이 하나하나 합한 것보다도 더 큰 것이 사회입니다. 이걸 우리가 이해해야 돼요.

남북도 마찬가지입니다. 우리 민족이 남과 북에 칠천만 얼마가 있는데, 여론조사를 해서 통일을 원하느냐 원치 않느냐 물으면 남쪽 사람들은 과반수가 원하지 않을 수 있습니다. 하지만 원하지 않으면 안 해도 되느냐? 그게 아니에요. 통일은 국민들의 염원에 더해 통일은 숙명적으로 해야 된다고 생각합니다. 선택권이 아니라 숙명적으로 해야 한다고 믿는 것이 사랑방의 중요한 철학 중에 하나입니다.

사랑방은 무엇을 추구하느냐. 사랑방의 본질은 세 가지입니다.

첫째, 남과 북이 합하면 하나와 하나가 합해 둘이 되는 게 아니에요. 분단된 국가를 수학적으로 합해서 통일 국가가 되는 게 아니에요. 그걸 이해해야 합니다. 통일이라는 하나의 가치가 있어요. 남과 북을 합한 것보다 더 크게 만드는 무엇이 거기에 있습니다.

둘째, 남도 그렇고 북도 그렇고 존재 가치가 있는 거예요. 북에서는 남은 건 다 바닷물로 쓸어 내버려야 한다고 생각하는 사람들이 많지요. 또 그렇게 생각하는 사람이 왜 그러는지 저는 충분히 이해합니다. 남쪽에도 머리가 안보 교육에 투철하게 매장된 사람들은 북은 존재할 가치도 의미도 없으니 소멸시켜야 된다고 생각하는 사람도 있지요. 둘 다 안돼요. 우리 사랑방에서는 그렇게 생각하면 안 돼요.

남과 북을 합하면 거기에는 통일 국가가 있어요. 남 더하기 북이 통일이 아니에요. 그걸 생각하는 것이 사랑방의 원칙입니다. 남에서 북을 볼 때 깨끗한 안경을 쓰고 있는 대로 봐야지 빨간 안경을 끼고 보면 다 빨갛게 보여요. 그러면 안 되는 거예요. 맑은 눈으로 북을 보자, 미국을 보자, 세계 역사를 보자는 겁니다. 북도 그렇게 해야 되고. 북이 보는 남, 남이 보는 북이 잘된 것도 있고 잘못된 것도 많습니다. 요다음에 통일 얘기를 할 때 이야기하죠.

셋째, 통일이 없으면 평화가 없다. 그걸 믿는 거예요. 통일 없이 통일을 지향하지 않으면서 추구했던 평화가 있지 않습니까? 과거 70 몇 년 동안의 평화가 과연 평화입니까? 우리가 지향하는 길 위에 진정한 평화가 있는 거예요. 남북 70년은 왜 평화가 없었느냐. 통일을 원하지 않는 사람들이 정권을 잡고 정책을 만들기 때문에 통일이 안 된 거예요. 남쪽도 그렇고 북쪽도 그렇고 통일이 한 발자국도 나가지 않은 국내외적 이유가 있는 겁니다. 그걸 이담에 얘기할 겁니다. 국제적인 이유도 세 가지가 있고, 국내적인 이유도 세 가지가 있습니다.

국제적인 이유 세 가지는 굉장히 쉬워요. 첫째 미국, 둘째 미국, 셋째 미국입니다. 미국 때문에 통일이 안 되는 거예요. 우리 사랑방에서는 철저하게 제 입을 통해 강조될 것입니다. 그게 또 책으로 만들어지고. 우리만 통일하자는 게 아니고 인류가 더불어 같이 잘 살자 이거거든. 그것만큼 지금 필요한 역사의 시점이 없습니다. 그걸 위해서 우리가 공헌한다. 그렇게 생각해 주시면 좋겠습니다.

우리 사랑방 사람들이 유럽에도 있고, 수는 얼마나 되는지는 몰라도 한 10개국 사람들이  들어오고 있지 않아요? 생각하는 사람들이 있기 때문입니다. 우리의 통일은 한반도 문제가 아니고 세계 문제입니다. 세계 문제를 해결하는 것 같은 실마리를 찾아야지 거기에 우리의 통일의 길이 보이는 겁니다.

혁명은 생활 방법과 생각하는 방법과 모든 것이 바뀌는 것입니다. 혁명 하면 무슨 총칼을 들고 싸움하는 것처럼 생각하는데 절대로 그렇지 않습니다. 총칼이 필요 없고 무력이 없어도 돼요. 혁명 중에 가장 중요한 말이 뭡니까? 산업혁명 아닙니까. 생활 방법이 다르고 역사를 보고 지구를 보는 방법이 다르기 때문에 혁명이라고 합니다. 혁명 이후에는 혁명 전하고 질적으로 달라야 돼요. 발전이라는 자체가 질적으로 달라야 된다고 얘기했잖아요. 혁명은 질적으로 다른 삶을 보여줘야 됩니다. 모든 면에서 문화, 사회, 정치, 경제 또 지구적인 의미에서 잘못됐다 잘됐다 따져야 됩니다.

우리가 접한 사회의 역사와 앞으로 나아가야 할 바람직한 국가. 이 칼럼을 A와 B로 만들었어요. 문화적인 거 AB, 사회적인 거 AB, B는 좋게 나가는 방법이고 A는 지금 현상이거든, 문화적으로 크게 잘못된 게 있습니다. 사람이 없어져요. 물건이 문화를 점령해버리고 사람이 없어져요. 사람이 없는 문화가 지금 우리가 사는 문화적인 맥락입니다.

완전한 사람. 육체도 있고 이성도 있고 정신도 있고 영혼도 있는 사람, 통일 헌법을 할 때는 문화인을 만들어줘야 돼요. 국민학교 때 교훈, 급훈, 실훈, 선생님께서 직접 쓰신 한 두 자, 석 자밖에 안 되는 걸로 교훈, 실훈이라 해서 우리한테 가르침을 줬거든. 그게 본질적으로 가치관이에요. 지금 그게 없잖아요. 사람을 만드는 것이 교육이다. 그런 이야기 들어보셨어요? 사람 만드는 데 도움이 되는 학문을 해야죠.

학문 중에 제가 개인적으로 한평생 크게 감명을 받았고 지금도 받고 있는 것이 천문학입니다. 제가 제일 신기하게 느끼는 학문이 천문학이에요. 하늘을 쳐다보면 별이 수없이 많아요. 그런데 눈에 안 보이는 별도 있잖아요. 서로서로 인력에 의해 서로 밀고 당기지 않아요? 그게 균형이 맞으면 세상이 그냥 있고. 밤에 별똥 하나씩 떨어지지 않습니까. 별똥이 좀 큰 게 떨어지면 또 그게 연쇄 반응으로 이 세상이 움직여져요. 태양계 안에 지구가 있는데 태양계도 어디로 날아갈 수 있습니다. 그렇게 보면, 인간은 상대적인 존재이지 절대적인 존재는 절대 아니다. 상대적인 존재라는 것이 사회과학 인문학에서의 상대성 원리입니다.

상대성 원리와 물리학에서 아인슈타인이 얘기한 것을 우리가 어느 정도 감명을 받고 보면 사회 역사가 상대성 원리에 의해서 짜여 있고 움직여집니다. 이 상대성 원리를 이해하면 우주를 이해해요. 인간 사회도 마찬가지입니다. 유기체적인 역사관이죠. 저는 철저하게 그렇게 믿어요. 모든 것이 서로 밀고 당기고 하는 가운데 균형을 유지한다. 다이나믹한 균형이 된다. 그걸 우리가 이해해야 돼요. 절대적인 진리라고 주장하면 안 됩니다. 자본주의가 절대적이다. 사회주의 절대적이다. 공산주의가 절대적이다. 주체사상이 절대적이다. 민주주의가 절대적이다. 그런 건 아니에요.

상대성을 포함한 균형이 절대성을 가지고 있는 거예요. 그게 이제 철학적으로 보면 제가 제일 좋아하는 변증법 철학의 원리에 맞는 얘기입니다. 그러한 원리로 잘못되어가는 지구 사회를 어떻게 좀 잘 되어가게 하느냐. 개인적이고 이기적인 건 좀 이타적으로 공익 인간으로 가야죠. 엠퍼시(empathy, 공감)라고 있지 않습니까? 다른 사람의 입장에서 자신과 세상을 볼 수 있는 지혜를 교육에서 배워야 해요.

개인을 교육시키는 것도 육체적인 정신적인 교육도 필요하지만 인간과 인간의 관계는 역지사지의 입장에서 사회를 의미합니다. 역지사지로 바꿔야 합니다. 이기주의로 다른 사람을 깎아내리고 하는 상황에서 "이기는 게 전부다. 승자독식(Winning is everything. Winner takes all.)", 절대 그러면 안 됩니다. 이기는 사람은 진 사람한테 고맙게 생각해야 해요. 지는 사람이 져주는 겁니다. 져주는 것만큼 아량이 있고 덕망 있는 행동과 태도가 없습니다. 져주기 어려워요. 현대 사회는 져주는 사람이 곧 이기는 사람이다. 이러한 이론을 우리가 세상에 전파해야 합니다.

인간과 인간관계는 엠퍼시(empathy, 공감), 이거 해야 되는 거 우리가 했지요. 그다음은 사회. 사회에는 여러 가지 조직이 있지 않습니까? 그걸 어떻게 통솔하느냐. 시민단체도 많고 종교도 많고 그걸 꽉 잡고 하나로 하려는 게 독재 아닙니까? 전체적인 거 아닙니까? 그래서는 안 돼요. 그래서는 사회가 통솔이 안 된다고. 어떤 게 통솔이 되느냐 시뮬레이션이 아니고 어코머데이션(accommodation, 수용)이야. 남은 북을 수용해야 되고 북은 남을 수용해야 해요. 수용당하는 것이 없으면 수용하는 사람이 없습니다. 수용을 중요하게 생각하고 다양성을 중요하게 생각해야 돼요. 획일성 안의 다양성을 우리가 창조해야 돼요. 조선노동당이 너무 획일적이다. 그럼 우리가 다양성을 부어넣어야 됩니다. 자본주의는 돈을 획일적으로 만들었기 때문에 자본주의를 획일적으로 만드는 데서 우리가 도피하려고 하면 자본주의는 붕괴돼야 되고 사회적인 건 수용돼야 돼요.

그다음은 정치. 제가 정치학자로서 장담하는데, 정치는 분배의 정의를 어떻게 하느냐 하는 것이 정치의 과제이고 임무입니다. 분배의 정의. 누가 얼마만큼 왜 그만큼 가져야 하는지를 이론적으로 합리화시키는 학문이 정치학이에요. 분배를 정의하는데 대부분 두 가지 생각에서 그칩니다. 하나는 필요에 의해 분배시키자(칼 마르크스). 그다음은 능력에 의해 분배하자. 시장 같은 데서 경쟁력에 의해 분배하자. 이 두 가지가 대부분입니다. 하나는 균등한 분배(Equal distribution)라고 하는 거고, 하나는 능력에 따른 분배(Distribution by ability). 돈이 많아서 능력이 더 있든가 실력이 많든가 몸에 힘이 있든가 능력이 많은 거에 분배가 더 많이 가게 하는 거예요. 둘 다 글렀습니다. 그 두 개가 하나는 사회주의로 왔고 하나는 자본주의로 왔지 않습니까. 인류 역사에서 보니까 그 둘 다 길이 없어요. 두 개 중에 어느 하나가 득세해서 통일 이념이 된다는 건 거짓말이에요. 안 되는 거예요. 이것도 아니고 저것도 아닙니다.

분배의 정의는 어디에 있느냐. 그것도 말은 있어요. 공정한 분배 (Equitable Distribution)는 '공(公)은 공으로 사(私)는 사로' 처리하는 거예요. 그게 공유밖에 안 되는 거죠. 사유화해서는 안 되는 거예요. 사회가 부패되고 부정부패가 난무하는 것이 그런 겁니다. 지금까지도 그렇죠. 공과 사가 혼돈되어 있어요. 공과 사는 개념적으로는 분명합니다. 공기가 사유화가 됩니까? 안 돼요. 평화가 사유화가 됩니까? 사회가 국가가 세계 전체가 평화롭지 않으면 안 되지 않아요? 그러니까 사유화가 안 되는 거예요. 사유화가 안 되는 게 공공 서비스가 된 것도 많아요. 군대 가는 게 사유화가 됩니까? 군을 사유화시키면 부패와 부정 같은 게 생겨요. 미국에서 그런 풍토가 지금 일어나는 게 왜냐. 군산복합체 때문이에요.

군산복합체에서는 우리가 세 가지를 따졌지요. 그걸 이 세계 혁명에서 뿌리째 뽑아야 합니다. 군산복합체를 없애야 되고 또 정보 관리가 안 되는 거. 요새 트럼프가 조사받고 기소됐잖아요. 기소돼서 오늘 체포됐어요. 왜 그라냐. 정보라는 건 전부 공유하는 거야. 그걸 자기가 가지려고. 왜 그랬느냐. 제가 볼 때는 돈 때문에 그래요. 돈 벌려고 정보 팔아먹으려고 훔쳐냈다고. 트럼프도 훔쳐냈고 부통령도 훔쳐냈고. 지금 대통령 하는 이 사람도 정보를 사유하려고 훔쳐내서 자기 집에 정보를 가져왔어요. 정보는 공유예요. 국민의 것이고 국가의 것이고. 정보를 사유화하려고 하기 때문에 문제가 생기고 부정부패가 생기고 불법이 생긴 거예요.

그다음에 언론. 민주주의 국가에서 언론을 너무 신성하게 여기는데 언론의 신성성은 하나도 없어요. 요새 객관적인 언론이 없습니다. 믿을 만한 언론이 없어요. 그러니까 고쳐야 돼요. 사유는 절대로 공유해서는 안 됩니다. 그렇게 하면은 공정한 분배(equitable distribution)는 헌법 얘기를 할 때 제가 더 구체적으로 얘기하죠. 조국 통일의 이념을 우리가 창조하는데 어떻게 사용되어야 하느냐. 그걸 이제 나름대로 의견을 말씀드릴게요. 그때쯤 되면 얘기가 좀 재밌을 거예요.

그다음으로 중요한 것이 평화예요. 평화가 사유화돼서는 안 됩니다. 평화는 공유예요. 제가 생각하는 평화가 뭔지 왜 그렇게 생각하는지가 중요합니다. 왜가 중요해요. 제 생각에는 항상 왜가 있습니다. 왜 평화는 전쟁이 아니다. 전쟁이 아닌 것을 평화로 보는 건 잘못 본 거다. 평화는 이렇게도 말하고 저렇게도 말하지만 제가 볼 때는 조화입니다. 다양성이 없으면 조화가 있습니까? 아이들 오케스트라 시키고 악기도 다른 걸 가져와 앉으면 화음이 나오죠. 화음이 조화 아닙니까? 화음은 이질과 이질이 합해져 더 높은 차원에서 동질성이 되는 것이 조화예요. 멀리서 오케스트라 하는 거 한번 들어보세요. 조화하면 귀에 들리지. 따로따로 들리면 성공적으로 연주 못 한 거예요. 그러기 위해서는 이질을 알아야 돼요. 오케스트라 할 때 제일 중요한 것이 다른 사람의 악기를 들어야 돼요. 듣는 게 하는 것보다 더 중요합니다. 들어야 돼요. 조화를 하려면 남에서는 북에서 얘기하는 걸 듣고 북에서 사는 걸 관찰해야 되고 이론을 정리해야 돼요. 북도 남에 대해서 그렇게 해야 돼요. 서로 배제해서는 안 됩니다.

그런 의미에서 평화에는 교육이 따르는 것이에요. 교육은 각각 개체에 대해 믿음직한 정보를 구하는 것이에요. 남북을 얘기하면, 신뢰할 수 있는 정보를 가져야 되거든. 정보를 갖게 하는 것이 교육 아닙니까? 그래서 교육자가 그만큼 중요합니다. 교육자가 정보를 가르쳐줄 때는 어느 게 더 좋다 나쁘다 그렇게 가르치면 안 돼요. 이것과 이것이 서로 협조하면 더 큰 조화가 될 수 있다. 이렇게 가르쳐야 돼요. 가능합니다. 남과 북이 지금 남의 이질과 북의 이질이 조화돼야 해요. 조화돼야 한다는 거는 이질성을 극복하고 동질성을 권장해야 돼요. 이질성 극복이 이질성을 배제하라는 게 아닙니다. 극복해야 돼요. 극복은 반대하는 개념이 아닙니다. 수용하는 개념입니다. 통일 개념도 남과 북이 서로 이질적임을 인정하면서 동질을 지향하는 공통점이 있어야 돼요. 그게 6.15에서 나왔어요. 6.15 그거 간단하게 보면 안 됩니다. 사람들 이해도 잘 못해요.

문화의 다양성, 평화의 가능성에서 우리 민족의 긍지를 찾아야 됩니다. 인간이 죽었고 평화가 죽었어요. 요새는 평화도 없고 인간도 없어요. 인간 재발견 운동을 해야 돼요. 인간 재발견 운동을 해야 되요.

# 9

# 제3의 이념 : 인권주의

"사는 게 중요한데 사회주의나 자본주의나 미국적인 민주주의나 사는 걸 오히려 돕지 못해요. 인간이 사는 문제를 해결하지 못하는 원시적인 상황으로 돌아가 버렸습니다. 지금 인간이 잘살 수 있습니까?"

제3의 이념이라고, 인권주의라고 했는데, 그 이전에 왜 3까지 가느냐. 1과 2가 사회주의와 자본주의 혹은 공산주의와 민주주의 그 두 개가 정치이념이지요. 인류역사가 나오고 나서 그 두 이념이 오고 가고 했던 것입니다. 그것이 2023년에 와서 돌아보니까 다 실패했다, 그래서 인류가 살 방법이 없겠구나, 같이 사는 방법이 없겠구나 하는 절망감을 느끼게 됩니다. 미국적인 자본주의 문제와 또 그것이 세계화로 나가게 되니까 나타나는 현상들이 더 이상 고칠 수 없이 인류 역사의 종말을 예고하는 것 같은 상황이 되었습니다. 그래서 인류가 필요한 것이 제3의 이데올로기입니다. 사회주의도 안 되고 자본주의도 안 되니까 제3을 찾아야 되는데, 우선 왜 이것들이 안 됐는가? 제3의 이념 곧 인권이념을 제가 소개하기 전에 이제 이 두 가지가 이제 쓸모없게 되었다는 것을 아주 결론적으로 이야기해 드리겠습니다.

지금 말하는 인류 역사는 서구 역사를 의미하는 겁니다. 서양에서 처음 나타나는 이념이 자유민주주의입니다. 사유재산을 인정하고 시장을 활성화 시켜서 중산계급에 들어갈 수 있도록 하는 것이 자본주의입니다. 그런데 그 자본주의가 결국 실패해버리죠. 자본주의가 시작하기는 15세기, 16세기. 기원전에도 있었습니다. 2세기, 3세기, 4세기. 기원전에도 있었지요. 유명한 대표적인 플라톤(Plato; 고대그리스 철학자) 같은 사람들이 있었습니다. 그 사람은 『리퍼블릭스』(The Republic)[2]라는 책에서 이상적인 정치제도를 이야기하는데, 그때는 그에 해당하는 용어도 없었습니다. 사회주의입니다. 가족적인 정치사회를 만들어야겠다. 현명한 사람이 지도해야겠다. 철인이 지도해야 된다. 민주주의는 없었습니다. 단적으로 볼 때 가정은 사회주의적 집단입니다. 가정이 사회주의다. 저는 그렇게 이야기합니다. 그런데 그런 식으로 몇 세기를 잘 지나갔지요. 그 가정이 왕권과 접촉해서 폭정을 할 때도 있었지만, 가정은 사유재산이 없고 골고루 갈라 먹는 기본적인 사회주의에요. 자유보다 평등이 중요한 이념이 사회주의 아닙니까? 그때부터 벌써 그런 식으로 이념이 발

---

2) 『국가』 또는 『정체(政體)』로 번역한다. 그리스 원제목은 폴리테이아.

전되었습니다.

 그러다가 문명이 개발되고 개인주의가 나타나고 예술이나 철학 같은 데에서도 인간의 창의성을 중요하게 생각하는 가운데에서 싹을 틔운 것이 자본주의입니다. 제가 보기에는 존 로크(John Locke; 17세기 영국 경험주의 철학자)라는 사람의 공헌이 제일 큽니다. 왜 공헌이 크냐면, 민주주의를 만들어낸 공헌입니다. 작은 정부가, 힘을 적게 가질수록 좋은 정부(Minimum government is the best government.)라는 개념을 만들었습니다. 그리고 100년 후에 나타난 사람이 프랑스의 장자크 루소(Jean-Jacques Rousseau)입니다. 사회계약론(Social Contract theory)을 만들었습니다. 정권은 치자와 피치자의 계약에서 권력의 정당성이 나타난다고 주장했습니다. 그 외에도 사람이 많습니다. 제레미 벤담이라는 사람도 있고.

 그러다가 경제 분야에 와서 아담 스미스로 왔지요. 아담 스미스는 경제학자인데 사유재산과 시장문화를 중요하게 생각한 사람입니다. 정부는 별로 할 역할이 없고, 그냥 자유 경쟁을 시켜놓고 시장에 가서 활동하면 개인과 개인주의에 의해서 파탄되는 게 아니고 신비로운 법칙이나 '보이지 않는 손(Invisible hand)'에 의해 공익이 유지된다고 본 사람입니다. 거기에서 이제 케인즈(Keynes) 같은 사람이 최근에 나오지 않았습니까? 존 로크 같은 사람들이 자본주의, 민주주의, 개인주의, 시장 문화, 사유재산 이런 걸 주장하게 되니까 사회가 원하는 대로 '눈에 안 보이는 손'이 결코 나타나지 않았어요. 개인주의로 나아가고 시장 문화에서는 치열한 경쟁이 일어나죠. 모든 것이 개량화 되고, 상품 값에 의해 결정되고, 그게 결국은 돈에 의해서 모든 것이 해결되는 방향으로, 사람에 의한 것이 아니고 돈 위주의 사회가 됐지 않습니까? 그래서 근본적인 문화 혁명이 필요한데, 그걸 위해서는 본질적으로 사람들이 달라져야 됩니다.

요사이 세계의 문제를 보면 사람이 잘못됐어요. 모든 것이 사람이 연유가 됩니다. 사람이 잘못됐다. 사람이 수련이 안 되어서 문제다. 그것은 자본주의냐 사회주의냐 공통적으로 느끼는 것입니다. 바람직한 인간관계가 되어야 되는데, 시장 문화에서는 그렇지 않게 되어 왔습니다. 이 세계도 평화로워야 되는데 강압에 의해서 물리적인 힘, 군사적인 도구로 인간을 폭압하는 역사로 접어들게 되었습니다. 이렇게 문제가 있는데 반창고(bandaid, 임시처방)로 붙여선 소용이 없어요. 근본적으로 바꿔야 해요. 자본주의도 안 되고 사회주의도 안 되고 제3의 이념이 필요합니다. 그래서 그런 결론으로 제3의 이론을 소개하려 합니다.

제3의 이론에서 제일 중요한 것은 이 세상에 있는 문제들 예컨대 개인적인 문제나 사회적인 문제나 정치적인 문제나 안보나 평화 관계 같은 세계 전체의 문제나 개인에서부터 개인과 개인의 관계, 국가와 국가의 관계 등 이 모든 것이 다 흐트러졌어요. 제3의 혁명적인 이념이 필요합니다. 이념의 기능에서 제일 중요한 것이 권력을 정당화시키는 겁니다. 이념이 권력을 정당화시키고 정책을 합리화시키는 역할을 합니다. 인간 중심으로 인간의 문제를 해결하고 세계사회의 문제를 해결하기 위해서는 그 이념이 개인, 사회, 국가 이 세 군데에 모두 접촉이 되는 것이라야 해요. 그래서는 저는 인권주의가 결론이라고 생각했습니다.

조금 후에 제가 말씀드리겠지만, 인권 중에 제일 중요한 인권이 생존권이죠. 살 권리죠. 살고 나서 문제가 생기면 해결할 수 있어도 살아남기 전에는 문제조차 없지 않습니까? 생존이 중요한데 생존을 돕지 못하고 있어요. 사회주의나 자본주의나 미국의 경제민주주의나 이제 없어진 구소련의 사회주의나 인간이 사는 문제를 해결하지 못하는 아주 원시적인 상황으로 돌아가 버렸습니다.

지금 인간이 잘살 수 있습니까? 세계에서 제일 부자라는 미국의 도시 중 하나인 로스엔젤리스 같은 데 집 없는 사람이 7만 가구입니다. 그런 식으로 또 수많은 사람이 남미에서 북미로 또 아프리카 중동 등에서 유럽으로 또 아시아도 남아시아에서 일본이나 한국이나 이런 곳으로 집단 이민을 가지 않습니까? 오갈 데 없는 사람들이 배가 고파서 길을 떠나는 것이 집단 유랑민 아닙니까? 이걸 살리는 방법은 인권주의라야 합니다.

인권주의 중에 제일 중요한 것으로 여섯 가지가 있습니다.

제일 중요한 것이 생존권입니다. 간단합니다. 우리가 얘기하는 의식주가 생존권의 핵심이지요. 의식주가 해결되지 않으면 인권이 없습니다. 아무것도 없습니다. 의식주만 해결되는 것이 아니고 물리적으로 근근이 생명만 유지하는 것이 인간의 가치가 아니죠. 그래서 거기에는 다른 생존권 말고도 또 있는데 곧 말씀드리겠습니다.

생존권을 위해서는 평화가 있어야 됩니다. 서로 죽이는 폭력적인 정책이 없어야 합니다. 생명을 영위하기 위해서는 병에 안 걸려야 되고 전염병을 예방해야 됩니다. 그뿐입니까? 전쟁이 안 일어나야죠. 전쟁이 일어나서 사람들이 죽게 되면 생존권이 어디 있습니까? 또 사회의 법질서가 없고 폭력에 의해 여러 가지 부조리한 상황이 일어나면 생존권이 없어지지 않습니까? 간단하게 봐서는 안 됩니다. 의학도 중요하고 농사도 중요하고 군대도 중요해요. 파괴하는 군대가 아니고 평화를 위한 군대. 군대는 평화에 사용돼야지 전쟁에 사용되면 안 됩니다. 제가 말씀드린 미국의 원죄 중에 하나가 군사주의인데 군사주의에 의해 발전된 나라인 미국 같은 데서도 사람들이 못 살죠. 총기 사건이 너무 자주 일어나서 비현실적인 나라가 되었습니다. 집단 폭력 사태가 200여개 일어났습니다. 하루에 하나 이상씩 집단 타살을 저지르는 그런 나라가 되었습니다. 이런 거를 다 무마시켜야 인간이 생명을 유지하고 생명을 기대할 수 있습니다. 그래서 생존권을 학문적으로 이론적으로 철저하게 또 포괄적으로 봐야 됩니다.

인권에 관한 저서도 많고 주장하는 사람이 더군다나 미국 같은 데 많지만 생존권을 중요하게 생각하지 않죠. 자기들은 생존권이 보장돼 있다고 생각해서인데 미국은 보장되지 않았습니다. 어떤 이념이든지 정책으로라도 생존권을 보장해야 합니다. 정치의 목적에 인민의 생명을 보장하는 것이 제일 중요한 거 아닙니까? 재산보다 중요한 것이 생명입니다. 이제는 민주주의, 자본주의, 사회주의 말고 인권주의를 주장하고 세계적으로 전파하는 운동을 대한민국과 조선민주인민공화국에서 출발해야 된다고 생각합니다. 왜냐하면 우리 민족같이 창의성 있는 민족이 있을 수가 없습니다. 창의성은 어디서 나오냐. 경험에서 나옵니다. 아픈 경험, 슬픈 경험, 한 맺힌 경험에서 나옵니다. 외국에는 한이라는 개념도 없어요. 우리 민족이 인류 역사에 무엇으로 공헌할 수 있을지 젊은 학생들이 좀 심각하게 생각해야 됩니다.

왜 인권을 중요하게 생각하느냐. 다른 이념에는 이런 게 없습니다. 인권에는 세 가지 중요한 원칙이 있습니다. 말하자면 인권을 위한 원칙입니다. 이 원칙에 반하는 인권은 있을 수 있습니다.

첫째, 보편타당(universal)해야 합니다.

모든 사람이 세상에 태어나면서 가지고 있는 권한이 생존권 아닙니까? 다른 권한도 있고. 인권은 모든 사람한테 있다. 요새 보십시오. 미국도 인종 차별이 있고 여러 가지 척도로 사람을 차별하지 않습니까? 사회에서 불평등하고 정의롭지 못한 그것을 고칠 수 있는 것이 인권 이념입니다. 자유나 평등을 주장하는 종전의 이념과는 다르게 이 둘 다 포함시키는 인권 이념입니다. 이 세상에 태어나면 누구나 다 가지는 권한이 인권입니다.

둘째, 아무도 뺏어갈 수 없습니다. 양도 불가. 양도할 수 없습니다.

다른 데로 갈 수가 없는 거예요. 국가도 못 빼앗고 돈 있는 사람도 없는 사람한테 못 뺏아가고 지식 있는 사람이 지식이 없다고 무시해서 그 사람들의 인권을 뺏아갈 수 없습니다. 인권은 모든 사람에게 있을 뿐만 아니라 양도 불가로 그 누구도 가져갈 수 없습니다. 이걸 생각해야 합니다. 과거에는 인권이 주로 폭정에 의해서 정부에 의해서 박탈되었는데, 지금은 그 정도가 아닙니다. 정부의 폭정에 의해서 박탈되기도 하지만, 빈곤에 의해 박탈되기도 하고 부의 불균등과 부패에 의해 분배의 정의가 없는 데서 인권 문제가 나오기도 하는 등 여러 가지를 생각할 수 있죠.

셋째, 언제 한 번 말씀드린 것 같은데, 제일 중요한 것이 A라는 사람의 인권을 위해서는 다른 모든 사람들이 책임을 져야 됩니다. 공동 책임성(Entitlement)라고 하는데 "I am entitled to my right.(나는 나의 권리를 누릴 자격이 있다.)" 그러니까 다른 사람들이 의무감이 있어요. 인권이라는 사회적인 공동 책임을 우리가 부여해야 되는 그런 개념이 인권입니다. 얼마나 중요합니까?

이 세 가지 인권의 철칙을 생각한다면 인권주의가 지금 이 시간에 역사적으로 필요하다. 누구한테? 전부 다에게. 더구나 미국 같은 데는 더 필요하죠. 한국도 필요하고. 그래서 인권주의로 제가 얘기하는 것입니다.

그럼 둘째 인권이 뭐냐. 더불어 사는 게 하나의 권한입니다. 인간은 가족이 있어야 되고 부모들이 일반적으로 있어야 됩니다. 가정은 신성한 곳입니다. 사회 제도지만 거기에서 평등 의식이 나오게 되고 자유가 나오게 되고 행복이 나오게 됩니다. 남한과 북조선 사람처럼 이산가족의 중요성을 아는 민족이 이 세상에 없습니다. 왜냐하면 이산가족이 안되어 봤으니까. 이산가족이 수백만 명이 다 돌아가셨지만 한 사람 한 사람 예를 들어보면 기막힙니다. 가족을 중요하게 생각하는 것이 인권주의의 핵심입니다.

제가 말씀드렸지만, 플라톤 같은 사람보다 조금 전에 나타난 게 공자님입니다. 공자님 사상에서 가정이 얼마나 중요합니까? 효도가 얼마나 중요합니까. 가정을 사회 발전의 한복판에 두는 것이 인권주의의 핵심이라고 생각합니다. 그런 가정이 있으면 거기에는 자연적인 질서가 있습니다. 가정에는 질서가 있습니다. 상하가 구별됩니다. 할아버지가 있고 연세에 의해 세대에 의해 상하가 구별되고 자연스럽게 자기 위치가 정해지는 거죠. 그게 굉장히 중요합니다. 가정을 살려야 됩니다. 우리 민족은 가정의 중요성을 강하는 민족이다. 그렇게 자부감을 가져도 좋습니다.

그다음에 아이들을 한번 생각해 보세요. 조금 자라 여섯 살만 되면 학교에서 무엇을 배우느냐. 왜 학교에 가느냐. 이게 중요한 것입니다. 그게 없어요. 지식을 배우기 전에 학교 가서는 공부를 하고 지도를 받고 이렇게 하면은 무엇이 되느냐. 인간으로 학교에 갔는데 사람이 됩니다. 인간이 사람이 되는 거예요. 수양이 되는 거예요. 인간 수양이 얼마나 중요합니까. 그건 한국이나 동양만 중요한 것이 아닙니다. 서양도 자기 수양이 중요합니다. 수양이 잘된 사람은 자기 세계가 넓습니다. 나 혼자만 중요하다고 생각하면 수양이 극히 안 된 사람입니다.

수양되면 될수록 이웃이 넓어집니다. 가족 또는 가정이라는 추상적인 문화 개념이 넓어지게 됩니다. 우리 유교에는 그런 게 있습니다. 국부, 국모라는 개념이 있지 않습니까? 이렇게 철저하게 계층이 있고 체계가 있는 것이 가정이고, 학교에 가서는 그걸 배워야 됩니다. 사회에 나가면 우열이 있죠. 모순되고 일관성이 없을 수도 있습니다. 집에서는 내가 삼촌이고, 아버지, 어머니의 형제 중에 하나니까 아이들이 내가 한 세 단 높죠. 그러나 사회에 나가면 가정의 질서를 존중해 주지 않습니다. 그것도 그대로 배워야 하고 인식해야 하죠.

그 다음 중요한 제도가 군인 아닙니까. 군인은 왜 중요하냐. 군인이 있어야 국가를 보호하지. 국가가 뭐냐. 제가 좀 이따 말씀드리겠지만, 중요한 인권 중에 하나입니다. 미국이나 서구에서는 국가는 항상 있는 거니까, 국가가 없을 때 살아보지 못했으니까. 국가를 인권에 종속시키는 학자들이 제가 볼 때는 하나도 없습니다. 하지만 우리는 국가를 중요한 인권의 하나로 봐야 합니다. 저는 그렇게 생각합니다.

그리고 인권 중에는 사랑할 수 있는 권한이 있습니다. 이 세상에 나오면 가족을, 가정을, 자신을 낳은 어머니를 사랑하게 되죠. 그 사랑을 중요하게 생각하는 것이 사랑권입니다. 여러 곳에서 사랑을 배웁니다. 종교생활에서도 배우고 사회생활에서도 배웁니다. 그만큼 우리는 사랑권을 보편화시켜 인류의 기본 권한 중 하나로 봐야 됩니다. 아까 말씀드렸듯이 이 하나하나가 양도 불가해요. 다른 사람이 도와줘야 돼요.

그다음에는 레저입니다. 여가를 즐길 수 있는 권한. 여가가 있어야 돼요. 여가를 위해서는 또 즐기기 위해서는 일정한 돈이 있어야 합니다. 돈이 없으면 단체적으로 만들어줘야 됩니다. 여가를 만들어주는 국가가 사회주의 국가라고 하는 학자들도 있습니다. 여가가 그렇게 중요해요. 여가를 위해서는 장난감이 있어야 돼요. 장난감이라는 게 작은 것도 있지만 비행기 같은 것도 장난감이죠. 장난감을 타고 바다 깊이 들어가려고 하다가 폭파가 돼서 억만장자 한 사람까지 포함해서 다 죽어버렸습니다. 그러고 보면 돈도 소용없는 거예요. 살고 봐야지. 그런 것이 여가 권리인데, 장난감을 누가 만들어야 될 거 아니에요. 산업화가 없으면 장난감이 없습니다. 산업화입니다. 장난감이라는, 소위 물건을 생산하는 것이 산업입니다. 정신노동이나 육체노동을 포함해서, 생산하지 않고 노동하지 않고 그냥 돈이 돈을 벌게 하는 젊은 억만장자들이 아주 야단인 적이 있죠. 이걸 재산을 뺏을 수도 없고 전부 잘못됐습니다.

혁명적인 새로운 이념으로 세계 질서가 바뀌어야 됩니다. 돈이 있다고 모든 것을 다 자기가 관장해서는 안 됩니다. 놀려면 시간이 있어야 죠. 기계화시키고 자동화시키면 작은 시간 내에 사람이 직접 손발을 안 놀려도 생산할 수 있으니까 여가가 생깁니다. 여가는 기계화가 만들어 줍니다. 여가 시간이 필요하죠. 인권주의가 산업화를 반대하는 건 절대 아닙니다. 제가 반대하는 잘못된 산업화는 장난감을 생산하는 산업입니다. 그런 돈벌이는 산업 자본주의가 아니고 금융자본주의입니다. 미국을 위시해서 이 세상의 금융자본주의는 전부 다 파괴입니다. 노동 하나 없이 다른 사람들 부려먹는 억만장자들이 40 몇 세밖에 안 된 사람들이에요. 경제 질서도 잘못됐고 사회 정치 질서도 잘못된 겁니다.

우리가 인권주의를 하면 그런 질서가 안 생겨요. 안 생기도록 해야 돼요. 근데 이미 만들어져 있는 건 자기대로 살다 죽겠지. 다행히 모든 사람은 죽습니다. 인권주의로서 남북통일 이념을 우리가 창조했다면, 그건 영원히 갈 수도 있습니다. 남과 북이 만나더라도 그런 이념은 갈 수가 있습니다. 그 이념 이야기는 다음에 우리 한반도에 결부시켜 충분히 말씀드리겠습니다. 남과 북에서 이념을 창조하자 해도, 한 이념으로 둘 다 적용할 수가 없습니다. 당분간 몇 십 년 동안 그럴 거예요. 그래서 제3의 정부, 셋째 정부가 필요하다고 저는 생각합니다. 그러니까 한 민족 두 국가, 세 정부 한민족, 두 국가 세 체제, 그 이론을 다음 시간에는 뚜렷하게 말씀드리겠습니다.

통일은 남과 북을 조화시키는 그런 체제가 있어야 됩니다. 그 전례가 개성공업단지에요. 개성공업단지가 비록 제한적인 분야였지만 통일된 우리 조국의 모습입니다. 통일이 가능합니다. 사회주의 북과 자본주의 남을 합해서 개성에서 생산업을 했지 않습니까? 그걸 창조적으로 개발하고 확장하면 그런 식으로 통일이 되는 것입니다.

여가 이야기했죠? 그래서 우리 산업화를 긍정적으로 봐야 된다고. 산업화만 되면 됩니까? 분배의 정의가 있어야 됩니다. 그게 국가의 역할인데, 산업화 해서 장난감을 만들어도 사람들이 그걸 사용할 수 있는 능력과 여유가 없으면 안 되죠. 그래서 어떤 것은 시장에 가서 사고 어떤 것은 단체 즉 국가가 제공하는 이 선을 될 수 있는 대로 분명히 긋는 것이 새로운 통일 이념에 꼭 필요한 것입니다. 우리 통일 이념 혹은 제3의 이념에는 사유재산의 한계를 분명하게 두고 싶습니다. 독재자처럼 이거는 사유재산이다 아니다. 그게 아닙니다. 본질적으로 사유화될 수 없는 것들이 있고 본질적으로 공유될 수 없는 것들이 있습니다. 그걸 객관적으로 분리시켜야 됩니다. 사유화될 수 없는 것은 국가 혹은 사회가 단체적으로 집체적으로 분배시켜야 합니다. 생산과 분배를 공동체가 해야 됩니다. 말하자면 국가가 해야 됩니다. 국가의 권한이 넓으면 넓을수록 좋습니다. 공공 물자 혹은 기회 이런 공공적인 것을 하는 것이 국가입니다. 사적인 것을 하면 안 됩니다. 사적인 것은 사실 그렇게 많지 않습니다. 의식주를 보면 대개 공적인 겁니다. 의식주, 안보 또 평화 이런 거는 전부 다 공적인 자산입니다. 사유재산과 공유재산을 구별해야 합니다.

지구는 공유재산이지요? 지구가 사유재산입니까? 나무 한 포기 이게 내 겁니까? 내 뜰에 있는 나무도 내 마음대로 못하게 되어 있습니다. 사실 미국에서 이 사람들이 선견지명이 똑똑한 사람이 많았어요. 그래서 여기 제가 사는 집에도 나무가 직경 몇 센티미터보다 더 큰 거는 못 자르게 돼 있어요. 제거를 못하게 돼 있어요. 그건 잘하는 겁니다. 이행을 안 해서 그렇지. 그러한 사유재산과 공유를 구분하게 되면 의식주는 국가가 기본적인 책임을 져야 됩니다. 생각해 보세요. 그럼 아파트가 다 공유입니다. 사유할 수가 없습니다. 그런 것으로 새로운 이념을 만들어서 당장 통일시키자? 통일 안 됩니다. 남과 북이 워낙 달라서. 체질적으로도 다르고, 부합이 안 돼요. 사유 재산과 아파트 몇 채씩 가지고 있는 사람이 통일하려고 합니까? 통일하면 제 아파트 내놔야 되는데. 그래서 통일은 현실적으로 봐서 지금까지 안 된 거예요. 기득권이 위협당하게 되니까 통일이 안 되는 것입니다.

그러니까 그걸 존중해야 하니까 기득권을 존중해 줘야 된다 해서 연방제가 필요하죠. 너희는 너희 방식대로 살아라. 우리는 우리 방식대로 살겠다. 그리고 나서 오랜 시간을 두고 조화시켜야 하는데 그때 제3의 체제가 필요합니다. 그걸 제가 이다음 시간에 말씀드리죠.

그 다음으로 넷째 권한은 다름 아닌 자유입니다.

국가가 간섭 안 하면 자유라는 건 옛날 고전적 자유주의(classical liberalism)가 생각하는, 존 로크 같은 사람이 생각한 겁니다. 요즘의 자유는 선택의 자유입니다. 선택이 없으면 자유도 없습니다. A나 B냐 선택해야 되는데, 내가 직접 선택하지 않고 다른 누가 너는 A를 택해라 B는 니가 가져라 하면 선택의 자유가 없지 않습니까? 선택의 자유가 인간을 얼마나 존엄성 있게 만듭니까? 인간을 인간답게 만드는 것이 선택의 자유입니다.

선택의 자유를 행사하기 위해서 공부를 해야지요. 선택에 관한 공부를 해야 됩니다. 교육도 필요하고. 선택에 관한 교육을 시킬 뿐만 아니라 선택이 모자라면 새로운 선택을 보태줄 수 있는 역할을 하는 것이 교육입니다. 자유권. 옛날에 노예와 그 주인 보면 노예가 머리가 나쁩니까? 머리가 더 좋습니다. 힘이 없습니까? 더 힘이 있습니다. 이것저것 노예가 다 알지요. 그런데 한 가지 못하는 게 있습니다. 선택권이 없습니다. 주인만 선택권이 있습니다. 그래서 노예 제도는 사용할 수 없습니다. 잘못된 겁니다. 자유가 없기 때문입니다. 선택권을 주지 않아서 그렇습니다. 그러나 우리가 민주주의를 하려고 하면 혹은 좋은 사회가 되려고 하면 사람들이 선택권을 가져야 해요. 그것이 다름 아닌 자유입니다.

이념은 그 땅에서 나와야 합니다. 우리식 사회주의. 북이 그렇지 않습니까? 우리 식이라는 게 무슨 말인지 분명히 알아야 됩니다. 중국은 중국식이 있습니다. 왔다 갔다 했지만 요새 와서는 유교식으로 돌아가는 때가 많습니다. 그러한 '우리 식'에서 나타나듯이 정치 이념은 로컬라이즈 즉 그 땅에 맞도록 해야 됩니다. 그 땅에서 생산된 이념이 살아있는 이념입니다. 외부에 있는 거를, 미국이 잘한다고 해서 수입해 온다고 되지도 않고 성공할 수도 없고 옳지도 않습니다. 올바른 자유 사상을 통일 국가의 이념 만드는 데 사용해야 해요.

선택이라 하면 여러 가지가 있죠. 사는가 죽는가 하는 것도 선택입니다. 사람이 자기 생명을 스스로 포기할 수 있는 자유가 있습니다. 그것도 선택권입니다. 그렇게 중요한 생명을 무시하면 안 되죠. 그러나 자유권에서는 생명까지도 자유롭게 선택할 수 있는 것입니다. 자유 중에서도 사상의 자유가 제일 중요합니다. 가치관의 자유가 중요한 것입니다.

사상의 자유, 표현의 자유 그래서 언론의 자유가 필요하죠. 언론의 자유는 국가가 주는 것이 아니고, 인간의 본연적인 인권이 결국은 표현의 자유를 요구하고, 표현의 자유 안에서 선택의 자유를 보여주는 것입니다. 우리가 선택한 것을 보내주고 글을 쓰고 이렇게 하는 것이 자유죠. 제가 하나의 학자로서 인류가 살아갈 지침이 인권에서 나와야 된다고 주장하는 건 제 주관적인 생각입니다. 그런 자유가 있죠. 자유를 행사해야 됩니다.

자유라는 게 그렇게 중요하고, 그다음으로 나타나는 다섯 번째 인권은 평등입니다. 평등이 없으면 인간의 사회생활에서 존엄성이 없어집니다. 사회생활에 평등이 없으면, 다 우열 관계에 처해 있으면, 위로 보면 존엄성이 없어지고 밑으로 보면 필요 이상의 거만과 자만이 생기지요. 그러면 안 되는 거예요. 평등이 있어야 의미 있는 인권입니다. 평등을 제일 처음 한 게 사회주의 아닙니까? 칼 마르크스가 사회주의가 되어 재산이 모두 없게 되면 평등이라 했지만, 엥겔스와 공산당 선언(Communist Manifesto)도 쓰고 했지만, 그 후에 레닌, 스탈린으로 넘어오면 어떤 개념이 나오냐면 전체주의(totalitarianism)가 나왔어요. 개인 재산은 하나도 없다. 개인 재산을 주면 금방 불평등이 생기더라. 개인 재산을 완전히 없애버리자. 생각하는 것도 개인이 못하게 하자. 이게 레닌, 스탈린의 구소련적인 전체주의입니다. 그게 옳은 건 아니에요. 아무것도 허용하지 않으면 재산이 제로(0) 아닙니까? 그런 의미에서 평등을 만들 수 있다. 재산이 제로가 아닌 상황에서는 절대 평등이 안 된다. 부가 누적되고 불평등한 사회, 착취하는 사회가 된다. 이렇게 생각하는 것이 그

당시의 사회주의 국가들이고 사회주의 사상을 가진 사람들이죠.

평등이라는 것은 전체주의가 주장하는 완전한 사유 재산을 없게 하고 사유의 모든 것을 없게 하자. 사유적인 것은 없게 하자. 이것이 레닌 생각이 아닙니까? 그것도 그렇게 안 됐죠. 사회주의 사상들이 그렇게 나타나니까 자본주의가 또 나타나기 시작했어요. 자본주의에는 기독교가 지독한 중요한 핵심적인 역할을 했습니다. 제레미 벤담(Jeremy Bentham)은 민주주의 이론을 창조하는데 지대한 역할을 한 사람인데, 그 사람도 종교가 없으면 민주주의가 안 된다고 봤습니다.

그렇게 넘어와서 막스 베버(Max Weber)가 『프로테스탄트 윤리와 자본주의 정신』이라는 책을 썼습니다. 이 책의 제목에서 이야기하듯이 자본주의 정신(Spirit of Capitalism)은 프로테스탄트 윤리에서 나왔다는 거예요. 기독교가 없으면 서구적인 자본주의 더구나 미국적인 자본주의는 없었습니다. 미국적인 자본주의는 제가 따로 강의를 한번 할게요. 자본주의가 그렇게 흘러가지고, 결국은 세계화되어 하나의 1국 체제로 나와 지금 붕괴직전에 봉착되어 있죠.

마지막 하나는 국가권입니다. '나라권' 학자들도 나라 혹은 스테이트로 인권을 취급한 사람은 제가 아는 인권학자 가운데 하나도 없습니다. 제가 처음으로 '나라권' 얘기를 하는 겁니다. 왜냐하면 나라 없는 채로 살아봤으니까. 나라가 없으면 아무것도 없어요. 그런 경험을 한 사람이 인류의 절반 이상이, 80%가 경험을 했을 거예요. 나라가 없으면 모든 인권이 없어져요. 사라진다고. 일제 때 생각해 보세요. 우리가 인권이 있었는가. 일본 통치 하에서 인권이 있었습니까? 중국도 그 큰 나라가 그때는 아마 6천만 이렇게 된 국가였는데, 그게 나라가 없으니까 제구 실을 합니까? 전부 아편 중독자가 되어 국가가 존망 상태에 있게 됐지 않습니까? 아편 전쟁 때. 나라가 없어 본 나라가 얼마나 많습니까? 인도 도 나라 없이 지냈었지요. 인도와 중국만 보태도 얼마나 많은 수입니까? 나라를 가지는 것이 인권 중에 핵심이다. 제가 인권을 우리나라 통일 이념 으로 환원시킬 때는 나라권을 1번으로 삼으려고 합니다. 나라권이 그만큼 중요한 겁니다. 나라권을 인정하지 않으면 통일 정부가 불가능합니다.

통일된 나라를 만들어야지요. 나라의 조건이 다 있습니다. 나라의 조 건은 영토가 있어야 됩니다. 남과 북 사이에 영토 만들면 됩니다. 개성 만 해도 영토가 돼요. 유럽 지도를 보세요. 작은 나라들이 얼마나 많은 가. 인구로 말하면은 우리가 얼마입니까? 한 7천500만 이렇게 되죠. 굉 장히 큰 나라입니다. 그래서 나라는 인구가 있어야 되고 사람들이 있어 야 됩니다. 우리 남쪽 사람 북쪽 사람 더구나 제3 정부는 해외 사람들이 들어가서 새로 시민이 되고 살아야 된다고 생각합니다. 세계에 사는 해 외동포가 돌아갈 곳이 없습니다. 그곳을 만드는 것이 통일 국가의 전신 이 되리라고 생각합니다.

나라권, 주권이라고 할 수도 있죠. 이 여섯 가지 인권을 동시에 향유 한다면 거기에는 완전한 행복이 있습니다. 지금처럼 '있는 사람'과 '없 는 사람'의 구분이 없고 완전한 행복이 있습니다. 그러한 날을 보면서 젊은 사람들이 새로운 역사 운동을 하지 않으면 인류의 미래는 암담합 니다. 그래서 우리는 통일이라는 하나의 길을 모색해서 같은 맥락에서 인권을 중심으로 통일 정부를 만들고 그 정부를 이 세상에서 하나의 표

본으로 이용할 수 있도록 그런 역할을 해야 된다. 꿈같은 얘기지만 현실적으로 가능하다고 저는 생각합니다.

　이 여섯 가지 인권을 추구하기 위해서는 물론 제도가 있어야 하지만 인권은 제도가 크게 필요한 것이 아닙니다. 개념을 실행하면 됩니다.

# 10

# 인권, 통일된 나라의 새 정치이념

"공산주의도 아니고 자본주의 민주주의도 아닌 제3의 이념이 나와야
하는데, 현실과 동떨어져서는 안 된다고 생각했습니다. 그러다가
인권을 정치 이념의 핵심으로 삼아야겠다는 결론을 내렸습니다."

## 6.15 어떻게 실천할 것인가?

수십 년 동안 흥분도 많이 했습니다. 6.15에 정상 두 어른이 만나 합
의하고 선언하고 다 했지 않습니까? 그 후에 문재인 대통령은 세 번씩이
나 만나 희망적인 합의문도 만들어 냈습니다.

합의문이다. 성명서다. 이런 것만 자꾸 내는데 제가 멀리서 볼 때는
그걸로 끝입니다. 이번에도 또 그럴 거예요. 합의한 것이 왜 이렇게 끝
나는지 저 나름대로 공고하게 결론을 지었습니다.

첫째, 기득권. 기득권은 경제적 이해관계에서 그치지 않고, 정치적, 사회적, 문화적인 차원에 다 있습니다. 그런 사람들은 사회가, 정치 체제가 변하면 자기가 향유해온 기득권을 상실할 거라 생각합니다.

둘째, 통일된 조국이 어떤 모습일지 30, 50, 100년 후에 어떤 모양의 통일인지에 대한 개념이 없습니다. 연방제니 연합제니 하지만 그것은 목적지가 아닙니다. 어떤 모양으로 제도를 끌고 갈 거냐 하는 건데 목적지가 어디이고 어떻게 생겼는지에 대한 개념이 없습니다. 종착역을 모르니 여행을 할 수 없습니다. 이론뿐만 아니고 상식으로라도 350년 후에 어떤 조국을 원하는지 얘기해 보라 하면 얘기는 많이 나올 거예요. 하지만 좀 더 제도화된 것은 없는 것 같습니다.

학자들 중에서도 바람직한 통일 조국의 모습을 얘기하는 사람을 저는 만나보지 못했습니다. 통일이라는 집을 짓는 데 설계도를 모색하지 않습니다. 인과 법칙에 의해 이러 이러 해서 우리가 희망하는 상태로 가야겠다는 '통일 프로세스 법칙'이 없어요. 통일학이 없다는 것이지요. 이렇게 되면 이렇게, 저렇게 되면 저렇게, 그래서 결국 통일이라는 집으로 들어가야 하는데 그 길이 없습니다. 통일에 대한 길을 제시하는 것이 중요합니다. 저는 학자로서 그 설계도를 앞으로 50분 동안 말씀드리려고 합니다.

세계 질서가 자꾸 소용돌이 치고 바뀌지 않습니까? 냉전의 세계 질서는 이미 지나갔습니다. 러시아가 저렇게 나오니까 새로운 냉전이 올 거라는데 그건 모르는 얘기입니다. 냉전의 역사적인 맥락은 이미 끝났습니다.

냉전은 세계 질서가 하나 있는 게 아니고 두 개의 질서가 따로 있었습니다. 두 질서 사이에서 서로 교통하지도 않고 서로 이해도 못 하던 깜깜한 상황 아니었습니까? 제가 미국에서 공부하면서 마르크시즘, 사회주의, 공산주의가 발전된 거를 면밀하게 조사하려는데, 찾으려니까 문서가 없어요. 러시아에서 소련에서 나온 문헌도 찾아볼 수 없고, 그걸 소개하는 사람도 없고, 이제 그렇게 되었습니다.

냉전이 아닌 하나의 질서. 새로운 세계질서의 모든 나라에는 세 가지가 있어야 합니다.

첫째, 국민들에게 있어야 하고, 둘째, 땅이 있어야 하고, 셋째, 그걸 진행시키는 이념이 있어야 합니다.

이론적인 틀이, 이념이 있어야 합니다. 땅도 있고 많은 나라에 사람도 많이 살고 있는데 이념이 없습니다. 사회주의도 아니고 자본주의나 공산주의나 민주주의도 아닌 이념. 그건 냉전으로 끝이 났습니다. 보십시오. 사회주의 민주주의는 시장 문화를 도입해 자본주의적 색채가 농후합니다. 중국도 그렇고 조선민주인민공화국도 어느 정도 자본주의적 요소가 있습니다. 그리고 자본주의에서는 사회주의 요소가 농후하죠. 그 대표 격인 미국도 자본주의 민주주의보다는 공화국의 모습을 지니고 있습니다. 사회주의적 요소들이 다분히 있습니다.

지난날 우리가 냉전 때 보던 왼쪽 질서와 오른쪽 질서가 따로 있는 게 아니고 다 섞여 있습니다. 그러니 인류가 앞으로 오는 세계에서 각 나라들이 살려면 어떤 이념을 가져야겠습니까. 제 생각에는 공산주의도 아니고 자본주의 민주주의도 아닙니다. 제3의 이념이 나와야 하는데 이

건 현실에 떨어져서는 안 돼요. 제가 수십 년 생각하고 가르치면서 내린 결론은 이렇습니다. 인권을 정치 이념의 핵심으로 해야겠다, 자본주의니 사회주의니 따위 가치관으로는 안 되겠고 사람 중심, 사람이 원하고 사람이 필요한 것을 주는 인권 중심의 정치 이념을 창조해야겠다. 그런 생각에서 남북이 통합하고 교류하고 조화를 이루는 여러 가지 일을 할 때는 이 두 체제가 공익을 원하는 인권을 추구하도록 해야겠다는 결론을 지니게 되었습니다.

북도 원하고 남도 원하는 것이 사회주의도 아니고 자본주의도 아니고 공산주의는 더구나 아니고 민주주의도 아닙니다. 그런 것들은 이미 다 지나가버렸어요. 새로운 미래를 지향하는 모든 사람이 세계와 이념을 초월해서 바람직하다고 생각하는 이념을 만들어야 돼요. 그래서 제가 생각하는 것은 유엔 현장에도 나와 있고 인권을 공부하는 곳에서라면 누구나 다 연구하는 것입니다. 인권 중에 제일 중요한 것은 자유가 아닙니다. 평등도 아닙니다. 제일 중요하는 것은 생존권입니다. 그렇지 않겠습니까? 생존권이 인류 사회에 중요하다고 하는 것은 체제와 이념에 상관없이 모두 받아들입니다. 조선민주주의인민공화국도 생존권이 제일 중요하다. 대한민국도 생존권이 제일 중요하다. 그렇게 생각할 거예요. 그걸 우리가 밀어붙여서 통일 정부의 핵심 이념으로 생존권을 가져다 넣자는 것이 제 생각입니다.

첫째, 두 체제가 모두 원합니다. 생존권을 도외시 하는 나라는 전에도 없었고 앞으로도 없을 것입니다. 일반적으로 경쟁적인 자본주의에서는 생존권이 잘 되어 있지 않습니다. 생존권을 위해서는 사회 전체가 그

것을 보장해줘야 됩니다.

둘째, 인권이 중요하다는 말에 세계의 모든 숨 쉬는 사람은 다 옳다고 얘기합니다. 생존권이 중요하지 않다고 생각하는 사람은 없습니다. 아무도 빼앗아 갈 수가 없습니다. 정부가 빼앗아 갈 수 없는 권한이 생존권입니다. 모든 종류의 인권이 그렇습니다.

셋째, 영어 단어로 Enlightenment(흔히 계몽으로 번역한다. 편집자 註)라고 하는데, 사람이 향유할 때는 다른 사람들이 다 책임지고 도와줘야 한다고 되어 있습니다. 아프리카에서 아이들이 굶어 죽으면 남의 일이 아닙니다. 전 세계가 도와야 됩니다. 식량이 부족하면 의무감을 느끼고 돕는 게 바로 인권입니다.

다른 이념에는, 민주주의의 이념에조차 그런 생각이 없습니다. 인류가 공히 살기 위해 새로운 이념에 인권을 가져오면 이 세계가 함께 의무감을 가지고 공동의 문제의식이 발전할 거라 생각합니다.

생존권. 더 상식적으로 나갑시다.

생존권을 지키려면 의식주가 있어야죠. 안 먹고 살 수 있는 사람이 있습니까? 우리 같으면 쌀입니다. 쌀은 집단 농장에서 나올 수도 있고, 시장에서도 나올 수 있고, 농장에 가서 어떤 계약관계를 해서 농부한테서 직접 받을 수 있습니다. 여러 가지 방법으로 식량을 구입할 수가 있죠. 모든 방법을 다 동원하고 또 존중하고 긍정적으로 봐주자 이겁니다.

사회주의에서 식량을 배급하는 것을 사회주의라서 싫다고 밥을 안 먹을 수는 없습니다. 그러한 의미에서 식과 주가 중요한데 식과 주에서 식은 농촌에서 농업에서 나오는 거고 꽃과 집 같은 게 경공업에서 나오는 거죠. 국가는 그렇게 중요한 경공업을 강조해야 합니다. 의식주를 해결해 줘야 사람이 살고 병이 안 들어요. 건강도 인권으로 봐야 합니다.

모든 사람에게 책임이 있습니다. 요즘 등장하는 전염병을 보면 모든 사람들이 책임이 있고 모든 사람이 함께 도와서 일하지 않으면 문제 해결이 되지 않습니다. 그런 의미에서 건강이 중요합니다. 사회가 안전해야 합니다. 평안해야 합니다. 법치 국가가 되어 무법으로 사람을 죽이거나 해를 끼치면 일정한 수단 방법에 따라 국민이 인정하는 방법으로 예방하고 일을 처리해야 합니다. 경찰이 있지 않습니까? 경찰 없는 자유가 어디 있습니까? 공산주의라고 경찰이 없습니까? 자유민주주의에도 경찰은 있습니다. 경찰의 역할과 법치가 중요합니다. 그다음에 마지막으로 중요한 게 안보입니다.

생명이 침범당하면 생존권이 없어지지 않습니까? 이런 의미에서 중요한 몇 가지를 더 넣어 새로운 생존권 개념을 정의해야 합니다.

인권 가운데 둘째로 중요한 것은 잘 사는 것입니다. '잘'이 들어가야 합니다. 잘이라는 말이 들어가는 것은 더불어 산다는 거예요. 혼자 먹고 자고 그렇게 살아서는 잘 사는 게 아닙니다. 다른 사람이 있어야 돼요. 사회에서 다른 사람을 만들어 모든 사람들한테 제공하는 역할이 인권 가운데 종속권입니다. 우리는 사회에 종속되고 사회는 남남이 모여 있는 곳이죠. 이 종속권을 위해 인간은 여러 가지 사회 제도를 만듭니다. 가정은 또 얼마나 중요합니까? 이산가족 보면 알 수 있지 않습니까? 한 가정이 이산되지 않고 같이 사는 것은 인간의 행복 중에 가장 중요한 것입니다.

그뿐입니까? 사회생활을 하면 모든 제도에서 친구나 동지 같은 사람들을 만들어 줍니다. 학교에서 가정에서 종교단체에서 사회단체에서 친구를 만들게 하죠. 이런 것을 국가에서 잘 보호해줘야 합니다. 그런 활동을 잘하게 해줘야 인권을 추구하는 나라입니다. 취미에 의해 같이 사는 수도 있고, 직업 전문성에 의해 같이 사는 방법이 있고, 이념이 같아서 같이 사는 방법도 있어요. 그럼 그냥 친구가 아닌 동지가 되죠. 이런 모든 것이 중요합니다. 그런 사회를 인정하고 존중해줘야 됩니다. 동창이 중요하다고 생각하는 사회에서는 동창을 중요하게 느끼고, 가정은 어디서나 중요합니다. 대한민국도 중요하고 미국도 중요한데 발전되고 산업화에 초산업화에 세계화까지 되면서 날아가는 것이 가정입니다.

지금 미국은 총기 사건 때문에 야단입니다. 왜 젊은 아이들이 학교 같은 데 가서 난동을 부려 수십 명의 생명을 희생시키게 합니까? 어제 오늘 미국 의회에서는 중무기는 못 사게 하고 21세가 돼야 사게 한다. 기관총 같은 무기를 사용하지 못하게 하자는 원칙을 공화당과 민주당이 합의했습니다. 그것 가지고 야단입니다. 웃음밖에 안 나옵니다.

무시무시한 무기로 사람을 죽였기 때문에 못 팔게 한다. 그럼 앞으로 사람 안 죽일 거냐. 사람이 사람을 죽이지 무기가 사람을 죽이지 않습니다. 그건 분명히 해야 돼요. 미국에는 지금 사람이 사람을 죽이는 것에 대해서는 연구도 하지 않고 있습니다. 제가 볼 때는 가정이 붕괴하기 때문에, 인간이 종속권을 행사하지 못하기 때문에 폭행을 저지르고 타인의 생명을 중요하게 여기지 않는 것입니다.

사람을 변화시켜야지 무기를 제거하는 것만으로는 범죄가 해소되지 않는다는 것을 한국 사람들은 무슨 말인지 다 알 거예요. 사람을 죽이지 않게끔 만들어야 하는 게 교육에 있어요. 가정을 포함해서 사회 교육이 그런 역할을 해야죠. 언론도 마찬가지고. 살인을 방지하기 위해서는 사람을 변화시켜야 하는데 지금 그걸 하고 있지 않습니다. 더불어 같이 사는 데에는 가정이 중요하고 종교 기관이 중요하고 문화 조직이 중요합니다. 그런 곳에서 견해가 바뀌고 성격이 달라지고 더욱 착한 사람이 돼야 합니다. 통일된 조국은 사람 만드는 교육이 있고 사람 만드는 사회단체가 있도록 우리가 노력해야 합니다.

셋째는 누구나 다 얘기하는 '자유'입니다. 그러나 지금 미국에서 이야기하는 자유와 한국 정권에서 말하는 자유는 선거와 투표의 자유, 물건을 살 수 있는 자유, 내가 구입해서 산 내 총이니까 마음대로 사용할수 있는 자유입니다. 자유를 서구 이념에서 하는 것처럼 그렇게 정의하는 것은 근본적으로 잘못입니다. 자유를 알지 못하면서 자유를 얘기하는 것이 미국과 서구입니다.

학문적으로 처음부터 끝까지 살펴보면 자유는 선택권입니다. 내가 선택을 할 때 나한테는 자유가 있습니다. 자유가 없는 노예는 선택권이 없습니다. 주인이 결정해준 대로 따라갈 수밖에 없습니다. 자유는 선택할 권리가 있어야 됩니다.

근본적으로 이 사회에서 선택을 할 수 있어야 합니다. 그러니까 정당도 이념도 사회단체도 인권 운동도 종교도 마찬가지로 여러 개 있어야 됩니다. 그래야 사람이 자유를 향유하는 의미가 있습니다. 하나로는 자유를 할 수 없습니다. 어떤 전체 국가에서처럼 선택을 두지 않고 국가가 선택해서 주는 것은 국민을 노예로 취급하는 겁니다. 국민이 자유를 향유하게 해야지 권력이 결정한 것을 국민한테 주어 그대로 하게 하는 것은 문제가 많습니다. 이 부분은 조선노동당 얘기할 때 다시 얘기하겠습니다.

미국에 자유가 있습니까? 미국의 자유는 투표와 몇 가지를 제외하고 선택이 어디 있습니까? 민주당과 공화당 두 개뿐입니다. 이 둘의 차이가 어디 있습니까? 별로 없습니다. 목이 말라 물을 마시려는 사람에게 코카콜라하고 펩시 딱 두 개를 줍니다. 이거 안 마시면 저거 마셔야지. 다른 방법이 없어요. 사실상 선택권이 없습니다. 정치적 선택권도 없고 이념적 선택권도 없습니다. 이름은 서로 다르죠. 하나는 대통령이 당선되어 청와대에 앉아 있는 당이고, 다른 당은 그걸 못한 당입니다. 둘 사이에 이념적 차이가 거의 없습니다.

미국의 민주주의는 어떤 의미에서는 프랑스의 민주주의보다 훨씬 뒤떨어졌습니다. 심지어 일본 것보다도 뒤떨어졌습니다. 우리나라도 거대 양당이 있죠. 이제 앞으로는 진보당, 자유당 이런 여러 가지 정당을 국민이 선택할 수 있게 해야 하고 그 선택 결과가 눈에 보여야 합니다. 미국은 사실상 양당뿐인데 제3당이 나와도 거기에 표를 찍을 사람이 없습니다. 소선거구 하나에서 한 사람만 뽑는 것이 미국의 국회 아닙니까? 한 선거구에서 한 사람만 뽑기 때문에 이 두 당 중에 하나가 되지 않으면 가능성이 전혀 없어요. 그렇기 때문에 제3당의 사람을 원하지도 않고, 실제로 원하지 않는 쪽이 현명합니다. 미국은 민주주의가 이렇듯 졸렬한 나라입니다. 대한민국 윤 정권에서 민주주의를 선망하고 미국을 따라오려고 하는데 양당만은 따라오지 말아야 합니다.

조직이 없습니다. 정당뿐만 아니고 문화, 사회, 이념적인 여러 가지 조직이 있어야 됩니다. 통일 정부가 되면 이러한 선택권이 있는 나라로 만들어야 합니다.

자유에는 소극적인 자유와 적극적인 자유가 있습니다.

소극적인 자유는 적극적인 자유를 위해서 '최소한' 있어야 됩니다. 간섭하지 않고 그냥 맡겨두는 것, 정부에서 개인 생활에 침투하지 않으면 자유가 있다고 봅니다. Freedom from governmental constraint (정부의 제약으로부터 자유. 편집자 註). 인류 역사에서 소극적인 자유로 20세기까지 왔습니다. 국가가 관여하지 않는 것을 자유라고 보는 것이 서구의 정치사상입니다.

그런데 지금 와서 보니 정부가 관여하지 않아서 얻은 자유는 공짜가 아니에요. Freedom is not free. 자유를 향유하고 소유하기 위해서는 돈이 있어야 됩니다. 자유를 위해서는 돈이 있을 만큼 있어야 합니다. 적극적인 자유는 무엇을 할 수 있는 권한이 정부 간섭에서 해방되는 데 그치지 않고 할 수 있는 긍정적 자유입니다. 그게 없으면 자유의 의미가 없습니다. 선택도 내가 선택을 해야죠. 선택하기 위해서는 선택할 준비가 되어 있어야 해요. 여러 가지 선택이 있어야 하는 것도 사실이지만, 우리가 공부해서 이 사회를 알아야 해요.

이 당은 어떤 당이고 이 정치관은 어떤 사람이고, 다 알아요. 선거 때마다 골치 아파 죽습니다. 사람들이 와서 전부 다 거짓말만 해요. 누가 옳은 말을 하며 누가 국회의원이 될 자격이 있는지 내가 정치학 박사로 대학 교수인데도 알 수가 없어요. 그러니 미국 민주주의가 난관에 봉착되어 있는 것입니다. 적극적인 자유를 이행할 수 있는 준비가 되어 있지 않고 그런 맥락도 되어 있지 않은 곳이 미국입니다. 자유가 없습니다. 미국에 자유가 없다고 박한식 교수가 그러더라 얘기해 보세요. 그럼 내가 비난을 받을 거예요. 근데 미국에는 자유가 없습니다.

넷째, 자유 다음으로 중요한 것은 인권주의 평등권입니다.

미국 헌법의 자유와 평등 두 단어를 그냥 쓰는 게 아닙니다. 평등이 그렇게 중요합니다. 평등 없으면 자유가 의미가 없고, 자유가 없으면 평등의 의미가 없습니다. 이걸 꼭 명심하십시오. 평등하지 않는 사회는 자유를 향유할 수 없고, 자유가 없으면 평등이 의미가 없어요.

무엇으로 우리가 평등을 결정해야 하느냐. 사람 수에 따라서 쌀을 배급하는 것과 필요에 따라서 배급하는 방법이 있습니다. 젊은 나이에 광부 일을 해야 하는 사람에게 식량을 많이 줘야지. 연세가 많고 학교 선생하고 이런 사람들은 좀 적게 먹어도 잘살 수 있습니다. 그러니까 필요에 의해 배급하는 것이 평등입니다. 머릿수에 따라서 같이 나누는 게 평등이 아닙니다. 필요에 의해서 나눈다. 머릿수에 의해 나누는 것이 아니고 필요에 의해서 나눈다. 저는 그걸 제일 중요하게 생각합니다. 그걸 제일 중요하게 생각했던 사람이 칼 마르크스입니다. 사회주의를 만들 때, 필요에 의해서 배급하자는 것이 칼 마르크스가 원천적으로 한 생각입니다. 필요뿐입니까? 미국이나 한국이나 쌀이 필요하면 어디 갑니까? 시장에 가지 않습니까? 자본주의 경제에서는 시장의 수요와 공급 원칙에 의해서 값이 결정되고 그 값을 주고 사 오는 것입니다.

그다음 중요한 것은 능력에 따라 배당하는 겁니다. 사회에서 열심히 활동하면 배당을 많이 받아야 돼요. 능력에 의해서 공제하는 것이 그중 하나입니다.

다음으로 더 중요한 것은, 이건 상당히 이론적으로 지금 명쾌한 답이 없습니다만, 일의 중요성에 따라서 배급을 해야 한다는 거예요. 무엇이 더 중요하냐. 돈을 많이 벌어 사람들을 먹여 살리고 국가에 세금도 많이 내는 기업은 얼마나 중요합니까? 평등성 분배의 정의가 그런 사람들한 테 더 많이 가죠. 중요하기 때문에 많이 가죠. 조선노동당에서 아주 열심히 일할 뿐 아니라 중요한 일을 하는 사람, 예컨대 원자로를 만드는데 공헌하고 그걸 더 발전시키는 역할을 하는 과학자들의 중요성이 굉장히 크죠. 그 나라에서는 그럴 때 중요성에 비추어서 분배해야 한다는 이론이 됩니다. 그게 전혀 안 되는 이론이 아닙니다.

그다음은 분배입니다. 책임 없이 그냥 평등이라는 말을 쓰는데, active distribution(능동적인 분배), 여러 가지 방법에 의해서 분배의 정의가 만들어지죠. 그걸 알면 머리가 터지게 서로 싸우게 됩니다. 더 바람직한 분배 방법. 분배의 원칙. 그걸 우리 통일 정부에서 해야 돼요. 그걸 안 하려고 하니까 지금까지도 머릿속이 시끄러워 안 하죠.

통일 방법을 생각하는 것이 얼마나 골치 아픕니까? 머리가 많이 쓰입니다. 머리가 쓰이면 제가 경험적으로 한 가지 말씀드릴 수 있어요. 머리가 빠져요. 그래서 대머리가 된다고. 머리 많이 써보세요.

그래서 이제 편견이라는 게 있는데 평등이라는 게 중요하다. 중요한데 어떤 종류의 편견이라는 건 복잡하다. 그러나 우리는 어떤 종류든 평등을 추구해야 된다.

평등 없는 자유는 방종에 불과하다. 평등은 더 사회적인 개념이고 자유는 더 자본주의적인 자유주의적이고 그런 개념입니다.

그래서 민주 평등은 사회주의 개념이고 자유는 이게 자본주의 개념 혹은 민주주의 개념이라고도 할 수 있죠. 그렇게 얘기한 이유가 거기에 있습니다.

다섯째, 이건 저 말고는 아무도 내놓은 사람이 없습니다. 앞으로도 안 나올 거예요. 왜냐하면 이건 후진국 사람이 아니면 못합니다. 나라를 가질 수 있는 권한입니다. 나라권이라고, 주권이라고 부르는 것. 자기 나라를 가질 수 있는 권리. 그런 생각이 왜 이 후진국에서 온 사람이 생각하게 됐느냐. 나라가 없는 조국을 내가 체험해서 그래요.

나라 없이 살아본 경험이 없는 사람들은 나라 권이 무슨 말인지 잘 모를 거예요. 나라 없이 살아본 사람이 많은 유대인을 보세요. 유대인들한테 나라권을 물어보세요. 우리나라는 나라권이 얼마나 중요한지 모릅니다. 나라권 때문에 그걸 수호하기 위해서 지금 살고 있는 것이 조선민주주의 인민공화국입니다. 나라권을 훈련하게 되어 있습니다. 반면, 우리 대한민국은 나라권을 향유하지 못하고 있습니다. 나라권을 향유하지 못하면 다른 인권도 다 침해받게 됩니다. 우리가 일본 제국주의를 경험했고 나라권을 중요하게 생각하는 민족이라는 것을 세상에 알려야 됩니다. 미국 사람도 유럽 사람들도 대부분 할 수가 없어요. 나라 없는 경험을 안 했기 때문에요. 한반도에서 나라 없는 상황에 대해 투쟁해 온 것이 우리 역사의 모습입니다. 그래서 우리는 나라권을 중요한 인권으로 생각을 해야 된다.

그럼 나라권이 뭐냐. 주권입니다. 자기 운명을 자기가 결정하는 권한이 주권 아닙니까? 해외에 우리가 800만, 750만 이렇게 살고 있죠. 그 사람들은 저를 포함해서 나라가 없습니다. 돌아갈 나라가 없습니다. 그래서 나라 없는 신세를 계속 유지하자는 것이 잘못된 정책이라고 우리는 봐야 됩니다.

나라 없이 살아라. 우리 과거에 나라 없이 잘 살아왔는데 그대로 해라. 일본 치하에 사는 것처럼 그대로 살자. 이제 미국 치하까지 들어가서 그대로 살아야 한다. 이것이 대한민국 현 정부의 입장이 아닌가 싶고, 인권 차원에서 통일화를 지향하는 정치 이념을 감안할 때 우리는 절대로 나라 없는 정부나 정책은 받아들일 수 없습니다. 그래서 이 다섯 가지가 통일 정부의 통일론이 됩니다.

이 다섯 가지로 남과 북이 어떻게 해왔느냐, 지금 상황이 어떠냐는 다음 강의에서 하기로 합니다. 더 중요한 것은 남과 북이 서로 다른 체제로 발전되는데 이걸 조화시키기 위해서는 어떤 방법이 있으며 구체적으로 어떻게 해야 되겠는가가 제가 하고 싶은 최종적인 말입니다. 다음 강의에서 할 수 있기 바랍니다.

지금 상황에서 볼 때 이 5권(생존권, 더불어 살 권리, 자유권, 평등권, 주권)은 제가 볼 때는 우리만 필요한 것이 아니라 이 세계가 필요한 것입니다.

다섯 가지 권리를 하나하나 보십시오. 세계가 더 발전되어 생존권이 잘 되어 있습니까? 식량은 어떻습니까? 요새는 정말로 자급자족으로 식량을 생산해야 되는데 그렇지 못합니다. 캐나다나 미국 같은 나라에서 많이 생산합니다.

식량이 무기화되는 것이 문제입니다. 식량이 없어 다른 사람한테 얻어먹으려고 하면 주권 행사를 못합니다. 식량은 원자탄보다 무서운 무기이기 때문입니다. 식량 무기는 옛날부터 그랬습니다. 세계적으로 큰 덩어리로 보면 굉장히 발전되었다고 보이지만, 구체적으로 보면 식량난이 대단합니다.

세계화 되었는데 다 나눠 먹습니까? 이념적으로 자기를 따라오는 나라들한테만 찔끔찔끔 주는 게 미국의 정책 아닙니까? 화학무기, 생화학 무기보다 악랄한 것이 식량 무기입니다. 이걸 규탄해야 합니다. 규탄 대상은 미국이어도 좋고 캐나다도 좋고 중국도 좋고 세계 어느 나라든 식량을 무기로 사용하면 안 됩니다.

지금 식량이 어렵다고들 하죠. 우리 다 그렇게 생각하는데, 그게 또 그렇게 어렵지도 않습니다. 중국에서 많은 식량이 수입이 되든가 원조가 되든가 하는 것 같아요. 옛날에 우리 고구려 때 동북삼성 지구, 요령성, 흑룡강성, 길림성이 우리 땅이었습니다. 거기서 우리가 벼농사를 지었죠. 거기 사람 벼농사 짓는 거 배워가지고 농사를 지었습니다. 벼농사를 지어 조선으로 내보냅니다. 제가 거기서 태어났는데 그런 건 통계에 나오지 않습니다. 그래서 어찌 보면 식량은 세계 어디에서 나오든 간에 세계의 인민, 세계의 시민이 공유해야 합니다. 생산은 지구가 하는 것이니 사람은 공유해야죠.

우리가 보는 모든 물건이나 서비스는 사유할 수 있는 것이 있고 사유가 안 되는 것이 있습니다. 잘 생각해 보세요. 굉장히 중요한 겁니다. 사유화할 수 있는 것은 자본주의 시장에 나가서 경쟁에 의해 돈 많이 받고 팔아먹어야 되고, 사유할 수 없는 것은 공동 소유로서 국가나 사회 전체가 관리해야 됩니다. 이것이 제가 어릴 때부터 쭉 생각하는 겁니다.

공유할 수 없는 것, 영어로 public good(공공자산)이라고 하죠. 프라이빗 굿 아니고 퍼블릭 굿으로 대표적인 게 뭐가 있습니까? 공기가 있죠. 지구의 기온, 자연. 사람이 만들어서 사람이 소모해서 끝나는 게 아니라 그냥 남는 거예요. 사람은 태어났다가 100년 정도 있다 죽지만. 공기는 어때요? 내가 숨 안 쉬고 죽었다고 해서 공기가 없어집니까? 모든 인류가 자신 마음대로 공유하는 것이 퍼블릭 굿입니다. 퍼블릭 굿은 공유해야지 사유를 해서 시장 상품화하면 거기서 부정이 일어납니다.

사유화해서는 안 되는 것 중에 사유화할까 말까 하는 게 뭡니까? 군대입니다. 군대는 국가를 지키기 위해서 만드는 거 아닙니까? 안보는 퍼블릿 굿입니다. 내가 건강이 나쁘다고 미국 군인이 나를 도울 의무는 없습니다. 미국 군인은 미국의 공공자산을 방어하는 조직입니다. 군인이 해야 하는 걸 사유화시키면 돈을 많이 주죠. 그 돈을 누가 줍니까? 누가 갚습니까? 결국 국민 주머니에서 나오는 세금입니다.

퍼블릭 굿을 관리하는 정부는 국방비를 위시해서 모든 것이 세금에서 나옵니다. 세금에서 나오니까, 자기 돈이 아니니까, 정치가들이 혹은 장군들이 마음대로 쓰지요. 또 거기에 부정부패가 얼마든지 나타나지요. 그래서 세계는 지금 퍼블릭 굿을 잘 관리하지 못하고 있습니다. 정부가 사유화에 말려들어서 그렇습니다.

군산복합체가 그렇습니다. 군대는 공공 소유이고, 산업은 지금 자본주의에서 얘기된 사유재산입니다. 사유재산과 공공 소유를 갖다 붙여 복합체를 만드니까 부르는 게 값이고, 그 돈이 나오면 사업하는 사람 주머니에 다 들어가고, 정치 로비도 하고 그렇죠. 정책을 한번 보세요. 더럽기 짝이 없습니다. 비상식적이고 공정하지 못한 게 얼마든지 있습니다. 그래서 우리는 새 정부를 만들 때 공정한 거는 공정하게 해야 합니다. 공유해야 하는 것만 공유화하고 사유화할 것은 철저하게 자율 경쟁을 해야 해요. 자본주의와 사회주의 또는 민주주의와 공산주의가 거기에서 만나게 됩니다. 그걸 서로 침범하면 문제가 생기죠. 군산복합체에서 문제가 생기고, 지금 미국의 방위 예산을 보십시오. 세계 그다음 아홉 나라의 것을 합친 것보다도 많습니다. 마음대로 써요. 자기 돈이 아니니까요. 그렇게 못하게 해야 합니다. 미국이 근본적으로 사유재산을 향유하는 사람들이 공유 세금을 마음대로 쓰게 돼 있습니다.

한국 대통령은 지금 뭐 잘났다고 나가서 줄이면 된다고, 우리가 써야 된다, 여기서 저기서 써야 된다 그럽니까? 자기 돈도 아니면서 우리 정부가 생기면 이걸 분명하게 해가지고 사회주의는 공유 자산에 대해서는 사회주의 자본주의는 자본주의적 견해와 정책은 사유재산의 국한시켜야 된다.

저 마음속에는 분명합니다. 그 공산주의 사회주의가 혼선을 일으킬 이유가 없습니다. 사유 재산을 공유할 것을 사유 재산을 한 거는 돌려줘야 되고. 그렇게 제 자리를 차지해야 됩니다. 이것이 생각하는 사람들이 할 일이고, 제가 오늘 말씀드린 게 그 일부에 불과하지만 그게 상식적입니다. 그렇지 않습니까? 배고프면 먹어야지. 쌀은 시장에서 사든가 배급을 받든가 하면 되죠. 상식적으로 해결해야 되는 것이 남북문제입니다. 전문가들한테 맡겨 놓으니까 복잡하게 만들어요. 복잡하게 만들어서 손을 들어 버립니다.

간단하게 보고, 상식적인 차원에서 우리가 문제점을 발견하면 상식에서 해결해야 합니다. 그래서 통일을 생각하지 않는 지금 윤 정권 같은 것은 그대로 뒤라. 통일해 봐야 지금 다른 더 능력 있는 지혜로운 정권들도 합의만 하고 성명만 발표하고 못했는데 자기가 할 수 있습니까? 절대 못한다고. 못하는데 때마침 자기는 안 한다고 했으니까, 안 한다고 그런 게 다행이지, 자기가 한다고 했으면 하나도 못하고 쫓겨나야 돼요.

상식을 중요하게 생각하는 보통 사람이 통일 운동을 해야 한다고 생각합니다. 지난번에 제가 말씀드렸죠. 민중, 인민 이런 사람들이 지식 수준은 높지 않습니다. 의식 수준은 높지만 지식 수준은 높지 않습니다. 이런 사람들이 주가 되어 해야 됩니다. 통일운동의 혁신적 변화가 있어야 합니다.

저는 우리 민중에게서 나온 제일 중요한 것이 촛불 혁명이라고 생각합니다. 3.1운동이나 4.19 같은 중요한 민중운동에서 대한민국이나 북에서는 인민들 또 그 이전에 국민들이 더구나 여자들이 앞치마에 돌을 날라 남편 갖다 주면 남편이 그걸로 중국 놈들한테 던지고 고구려 때 다 그랬어요. 국민과 민중에 의해서 통일운동이 진척되어야 하고, 그것을 위해 설계도를 만들어야 합니다.

# 11

# 인권으로 본 남과 북

"애플은 애플로 보고 오렌지는 오렌지로 보고 먹어야지, 오렌지보고 애플이 아니라고 하는 식은 안 돼요. 하나의 척도로 보려 하니까 어떤 때는 애플이 먹음직하게 보이고 어떤 때는 벌레 먹고 잘자라지도 못한 찌그러진 사과가 되고 그렇지 않습니까? 대한민국과 조선민주인민공화국을 비교할 때 미국에서는 어떻게 봅니까? 남쪽은 먹기 좋은 사과이고 북쪽은 벌레 먹고 찌든 사과라고 봅니다. 그렇지 않습니까?"

지금 굉장히 복잡한 세상인데 냉전 때 세계 질서는 완전히 없어졌고 새로운 세계 질서는 아직까지 나타나지 않고, 지금 가만히 보면 민족주의가 굉장히 왕성합니다. 각 나라들이 자국의 이익을 추구하는 때에 우리의 통일 조국에서 어떻게 해야 하는가를 고민하고 토론하고 의논도 많이 해야 할 것 같습니다.

세계 전체로 봐서 인류는 지금 미래를 예측하기 굉장히 어려운 단계에 있습니다. 세계 질서라는 게 없어졌습니다. 이념에 의해 쌍벽을 이루다가 냉전을 마친 뒤에 미국 혼자 30년 왕좌에 앉아 애를 쓰다가 이젠 그것도 쇠잔해서 세계 질서가 없게 되었습니다. 이런 상황에서 인류가 필요한 거는 새로운 세계 질서인데 여기에는 정치 이념이 수반돼야 합니다.

세계 질서가 필요한 줄은 알지만 정치 이론은 자본주의, 공산주의, 민주주의, 사회주의 등 냉전 때 있었던 것밖에 없습니다. 이런 이념들이 아무런 역할을 못 하고 있습니다. 많은 사람들이 나라가 없어지고 살 길이 없이 이재민이 돼서 세계 여기저기를 돌아다니는 상황입니다. 인류가 참 한심하기 짝이 없게 되어 갑니다.

여기에서 우리 인류가 필요한 건 새로운 정치 이념입니다. 이도 저도 아닌 이념보다 더 옳은 이념이 필요합니다. 우리도 분단되어 지금까지 있는 것도 어떻게 생각하면 절대자의 승리 같습니다. 평화를 되찾아 세계가 살 수 있는 정치 이념이 없기 때문에, 우리도 통일의 길이 전혀 안 보입니다.

우리가 통일할 수 있는 정치 이념이 나타난다는 것은 곧 인류가 살 수 있는 이념이 되지 않겠는가 하는 꿈을 꾸어봅니다. 대한민국과 조선민주인민공화국으로 이렇게 분단되어 이산가족으로 고통을 당하는 게 다 공짜가 아닌 것 같습니다. 무슨 큰 고기를 잡으려고 지금 이 복잡하고 암담한 상황에 놓여 있는 것이 조국의 현실이고 또 세계의 현실입니다.

지난번에 제가 감히 이제 사회주의와 자본주의는 끝났다고 했습니다. 그것들이 자기들 역할을 못하고 있기 때문입니다. 사회주의가 제대로 잘 된 나라가 별로 없고 자본주의도 마찬가지입니다. 새로운 이념을 찾아야 되는데, 상식적이면서 설득력도 있고 정책적 효과도 나올 수 있는 새로운 이념이 나와야 하는데, 거기에 제가 학자로서 평생 연구하고 고민하는 것이 인권입니다. Human rights. 인권 이념이 필요하다. 저는 그렇게 생각했습니다.

미국에서 인권이라고 하면 선거권이나 자유만 생각하지만, 좀 더 포괄적으로 완전하게 인권 개념을 정립하고 개념화시켜 '인권을 위한, 인권에 의한' 정치 이념이 탄생해야 합니다. 대한민국과 조선민주인민공화국에서 그 아프고 긴 역사 속에서 고생한 우리 민족이 공짜로 고생한 게 아니고 뭔가를 위해 고생했는데, 그것이 인류를 살리는 새로운 이념이 나오고 그에 따른 통일을 인류 역사에 보여주는 것이 중요하다고 생각합니다. 그래서 외람되게 다섯 가지 인권을 얘기했습니다.

인권이라고 하면 자유만 얘기하거나 또 어떤 데는 평등을 자꾸 이야기하는데, 자유와 평등 모두 필요합니다. 다섯 가지 인권에서 생존권(life right)이 제일 중요합니다. 사람이 일단 살고 봐야지 다른 더 잘 사는 방법도 나오고, 그 다음으로 다른 이념도 나타납니다. 생존권을 우리가 옳게 추구하면 많은 문제가 해결됩니다.

그러나 생존권에 필요한 것을 제대로 못 하고 있습니다. 의식주가 필요하고, 사회 안전과 국가 안보가 필요하고, 국민 건강이 필요하고, 지구의 환경이 유지돼야 하고 등등 이런 것들이 많습니다. 이런 것들을 동시에 해결하지 못하면 인류가 살 수 없습니다. 개인도 살 수 없습니다. 우선 살기 위해서 몇 가지를 꼭 해야 하는데, 그것을 북에서는 어떻게 하고 남에서는 어떻게 할지 잠시 후에 말씀드리겠습니다.

다음은 잘살아야 하는데 이를 위해서는 서로서로가 있어야 됩니다. 혼자 잘살 수 없습니다. 가족이 있어야 하고 친구가 있어야 하고 동지가 동료가 동무가 있어야 하고 남남이 있어야 합니다. 그러니까 사회지요. 사회가 있어야 사람이 사람답게 살 수 있습니다. 의식주가 안정되는 것으로 해결될 일이 아닙니다. 그래서 필요한 것은 다른 사람들입니다. 어떤 사람이 어떻게 서로 알게 되고 만나서 같이 사느냐 하는 것은 심리적, 사회학적, 정치학적입니다. 여러 가지 학문이 공헌해야 합니다.

서로서로 같이 잘살려면 제일 중요한 것은 역시 가정입니다. 서로서로 잘살기 위해서 남남이 만나 결혼하여 가정을 이루지 않습니까? 아이들이 태어나고. 가정이 그렇게 중요합니다. 가정이 중요하지 않은 나라는 없습니다. 가정이 나빠지면 온갖 문제가 그러니까 미국의 권총 사건 같은 일이 생기죠. 총기 사건도 가정이 무너져서 그렇습니다. 총기를 많이 판매하고 구입해서 그런 게 아닙니다. 총이 사람을 죽이지 않습니다. 사람이 사람을 죽이는 겁니다.

그다음은 자유와 평등입니다. 자유가 있고 평등이 또 있습니다. 자유에 대해 사람들이 많이 말하는데 자유를 꼭 집어서 얘기하면 두 가지입니다. 폭행이나 권력의 남용에서 국가로부터 해방되는 게 자유입니다. 그다음으로 중요한 자유는 뭐니 뭐니 해도 선택권입니다. 선택할 수 있는 능력이 있고 선택하는 행위를 하면 자유로운 사람입니다.

옛날 노예는 자기 행동이나 가치관이나 사고방식을 자기 마음대로 못 정했죠. 주인이 시킨 대로 해요. 그게 노예 제도 아닙니까? 인류는 제대로 살기 위해서 노예 신세를 벗어나야 합니다. 그래서 자유가 필요한 것입니다. 선거의 자유도 중요하지만 그게 전부처럼 생각하는 건 잘못입니다. 자유에는 무엇을 선택할 능력이 있어야 하고 그에 대한 정보도 많이 알아야 됩니다.

이런 얘기를 지난번에 했고, 다음은 평등입니다. 평등이 없으면 자유가 의미가 없습니다. 평등이 인간을 존엄하게 합니다. 다른 사람과 평등은 아래층 위층에서 사는 게 아니고 옆방에서 살자, 평등하게 살자, 이게 중요한 것입니다. 평등을 하면 다 했습니다. 자유, 평등, 생존. 그것만 있으면 인간이 행복합니다.

그런데 그럼에도 행복하지 못할 수 있어요. 나라가 없으면 행복하지 못합니다. 나라가 없으면 자유고 평등이고 다 없어집니다. 우리는 나라 없는 생활을 했기 때문에, 그런 역사를 가졌기 때문에, 나라가 중요하다는 사실을 세상에 선포할 수 있습니다. 세상의 많은 나라와 나라가 없어 봤던 이스라엘 같은 나라들은 이게 중요해요. 인권 중에 굉장히 중요한 것이 나라를 가질 권한입니다. 자주적인 주권을 행사하는 독립된 나라가 필요합니다. 그래서 조국이, 소위 파더 랜드 마더 랜드가 필요한 것입니다.

이 다섯 가지만 있으면, 제 생각에는 사회주의보다 낫고 자본주의보다도 낫고 자본주의와 사회주의가 모두 여기에 따라올 것 같습니다. 그래서 우리는 이 다섯 가지를, 인권 교육이랄까, 대한민국과 조선민주인민공화국에서 더구나 해외에 사는 사람들이 머리를 맞대고 만들어냈으면 좋겠습니다. 사랑방에서 이런 운동이 시작되기를 저는 희망하고 있습니다.

이제 남과 북이 지금 어떻게 하고 있는지를 봐야 될 건데, 우선 굉장히 중요한 걸 강조하고 싶습니다.

남과 북은 질이 서로 다른 정치 사회 이념 체제입니다. 하나가 더 크고 더 낫고 더 좋고 더 나쁘고 이게 아니고. 서로 비교 안 되는 것을 사람들이 비교하려고 하면 비교하지 마라. 그건 애플과의 오렌지다. 그런 말 아시죠? 애플은 애플로 보고 오렌지는 오렌지로 보고 먹어야지, 오렌지보고 애플이 아니라고 하는 식은 안 돼요. 하나의 척도로 보려 하니까 어떤 때는 애플이 먹음직하게 보이고 어떤 때는 벌레 먹고 잘 자라지도 못한 찌그러진 사과가 되고 그렇지 않습니까? 대한민국과 조선민주인민공화국을 비교할 때 미국에서는 어떻게 봅니까? 남쪽은 먹기 좋은 사과이고 북쪽은 벌레 먹고 찌든 사과라고 봅니다. 그렇지 않습니까?

남쪽은 GNP가 얼마고 무역량이 얼마고 이런 걸로 봅니다. 오렌지보고 너는 사과가 아니니까 사과 맛이 없고 그러니까 너는 못 쓰겠다고 하는 것과 마찬가지입니다. 사과는 사과로 두고 오렌지는 오렌지로 두자. 북은 북대로 두고 남은 남대로 두고, 똑같은 척도로 비교하지 말자는 것이 저의 주장입니다. 비교되지 말아야 할 걸 비교한다는 것은 학문적으로도 그렇고 철학적 인간적으로 봐도 그래서는 안 됩니다. 남과 북을 애플과 오렌지로 보자 이거예요. 똑같은 애플로 보지 말고 똑같은 오렌지로 보지 말자는 것이 저의 주장입니다. 꼭 기억해 주시기 바랍니다.

제가 남과 북을 얘기할 때 북은 몇 점이나 되나 남은 몇 점이나 되나 그런 계산은 절대로 하지 마십시오. 북은 북이고 남은 남입니다. 사과는 사과대로 맛있고 오렌지는 오렌지대로 맛있습니다. 오렌지를 먹고 싶은 사람에겐, 목마른 사람에겐 오렌지가 더 좋겠죠. 배고픈 사람은 바나나가 나을 거고. 이런 식으로 우리가 각 체계의 특이성을 살려두자는 겁니다.

누가 더 좋다 나쁘다 비교하는 것은 지금 세계가 시장화되어 그렇습니다. 사람에게도 가격을 매기잖아요. 제가 강의를 하면 저 사람 강의는 한 500불만 주면 되겠다 생각할 거고, 또 어떤 사람은 아니고, 저건 좋으니까 천 불쯤 줘야 되지 않겠느냐 이렇게요. 지미 카터나 빌 클린트가 나가서 한마디 하면 만 불씩. 이렇게 버립니다. 그만큼 좋은 강의가 되는지 안 되는지 몰라도 사람의 강의나 생각하는 것까지 전부 다 가격을 매깁니다. 그게 현대 사회입니다. 전부 다 가격을 매기려면 양으로 비교가 됩니다. 요건 얼마짜리고 저건 얼마짜리다 이렇게 됩니다. 그렇지 않습니까? 그래서 저는 강의할 때 받지 않습니다. 오히려 그냥 하는 편이 낫습니다. 강의에 가격 붙이는 건 좋지 않습니다. 사람한테도 나라한테도 가격을 붙입니다. GNP 1인당 평균 소득이 얼마나 되느냐로 남과 북을 비교하는 거는 굉장히 잘못된 일이고 아무런 의미가 없습니다.

그 점을 짚었으니 이제는 생존권 얘기를 합시다. 생존권은 사람이 사는 건데, 살려면 의식주가 있어야 하죠. 살기 위해선 사회 안전이 되어야지요. 나라가 안보가 돼야죠. 사회 전체가 건강해야죠. 좋은 환경을 잘 유지해서 사람들 생명에 지장이 없게 돼야죠.

이런 대여섯 가지 요구 조건이 있지 않습니까? 이걸 북에서는 어떻게 하며 남에서는 어떻게 합니까. 북은 북대로 남은 남대로 노력하고 있습니다. 북쪽 사람은 소위 생활비는 다 버립니다. 국가에서 생활비는 보장합니다. 대한민국에서 하려고 애쓰는 최저임금이랄지 생활비랄지 뭐라고 하든지 간에 사람들이 먹고살 수 있는 재원과 자산은 있어야 합니다.

대한민국 자본주의가 크게 잘못된 거는 미국 닮고 일본 닮아서 대기업 중심이기 때문입니다. 국가가 대기업부터 먼저 살렸지 않습니까? 그걸 국가 자본주의(State Capitalism)라 하는데, 일본도 그렇고 미국도 그렇고 큰 기업들을 국가에서 세금으로 손해배상도 해주고 다 살립니다. 삼성이나 대우 같은 큰 기업이 되면 망할 수가 없습니다. 망하려 하면 국가에서 나서서 건져주거든요.

이렇게 크게 만들어 전부 국제화가 되어 버렸어요. 한국에서 만든 회사라도 외국 사람들이 과반수 주식을 가지고 있으니 한국 회사가 아니죠. 그런 식이니 회사가 고용주가 되면 독재 가운데 그만큼 나쁜 독재가 없습. 하루아침에 해고하고 파면을 시키지 않습니까? 미국도 개인이 독재하는 회사가 사람을 고용하면 그곳 사람들은 독재 국가에서 고통당하는 것보다 훨씬 처지가 나빠집니다. 자기를 해칠 수 있는 권한과 힘을 지닌 사람이 바로 옆에 있거든. 어떤 때는 매일 만나거든.

독재 국가는 수도의 어디 구석에 있지 바로 옆에 있지는 않아요. 정부와 거대한 사립 회사의 고용주 둘 다 독재자인데, 더 악랄하고 개인에게 나쁜 영향을 미치는 것은 개인 고용주라는 사실을 알아야 합니다. 기업 중심 자본주의 국가인 대한민국은 그렇습니다. 자본가들이 고용된 사람들을 먹여 살리기 때문에 그 사람들이 돈을 벌려고 그 밑으로 Trickle-down(사회의 최고부유층이 더 부유해지면, 더 많은 일자리 창출 등을 통해 그 부가 그 아래층들에게로도 확산된다고 보는 이론. 편집자 註.)시킨다. 그거 다 거짓말입니다. 그런 예는 없습니다. 전부 Trickle-Up이 되어서 돈이 많은 사람이 무진장 많아져 버리죠. 40 몇 세 된 사람이 돈이 너무너무 많아서 빌리언 달러스, 트릴리언 달러스 이렇게 돈이 많습니다. 그럼 그 사람들만 많은 게 아니라 그 그늘에서 살아야 하는 보통 사람들도 많아야죠.

과거 건전한 자본주의 국가에는 중산층이 있었습니다. 하지만 제가 우리 조국의 남쪽에 가보면 중산층이 사라졌어요. 많은 사람들이 그냥 몇 천 원으로 밥을 먹는 곳에 가서 사 먹어야 하고 또 재산이 많은 사람들은 아주 비싼 데 가서 먹어요. 우리는 어디 가서 먹어야 될지 모르겠어요. 뒷골목은 찾아가지도 못하고 호텔 뷔페 같은 곳은 너무 비싸서 우리 월급으로는 어렵습니다. 한국에는 극단적으로 빈부 차이가 있다는 걸 우리가 알아야죠. 거기에 따라 중산층은 없어졌고 하층에 있는 사람들은 식생활도 어렵다. 돈 때문에 쪼들리고 쪼들려서 뭐 합니까? 자살을 하죠. 자살률이 세계에서 매년 1, 2등 이렇게 갑니다.

평균 소득이 높다고 자랑할 게 아닙니다. 분배가 이렇게 극단적이 됐는데 하나 희한한 상황은 대한민국은 계급은 심하게 있는데 계급의식은 전혀 없습니다. 제가 기생충이라는 영화를 봤습니다. 3층에 사는 사람하고 지하실에 사는 사람들 계층 차이가 많죠. 못 사는 사람들이 잘 사는 사람들에 대한 증오를 느낀다든가 불공평함에 대해 불만을 가진다든가 이런 게 없습니다. 못 사는 사람은 못 사는 사람끼리 어울려서 비교하고 경쟁하지 잘사는 사람하고 비교할 엄두도 못 내는 게 대한민국입니다. 못 사는 사람 중에 좀 더 잘 살게 되어 중산 계급이 될 가능성이 없으니까요. 이렇게 계층이 양극화되어 사회가 불안해지고 피폐해질 겁니다.

미국부터 그렇습니다. 미국도 중산 계급이 사라진 지 오래입니다. 가만히 보면 stock market(주식 시장)가 생기고 나서는 중산 계급이 없어졌어요. 저는 주식 하나도 못 사봤습니다. 살 줄도 몰라요. 주식 하는 사람들 중에 자기 돈이 하룻밤 자고 나면 배로 올라가고 하는 사람들이 얼마나 있습니까? 미국에도 있고 한국에도 있고. 근데 이건 잘못되었습니다. 사회를 영영 양극화시켜 놓고 그 사이에 통신, 교통만 없을 뿐만 아니라 계급의 교환이랄까 그런 거는 전혀 없습니다. 중산계급 계급이 다시 나타날 수 없는 곳이 대한민국입니다. 잘 사는 사람은 잘 살고 못 사는 사람은 굶어 죽기 직전입니다. 노동조합도 만들고 하지만, 그게 정당한 불만을 지닌 계급의식이 나오는 게 아닙니다. 이게 대한민국의 형편입니다.

그럼 북에서는 어떻게 사느냐? 북은 사회주의 국가 아닙니까? 공산주의 국가 아닙니까? 우리식 사회주의라 해서 사유 재산이 전혀 없습니다. 중국은 사유재산이 제법 있습니다. 북한은 한계적 사유재산도 없습니다. 사유재산 없이 공유로써 재산을 가지고 있습니다.

1980년대 중반에 그때 한 해에 대홍수가 났습니다. 그때 제가 북에 가서 보니, 홍수가 났는데 집이 몇 천 대 떠내려가고 집 없는 사람이 수만 명 나타났다고 해요. 서울 가니까 다들 그렇게 얘기해요. 그때는 제가 지미 카터 대통령하고 관계를 해서 홍수에 집을 많이 날렸으니까 하비타트 휴머니타스(지미 카터 전 미국대통령이 주도한 무산자 집 지어주기 프로젝트 즉 Habitat for Humanity를 가리킨다. 편집자 註) 운동으로 사람들을 데리고 갔습니다. 가서 보니 동네 집이 다 떠내려가고 떠내려간 자국도 있어요. 동네가 전부 다 떠내려갔는데 집 없는 사람이 하나도 눈에 안 보여요. 집을 다 잃고 어디로 갔느냐 제가 물어보니까 홈리스(집 없는 사람)가 하나도 없다 이거야. 어디 가겠어요? 홈리스가 다 자기 집에 들어갔어요. 살던 곳은 떠내려갔지만 다른 사람들이 살고 있는 곳에 가서 살게 하는 거예요. 공동 소유 아닙니까? 자기 재산이 없어요. 자기 집을, 자기 아파트를 자기가 소유하지 않습니다. 다른 나의 집에, 우리 집에 가서 사는 거예요. 다른 사람의 집도 나의 집입니다. 우리의 집입니다. 안 놀랄 수가 없었습니다. 외국 사람들한테 설명하기가 참 어려웠어요. 이 사람들 다 다른 집에 갔다. 다른 집에 가면 국가에서 세를 주느냐 빌려 주느냐 이런 쓸데없는 질문을 하는데, 집체적인 사회입니다. 가정의 확대가 사회이고 국가입니다. 그게 조선민주주의인민공화국이었습니다.

가정의 확대인데, 가정의 제도가 있지 않습니까? 대가족에는 친척도 있고 조카들도 있고, 그 사람들이 다 같이 사는 걸 당연하게 생각해요. 할아버지 세대, 아버지 세대, 자기 세대. 이 세 세대가 한 지붕 밑에 삽니다. 대부분 그래요. 거기서 보면 자기 나름대로 의식주를 해결하는 방법이 있어요. 음식도 마찬가지입니다. 배급을 주는데 필요 이상은 주지 않습니다. 그래야 골고루 갈라 먹지요. 그러니까 모두 다 배가 고프지만 일부는 배를 곯다가 굶어 죽고 일부는 잘사는 사회가 아닙니다. 이런 사회를 만든다는 게 쉬운 작업이 아닙니다. 그런데 조선은 그렇게 되었습니다. 배는 고프지만 굶어죽지 않는 상황이 되었습니다.

제가 생각하는 거는 과학적으로 입증할 수 있는 데이터는 없습니다. 중국 동북 3성(랴오닝 성, 지린 성, 헤이룽장 성)에서 우리가 먹는 쌀을 생산해서 북에 많이 보내는 방법을 생각하고 있습니다. 어떤 방법으로든지, 중국에서 갖고 오든지, 자기들이 농사를 짓든지 해서 있는 대로 갈라 먹는 거예요. 음식은 그렇게 해결하는데 ,그게 하루에 450g은 먹여야 되는데 250g밖에 못 준다고 그러대요. 모두 다 배고프고 모두 다 고생하는 상황이었습니다. 집은 말씀드렸듯이 사유 재산 집이 없으니까 다 갈라져 산다는 거예요. 입는 거야 별 문제가 아닙니다. 경공업이 발전되었기 때문에 얼마든지 해결돼요. 그러니까 의식주가 기본적으로 해결되었습니다. 두 사회가 의식주는 서로 질이 다르지만 나름대로 해결하고 있다. 이렇게 결론을 짓겠습니다.

더 중요한 것은 여러 가지 문제들, 환경 문제나 전염병 문제를 어떻게 해결하느냐 하는 것도 각 체제가 나름대로 노력하고 있습니다. 어느 정도 성공인지는 모르겠지만 다른 나라들보다 남과 북이 바이러스하고 투쟁하는 데 성과를 이루고 있는 걸로 압니다. 환경 문제도 공업화가 많이 되면 공기도 나빠지고 물도 나빠지죠. 그런데 공업화가 그렇게 극단적으로는 안 되었기 때문에 조선은 환경 문제로는 별로 고통을 안 받아요. 대신에 서울이나 남쪽에서는 거기에 역점을 두지 않으면 앞으로 우리가 점점 살기 어려워지는 상황이 도전으로 우리 앞에 놓여 있습니다.

이제 우리가 크게 주목해야 할 것은 사회 안전과 국가 안보입니다. 이 문제는 질적으로 완전히 다르죠. 대한민국은 국가안보는 미국한테

위임했죠. 우리에게 문제가 일어나면 미국이 와서 살려주겠지 하는 게 안보는 아닙니다. 근데 북은 원자탄과 그 이상의 무기까지 만들어서 미국 같은 나라들과 무기나 군사적인 면에서는 쌍벽을 이룰 만한 발전이 되었습니다.

왜 대한민국에서 비핵화를 주장하는지 모르겠습니다. 누구를 기쁘게 해주려고? 미국을 기쁘게 해주려고 비핵화를 주장하는 게 아닌가 싶습니다만, 그래서 안보 문제는 조선민주인민공화국에서 썩 잘하고 있습니다. 핵무기를 가지는 데 가치관적으로 문제가 있다고들 하지만, 핵무기를 사용하지 않도록 외교를 해야지 핵무기를 가진 것이 나쁜 건 아닙니다. 핵무기를 가지게 하도록 했던 세계가 또 안보 환경이 나빠서 그렇습니다. 통일이 되면 생존권에 대해 서로 배우고 참조해야 한다고 생각합니다.

생존권 다음은 뭐라 그랬습니까? 더불어 사는 권리입니다. 중요한 사람들과 같이 살아야 됩니다. 그중에 제일 중요한 게 가정입니다. 대한민국 가정이 산업화되고 소가정이 되어서 요새는 결혼도 안 하고 여러 가지 문제가 있다고 하지만, 역시 가정이 굉장히 중요합니다. 제가 외국에 살면서 보면 한국의 온 국민이 다 움직입니다. 정월 초에 석 달 그믐날에 움직입니다. 조상 방문한다고. 부모한테 가서 세배한다고. 가족이 그렇게 중요합니다. 북에서도 가족이 중요하기 때문에 국가 자체를 하나의 큰 가족으로 생각합니다.

대한민국은 그렇게 자기밖에 모르고 부모한테 1년에 한두 번 인사하러 가는 정도지만, 북에서는 가정이 그렇게 중요합니다. 대가족이 같이 살고 사회를 하나의 가족적인 집단으로 생각하고 또 국가도 하나의 가정이라고 생각하는 것 같아요. 거기에서 그렇게 서로 친구가 되고 하는 것을 북에서도 남에서도 잘합니다. 유교 문화가 원래 그렇습니다.

북에서 특별히 잘하는 것이 교육기관에 아이들이 가면 전부 인간 만들기 시작합니다. 사회와 집단과 정당과 국가를 존중하는 인간으로 항상 교육시킵니다. 북에서는 학교뿐만 직장도 그렇고 일주일에 하루는 학습 날이 있습니다. 사람 만드는 훈련을 하는 날입니다. 뭐를 통해서? 토론을 통해서. 항상 토론을 합니다. 토론할 때 비교해서 선택하고 하는 역할을 학교에서 또 직장에서 이행하고 있습니다. 북에서 가장 중요한 것은 동지입니다. 동무이고 동지입니다. 동무는 평등할 때 부르고 동지는 좀 예의를 갖춰서 부르는 이름입니다. 뜻이 같고 생각하는 이념과 사상이 서로 같게 되기 위해서 교육을 받는 곳이 바로 조선 사회입니다. 그러니까 항상 새로운 동무가 나오고 동지가 나오고 친구가 나옵니다.

뭐랄까, 인간과 인간 사이가 밀접하고 철저하게 정의되어 있습니다. 어떻게 보면 유교적인 데가 있습니다. 유교에서 모든 인간은 인간과 연결이 됩니다. 누가 더 위고 누가 더 밑이고 세대 차이도 있고 나이 차이도 있고 한 것처럼 북에도 유교적 사회 정서가 있습니다. 거기에 당에 대한 충성과 업적까지 고려해서 조직적으로 되어 있으며 다른 사람과 사귀는 것이 매우 중요하게 되어 있습니다. 뜻이 같은 동지가 되면 동지와 동지의 관계는 대대로 물려가게 되는 거죠. 이러한 것이 있기 때문에 북에는 소위 가정이 중요하고 남도 유교 유산이 있기 때문에 가정이 중요하지요. 그러나 산업화와 세계화가 되면서 가정이 없어지고 결혼을 안 하고 가정을 가지지 않고 아이를 낳지 않으려 하는 경향은 좀 반성해서 앞으로 정상적인 사회가 되기를 바랍니다.

이제 자유를 살펴봅시다. 북에 자유가 없다고 우리가 생각하지 않습니까? 남쪽 식으로 생각하면 자유가 없습니다. 그러니까 자유의 문제는 '남쪽은 사과이고 북쪽은 오렌지'라고 봐야 돼요. 자유가 다름 아닌 선택권입니다. 그렇게 보면 북에도 선택권이 있습니다. 각 지역의 당에서 선택을 해서, 최고인민회의 위원들 그거 다 선택해서 올라오는 겁니다. 선거해서 올라온 겁니다. 그 사람들이 선거하고 또 추려내는 과정에서 비교도 많이 하고 정보도 많이 가져야 됩니다. 그 나름대로 선택권을 행사하는 곳이 조선입니다.

대한민국도 민주주의 닮아가지고 선택권이 중요하죠. 대통령 선거도 선택이고 국회의원도 지방 조직제도 다 선택합니다. 선택권이라는 의미에서는 좋은 겁니다. 그러나 선택을 하려고 하는데 그 대상에 대한 정보가 없어요. 믿을 만한 정보가 없어. 왜냐하면 전부 다 필요 이상으로 또한 정당하지 않은 방법으로 상대방을 깎아내리기 때문입니다. 그게 미국을 많이 닮았어요.

대한민국은 유교적인 나라이기 때문에 상대방을 깎아내리는 것은 덕이 있는 행위로 보지 않습니다. 그건 아주 좋은 거예요. 상대방을 올리는 것이 중요하다고 생각합니다. 존댓말도 상대방을 올리려 하기 때문에 쓰는 겁니다. 우리가 통일된 데서 선거해서 지도자를 뽑는다든가 국회의회나 인민회의 의원을 뽑는다든가 할 때는 선거 운동에서 상대방을 비방하는 거는 금하도록 해야 돼요. 비방하면 오히려 점수가 깎이고 인기가 없어지는 그런 후보자가 되도록 해야 합니다. 상대방을 깎음으로써 자기가 올라가면 좋은데 그렇지도 않거든. 상대방을 내리면서 자기가 올라갈 게 없으면 자기도 같이 내려가게 됩니다. 그러한 면에서 보면 자유권은 선택권인데, 선택하는 방법도 대상도 환경도 사회적인 정치적인 환경도 다 다르지만 북은 북대로 선택권을 행사하고 남은 남대로 선택권을 행사하고 있다고 봅니다. 어느 것이 더 바람직한 모습인지는 제가 볼 때 대한민국 혹은 조선의 근본적으로 옛날부터 오던 그 문화를 우리가 살려 정치 이념을 만들어야 해요. 남쪽에서 너무 미국에 의존해서 그쪽으로 하려고 하는 건 좀 반성해야 하지 않나 생각합니다.

평등권은, 제가 제 저서 『평화에 미치다』에서 그랬습니다. 세계에서 가장 평등한 나라가 조선민주인민공화국이다. 그렇게 느껴요. 제가 연구하면서 세계도 많이 돌아다녔는데, 두 가지 척도로 한번 봅시다. 저기는 월급이라는 게 없습니다. 저기에서는 일하면 생활비를 줍니다. 먹고 입고 자는, 교통이고 일하고 하는 생활비는 차이가 별로 없습니다. 가정과 가정 사이의 생활비는 차이가 별로 없습니다. 생활비를 모아서 필요한 것과 요구하는 것들을 구입합니다. 공짜로 100억 주고 그런 게 아닙니다. 전부 다 돈을 주고 삽니다. 돈을 주고 사지만, 그거 살 수 있는 돈을 보장해줍니다. 거기에는 일 안 하는 사람이 있을 수가 없습니다. 100% 고용된 사회에 생활비만 받으니까 고용주도 살 만하죠. 아무리 정치적으로 사회적으로 명성이 높아도 생활비 이외에는 받지 않습니다. 생활비 이외의 자원을 가지고 가면 사회나 직장에서 규탄 대상이 되죠.

자기반성이 그렇게 중요한 사회입니다. 우리 대한민국 분들은 이걸 알아야 해요. 자기반성. 토요일이나 목요일이나 회의를 합니다. 열다섯 명, 스무 명 만나서 반상회를 하는데, 반에도 있고 직장에도 있고 학교 에도 있고 모든 곳에 다 있는 이 반상회를 할 때 제일 중요한 것이 돌아 가면서 자기가 반성하는 거예요. 지난주에 내가 잘못한 거, 하지 말았어 야 한 걸 내가 한 것을 자백해요. 그걸 의무적으로 해야 합니다. 내가 뭐 잘못한 게 없나 생각하고 생각해서 찾아내야 돼요. 이상한 제도죠. 그렇 게 함으로써 비밀이라는 게 없습니다. 내가 잘못했으면 내 입으로 다 불 게 돼 있습니다. 그걸 이제 숨기면, 말하자면 인간의 발전도가 낮은 사 람들이고 그 당에 대해서 보면 당성이 굉장히 허약한 사람들입니다. 집 체적인 사회이기 때문에 남의 눈을 중요하게 생각하면서 살아야 돼요. 남쪽은 그렇지 않습니다. 남의 눈이 다 뭐예요, 그냥 보따리 싸서 미국 가버리면 되는데.

북에서는 인심이 그렇게 중요합니다. 자유로운 것도 좋지만 인심과 다른 사람의 눈이 그렇게 중요하다는 걸 저는 북에 가서 이렇게 느꼈어 요. 북쪽의 사회는 선하구나. 사회가 크면 당이 되고 국가가 되지만 선 하구나. 개인이 악하기 때문에 선하게 교육시키는 게 북한사회. 미국 사 회는 개인은 하나님이 만들었기 때문에 다 선하다. 사회가 되면 이 복잡 해져서 악해진다. Moral man in immoral society(부도덕한 사회 안의 도 덕적 인간). 그런 개념이 완성되어 있는데, 제가 볼 때는 Immoral man in moral society(도덕적인 사회 안의 부도덕한 인간)가 조선 같습니다.

남쪽에는 철저하게 상하가 있고, 북쪽에서는 위에 있는 사람이 권세 를 부린다든가 하면 그냥 날라 갑니다. 누가 날리냐? 집체가 날리는 게 아냐. 자본주의에 있는 남쪽 사람들과 미국 사람들은 잘 모릅니다. 거기서 장성택이 날라 간다. 김정은이 자기 고모부가 처형하도록 하는 거, 그런데 장성택은 김정은 위원장이 날려 보내는 게 아닙니다. 당이 날려 보냈습니다. 당이 그렇게 결정을 하면 김정은도 따라옵니다. 그보다 더 한 거는 김정은 형 김정남. 그건 아직 아무도 몰라요. 빤하죠. 체제가 제거한 것입니다. 조선노동당이 제거한 겁니다. 정당한 이유로써 제거한 것입니다. 사회 전체가 건전하게 되기 위해서는 이런 불순분자를 제거해야겠다. 당에서 결정하면 누구도 반대할 수가 없습니다.

사회가 남과 북이 다릅니다. 다르기 때문에, 제가 거듭 말씀드리지만, 남은 남대로 하려고 애를 쓰죠. 그 과정에서 계급의식과 평등에 대한 의식이 상당히 박약한 것 같아요. 북에서는 평등에 대한 의식이 아주 농후합니다. 그래서 군에서도 마찬가지고 당에서도 마찬가지고 계급이 높다고 해서 맡고 있는 사람을 아무렇게나 하다가는 하루아침에 날아갑니다. 그러한 사회가 북의 사회라는 걸 우리가 알아야 되고, 남쪽은 남대로 지금 이렇게 되어 있는데 미국에 의존하는 것은 하루빨리 벗어나야 된다고 생각합니다.

미국은 대한민국이나 자기들이 군사동맹을 맺고 있는 나라들을 잘 지원하지 않습니다. 미국은 기술 이전을 잘 시켜주지 않는 것 같습니다. 그래서 조선민주주의인민공화국은 주권 국가로서 거의 완성되다시피 국가권을 향유하고 있습니다. 대한민국은 미국에 이상하게 의존돼 있어서 국가로서의 권리를 지금 박탈당하고 있다는 사실을 우리는 아프게 생각해야 됩니다.

우리가 이 다섯 가지 인권을 남과 북에 적응하려고 하면 남북을 모두 속속들이 잘 알아야 됩니다. 예컨대 다섯 가지 인권을 망라한 정치 이념이 생기면 그것이 남과 북을 통일시키는데, 통일되고 나서도 그 이념이 존속돼야 한다고 생각합니다. 이념은 전부 수단입니다. 이념의 목적은 인권입니다. 인권을 향유하기 위해서 어떤 방법으로 그걸 쟁취하느냐. 지금까지 이념 차이도 있고 정책 차이도 있지만, 실질적으로 어느 국가든지 국가의 목적은 내가 볼 때는 이 다섯 가지 인권을 완전하게 향유하는 것입니다. 서구와 동양에 공히 적용되고 받아들일 수 있는 매력을 지닌 이념이 뭡니까? 인권입니다. 미국이 얼마나 인권을 좋아합니까? 자유 하나만 가지고 그것도 옳게 안 봐서 그렇지 인권이 좋은 개념이라는 거는 하늘도 알고 땅도 압니다. 모든 사람이 다 압니다.

그러니까 우리 사랑방에서 우리가 더 토론해서 인권 이념을 만듭시다. 인권 이념으로 통일을 추구합시다. 북도 찬성하고 남도 찬성할 수 있도록 통일을 추구하고, 통일되고 나서는 인권 모범 국가가 되어 인권주의를 갖고 나가면 모든 나라가 좋아합니다. 모든 나라가 추구하는 것이 뭡니까? 각각 자기 나라의 이익입니다. 국가의 이득을 추구하는 것이 민족주의 혹은 국가주의 아닙니까?

지금부터 나타납니다. 지금까지는 몇 개의 국가가 합해 무슨 방위 조약이나 유대관계를 맺고 여러 가지 동맹도 맺고 했지만 그런 시기는 이제 지나갔습니다. 이제는 각 나라가 자기 혼자 땅에 발을 딛고 서야 됩니다. 여기저기 돌아다니는 그 많은 이재민들이 갈 곳도 없습니다. 지금 우크라이나에 수백만 이재민들이 폴란드로 가고 구라파로 오고하는데 그 사람들이 갈 곳이 없습니다. 어떤 종류 어떤 크기든지 자기 나라가 생겨 모두 자기 나라로 돌아와서 살아야 됩니다.

인간에게는 나라권이 있기 때문에 그걸 추구를 해야 합니다. 세상에 민족 국가들이 굉장히 많은데 앞으로 민족 국가를 대표하는 것은 경제도 아니고 무기도 아닙니다. 군사력과 경제력이 민족 국가의 본질은 아닙니다. 민족 국가의 본질은 가치관입니다. 민주주의보다 좀 더 깊이가 있는 가치관입니다.

그 가치관이 어디서 옵니까. 제일 먼저 오는 것이 종교입니다. 미국 정치의 모든 가치관은 기독교에서 왔습니다. 기독교에서 왔기 때문에 이렇게 망친 점도 있습니다. 중국의 가치관은 어디서 옵니까? 유교에서 옵니다. 유교를 알지 못하면 중국을 이해하지 못합니다. 기독교도 가톨릭도 있고 종파도 많고 사교도 있지만, 그 나라의 종교를 철저하게 경험적으로 과학적으로 분석하고 이해해야 합니다. 중국의 가치관은 유교의 가치관은 뭐냐? 미국의 민주주의 가치관도 우리가 철저히 알아야 됩니다. 미국의 가치관은 기독교 중심이고, 기독교에는 God이라 하는 하나님이 있지 않습니까? 요새 조 바이든이 입만 벌리면 My God! God's name. 자꾸 God을 쓴다고. 그런가 하면 돈 중에 제일 흔한 돈이 달러인데, 원 달러인데, In God We Trust! 어디서 났어요? God을 빼버리면 미국은 가라앉는 기독교 국가입니다. 이게 잘못되어 기독교 중에 사랑과 관용을 강조하는 대신에 양분법, 천당과 지옥, 좋고 나쁘고, 선택받은 사람들과 버림받은 사람들, 그런 식으로 사회를 보기 때문에 인종주의도 거기서 나오고 군사주의도 거기서 나옵니다. 인종주의와 군사주의 때문에 미국은 지금 망하게 생겼습니다.

이걸 해결을 못해요. 왜 못하느냐. 제가 볼 때 원죄이기 때문에 해결을 못해요. 노예 제도는 미국이 만든 원죄 중에 가장 큰 것입니다. 원주민을 살해하고 땅을 다 빼앗은 것도 원죄입니다. 둘째 원죄는 군사주의를 잉태시켜 낳게 했고, 첫째 원죄는 인종차별을 만들었습니다. 미국은 백인 우선주의 인종차별은 지금껏 이어 왔습니다. 이것 때문에 미국은 계속 갈팡질팡할 거예요. 드러내놓고 공식적으로 흑인을 비판 못 하게 되어 있습니다. 미국의 정서가 그렇습니다. 비판을 안 하면서도 좋은 거는 주지 않습니다. 그러니 인종 갈등이 계속 생기죠. 줘도 괜찮은 나쁜 거는 다 줘요.

제가 미국 와서 대학 교수 하면서 교수 회의하면 거기에서 저도 이런 생각 저런 생각 얘기하면 그 사람들이 다 좋게 얘기하고 참 생각 잘했다고 칭찬을 해요. 그런데 어느 문제에 딱 부닥쳐 말이 안 통하느냐. 월급을 올리는 거 있죠? 월급은 저한테 한 푼도 안 올려주려고 합니다. 자기들끼리 다 먹으려고 하는 거예요. 그만큼 미국은 이기주의인데, 이기주의는 자기 이익을 추구하면서 뭘 업고 다닙니다. 다 하나님을 업고 다녀요. God가 나를 돕는다. 나는 선택되었다. 선택된 인간, 인종이기 때문에 그렇다. 그렇기 때문에 미국은 원죄를, 군사주의와 인종주의를 벗어날 수 없는 숙명을 지닌 나라입니다.

이 두 가지 때문에 미국은 결국 망하게 되어 있고 지금 망하고 있다는 거를 우리가 감지해야 합니다. 미국이 무기가 약해서 절대 망할 수는 없습니다. 미국이 돈이 없어서 망할 수는 없습니다. 미국은 국내의 모순을 해소시키지 못해서 망합니다. 과거 소련이 망한 것도 미국이 싸워서 미국이 이겼다고 하는데, 그거 다 잘못된 겁니다. 소련 자체의 내적인 콘트러딕션(Contradiction), 모순들을 해결하지 못해서 그렇습니다. 더구나 젊은 사람들과 서구에 익숙한 사람들은 국가에게 요구하는 게 많은데 국가가 그걸 챙겨줄 능력이 없었어요. 그래서 정통성을 잃어 소련이 망한 거 아닙니까? 옛날 로마도 그랬고, 징기스칸도 그랬고, 다 내적인 문제 때문에 망했지 외부 압력 때문에 망하지 않았습니다. 그런 걸 보면 조선민주인민공화국도 내부가 괜찮은 한 붕괴되지 않습니다. 그 내부가 어느 정도냐 하는 건 오늘 우리가 5권을 얘기하면서 대충 해 드렸죠.

이제 중요한 것은 지금 한 학자가 이야기한 다섯 가지 인권을 망라한 정치 이념을 추구하면서 그것을 중심으로 인류 역사를 전개시키는 것입니다. 그런 문화혁명 내지 학문 전파 운동을 조선민주인민공화국과 대한민국이 손을 잡고 해내야 한다고 생각합니다. 둘이 손잡지 않으면 아무것도 안 됩니다. 인간이 성취하는 것의 저력이 어디서 나옵니까? 지혜가 있어야 해요. 지식만으로는 안 됩니다. 지혜. Wisdom not knowledge (지식 말고 지혜).

지혜를 가지고 해야 하는데 그 지혜는 어디서 옵니까? 지식은 공부하고 연구하고 실험실에서 얼마든지 나오지요? 지혜는 어디서 나옵니까? 지혜는 인간의 경험, 나라의 경험, 사회의 경험에서 나옵니다. 제가 이제 80 살짝 넘었는데, 80 된 사람들을 이 세상에서 모든 민족 사람들을 다 모아보면, 악한 시기였던 것만큼 우리 민족 이외에는 다양하고 깊은 아픔과 슬픔을 경험한 사람은 하나도 없다고 생각합니다. 서울이나 북쪽에는 많을 거예요. 그러나 다른 곳에는 없습니다. 그렇기 때문에 우리 민족이 지혜롭게 되어 있습니다.

우리 민족의 긍지는 경험에 있다. 지혜에 있다. 이걸 우리가 알아야 합니다. 지혜에 있다. 통일을 위해서 내가 평양에 50여 번 왔다 갔다 했다고 언론이 자꾸 보도하는데, 정확하게 몇 번 갔는지 모르겠습니다. 한 50번 될 거예요. 제가 갈 때마다 느낀 게 뭐냐면 '와! 변하지 않았다. 우리 민족은 변하지 않았다.' 중국과의 거래도 있고 영향을 많이 받았지만 50년, 70년 동안 하나도 변하지 않았어요. 무엇이 변하지 않았느냐. 무엇으로 알 수 있느냐. 언어가 같아요. 언어가 같다는 것이 굉장히 중요한 통일의 이유입니다. 원천입니다. 언어가 같다는 것을 그냥 편리하다 이렇게 넘길 게 아니고, 언어 철학적으로 봐서 경험의 소산이 결국 언어입니다.

우리는 심오한 경험이 있기 때문에 우리 언어가 저도 많이는 모르지만 영어는 제법 압니다. 영어만큼 심오한 게 없다고 생각했는데, 한국말 조선말만큼 심오하고 지혜로운 말이 정말 없습니다. 이런 걸 생각하면서 말씀드리죠. 경험과 언어가 통일의 밑받침이 되어야 합니다.

# 12

# 여섯 가지 인권으로 본 남과 북

"그 인권 여섯 가지는 사과일 수도 있고 오렌지가 될 수도 있습니다. 비교하기 어렵고 비교하는 의미가 없죠. 그 점을 참고하면서, 북은 사과고 남은 오렌지라고 질과 질이 다른 걸로 생각하면 이해하는 데 도움이 될 것입니다."

 

 

사회주의와 자본주의가 정치이념으로써 중요한 역할을 해왔습니다. 이념은 목적적인 가치관도 있지만 권력을 위한 수단으로 사용되어 왔습니다. 수단이 아닌 목적으로 우리가 이야기할 수 있는 정치이념을 가져야겠다는 생각에서 결론을 낸 것이 인권입니다. 제가 유엔에 있는 인권부터 두루 훑어보고 대학원에서 인권 강의를 몇 년간 했습니다. 인권에 대한 다양한 개념이 있는데 그중에 여섯 가지를 우리가 받아들여야겠다. 남과 북이 지금 현재는 이념과 제도가 다르더라도 받아들일 수 있는 그런 인권 개념들이다. 예를 들어 생존권은 자본주의나 사회주의나 다 중요하게 생각을 하죠. 그러한 의미에서 여섯 가지 인권을 제가 찾아냈습니다.

그 여섯 가지가 이제 실질적으로 남과 북에서 어떻게 적용되었으며 실현되었는지를 비교하는 게 너무나 재미있지만, 결론적으로 얘기하자면 질과 질이기 때문에 인권 여섯 가지는 여섯 가지 사과일 수도 있고 여섯 가지 오렌지가 될 수도 있습니다. 그러니까 비교하기 어렵고 비교하는 의미가 없죠. 그 점을 참고하면서, 북은 사과고 남은 오렌지라고 질과 질이 다른 걸로 생각하면 이해하는 데 도움이 될 것입니다. 남과 북을 비교한다 하면 "어느 쪽이 더 잘하느냐 점수를 매겨보자. 1점에서 5점까지 하면 북은 5점이냐 빵점이냐." 그런 식으로 하는데 그렇게 비교하고 싶으면 하십시오. 자유니까 비교해도 됩니다.

여섯 가지 인권에서 제일 중요한 것이 생존권입니다. 생존권이 중요하다는 것은 인권하는 사람들은 다 얘기하지만 실질적으로 생존으로 어떤 나라의 인권을 따지지는 않습니다. 미국도 생존권 측면으로 따져 보면 그렇게 인권이 발전된 나라도 아닙니다. 생존은 보편타당성이 있고 또한 누구나 가지는 권리이기 때문에 통일 인권의 개념으로 생존권을 받아들였습니다.

생존을 위해서는 여러 가지가 있습니다. 서너 가지 핵심적인 것이 있죠. 의식주가 있어야 되고, 안보가 되어 있어야 되고, 사회 질서가 유지돼야죠. 그러면서 병 같은 게 더구나 전염병 같은 것을 예방하고 해결하는 것이 인권적인 의미에서 생존권에 해당합니다.

북을 그런 의미에서 보고 남과 비교하려면 마음속으로 하십시오. 저는 비교해서 점수 매기는 결론은 내지 않겠습니다. 제가 각각을 애플과 오렌지로 생각하기 때문에 그렇습니다. 정치적으로도 너무나 민감하기 때문에 제가 그렇게 하는 것은 별 의미가 없다고 생각합니다. 아무튼 제일 중요한 것이 식의주(食衣住)입니다. 중국이나 북에서는 식의주라고 했는데 남쪽에 오니까 의식주(衣食住)가 돼버렸어요. 입는 것이 먹는 것보다 더 중요하다고 생각하는 것이 남쪽 자본주의가 시작될 때 그런 풍조가 생긴 것 같아요. 옷을 잘 입으면 부자가 입은 것 같고, 배가 튀어나와야 부자인 것 같고. 그런 인상을 받았거든요.

먹고 잘 곳이 있고, 그다음에 옷을 입어야 합니다. 어떤 방법으로든지 의식주를 제공해야 됩니다. 사회 전체가, 다시 말하면 국가가 책임을 져야 됩니다. 국가가 의식주 인권을 책임지지 않으면 굶어 죽는 사람이 생깁니다. 사회 분배의 정의가 실현되지 않았기 때문에 그렇습니다. 북에서는 100% 되어 있습니다. 양이 적어서 그렇지. 요새는 하루에 450g 먹다가 없을 때는 250g. 그런 식으로 배가 고프죠. 그러나 굶어 죽는 거는 별로 없는 것 같습니다.

제가 어릴 때 중국 혁명이 일어났는데, 그때 혁명 전에는 사람들이 많이 죽었어요. 아편 중독으로 죽는 사람도 많았지만 배가 고파서 많이 죽었죠. 그때 중국 국민이 6천만인데 모택동 사회주의가 하루아침에 굶어 죽는 것을 정책적으로 다 해결했습니다. 골고루 나눠 먹으니까 모두 배가 고프긴 하지만 어느 누구도 굶어 죽지는 않더라. 그런 원칙을 보면 북에서 상당히 성공적으로 하고 있습니다. 사회주의 국가가 분배의 정의를 그만큼 실현한 나라는 역사적으로 별로 없습니다. 지금 여러 가지 국제적으로 제재(sanction)를 받아서 식량이 없는데도 식량을 기술적으로 많이 가져옵니다. 제가 한 가지 아는 것은 중국의 동북3성에서 우리 논에서 나오는 쌀이 많아서 그걸 각 성별로 외국에 팔기도 하고 무역도 할 수 있게 되어 있습니다. 제가 아는 비공식 정보에 의하면 중국 동북 3성에서 북경에 알리지도 않고 평양과 무역 내지는 인도적인 지원이 상당하다고 들었습니다. 쌀과 밥이 집단 농장에서 나왔든지 자본주의 시장에서 나왔든지 하여튼 먹어야 돼요. 먹도록 해주는 것이 사회 전체와 국가의 책임입니다. 그런 의미에서 인권적으로 봐야죠. 남쪽에는 굶어 죽는 사람은 별로 없을 거예요.

제가 지금 비교하지 않을 수 없는 것이 자살과 타살입니다. 제가 과학적으로 연구하지는 않았지만 제가 듣기로는 북에는 타살이 없어요. 자살은 물론 없고. 남에서는 자살과 타살이 많지요. 부의 불평등한 분배 때문에 오는 여러 가지 스트레스 때문에 인간의 생존권에 나쁜 영향을 미치고 있다고 생각합니다.

그다음에 안보라는 게 있지 않습니까? 안보 능력은 북에서는 100% 돼 있습니다. 안보 정책, 외교 정책, 핵무기 등등 군사적인 준비가 상당히 많이 되어 있는 걸로 압니다. 남은 미국과 제휴해서 미국의 힘을 입어서 안보가 유지되고 있죠. 그것도 한 가지 방법입니다. 대한민국은 외세를 들여와서 안보를 하고 북은 자체로 한다하는 애플과 오렌지의 차이가 있을 뿐이고 안보는 둘 다 유지되고 있습니다. 전염병의 경우는 전국적인 데이터는 없습니다만 북은 중앙정부에서 관리를 잘하고 있는 것 같습니다. 남쪽도 개방된 국가로서 세계에서 볼 때 전염병 대책을 잘하고 있는 나라로 돼 있습니다.

그다음에 둘째 인권이 뭡니까? 더불어 산다. 친구하고 같이 살고, 좋아하는 사람하고 같이 살고. 북에서는 더불어 못 산다, 여행도 자주 못하고 더불어 살지 못한다고들 말하지만, 그건 미국적이고 한국적인 척도로 봐서 그렇지 북의 척도로 보면 '더불어' 서로 연결이 다 돼 있어요. 거기는 남남이 없습니다. 사로청(사회주의노동청년동맹)에서도 그렇고, 준당원이 되고 당원이 되고 하는 과정에서 더불어 사는 사람들이 생기죠. 궁극적으로는 법에서는 더불어 사는 데 제일 중요한 존재가 '동지'입니다. 사회주의 개념에서 보면 상당한 수준에서 결합되는 의식적, 사상적인 생활 방법에서 연결되는 사람들이 동지이죠. 평양에 가서 이런저런 회의에 가서 앉아 보면 내 앞에 명패를 주지만 동지라는 말을 붙여주지는 않아요. 동지의 자격이 없으니까. 그 대신 선생이라는 말을 붙여요. 박한식 선생. 내가 누구라는 얘기는 하지 못하겠습니다만, 많은 사람들이 해외에도 동지라고 불리는 사람들이 있어요.

더불어 사는 데 동지가 얼마나 중요한지 또 동지가 되기 위해서 사람들이 말할 수 없는 노력을 해요. 공부도 하고 또 동지로서 하는 생활을 하게 됩니다. 거기는 거기대로 더불어 사는 방법이 있죠. 거기는 대가족 제도가 그대로 있습니다. 한 지붕 아래 보통 세 세대가 같이 살죠. 그만큼 가족이 팽창되어서 서로 더불어 사는 모습을 볼 수 있고, 반면에 남쪽은 남쪽대로 더불어 살기 위해서 여러 가지 종류의 조직들이 있지 않습니까? 동창생들, 동향 사람들, 군대도 있습니다. 남쪽도 그렇고 북쪽도 군대의 질서는 더 조직적이고 일사불란한 체제를 가지고 있습니다. 더불어 사는 데 남과 북이 문화적으로 유사한 데가 많습니다. 상당한 의미에서 발전되어 있는데 이것도 미시적으로 여러분 개인이 판단해서 남과 북을 비교하려고 하면 할 수 있습니다.

제가 특별히 따로 취급하는 것이 사랑권입니다. 가족을 중심으로 사랑이 일어나고, 사랑해서 아이들이 생기니까 가정과 가족 문화가 그렇게 중요합니다. 남도 그렇고 북도 그렇습니다. 우리가 이산의 아픔을 견뎌야 하는 한을 지닌 민족이라는 걸 생각해야 됩니다. 가족이 이렇게 중요한데 또 강제적으로 분산시켜 서로 같이 못 살게 만들어 놓은 거는 정치 혹은 외교 정책의 실패에서 오는 겁니다.

조선민주주의 인민공화국은 큰 가정입니다. 거기에서 어버이 수령이라고 하지 않습니까? 큰 가정이에요. 아버지가 아니고 어버이라고 해요. 아버지와 엄마가 평등으로 하는 그러한 권위가 있는 조직입니다. 남과 북에서 가정이 어떻게 형성되고 사회 정치에서 어떤 역할을 하는가를 비교하는 것이 굉장히 중요한 연구 대상이라고 생각합니다.

그 다음에 자유가 있지요. 자유는 방종이 아닙니다. 제 마음대로 하는 게 아닙니다. 자유는 선택권입니다. 선택할 수 있어야 자유가 있죠. 스스로 선택하는 것을 자유라고 합니다. 북에서는 위에서 선택을 해줍니다. 당 중앙에서 선택을 해주죠. 인민들이 잘 모르고 교육을 덜 받았으니까. 당 조직을 보면 지방당에서부터 선택권을 발동해서 최고인민회의 위원을 선택할 때 지방에서부터 선거가 있습니다.

한국은 말할 것도 없이 미국의 민주주의를 따랐으니까 선거 자체가 선택이고 선택이 없으면 선거에 의미가 별로 없죠. 지금 미국 민주주의에는 선택권이 없습니다. 지금 두 사람 나와서 경선을 하게 되는데 미국 국민들은 선택권을 도난당했다고 저는 생각합니다. 선택권이 없는 미국은 민주주의냐? 아닙니다. 민주주의 위기가 선택권이 없고 선택권이 활발하지 못한 데서 온다고 생각합니다. 제도적인 취약점도 있고, 문화적인 의식적인 또 교육에서도 잘못된 게 있습니다.

제가 미국에서 50여 년을 1년도 안 빠지고 살아보니까, 미국은 지금 큰 병에 걸려 있어요. 미국병입니다. 미국을 우월하게 생각하고 미국이 하는 거는 옳고 다른 나라 다른 민족이 하는 건 그르다. 미국적이라는 것이 하나의 큰 가치로 되어 있습니다. 미국 우월주의가 기독교에서 유래가 되지. 내가 볼 때는 미국 우월주의는 '미국은 선택된 나라다. 선택된 사람들이다.' 이런 데서 시작해서 이제 미국 우월증이... 여러분들도 아시지만, 미국이 자동차 타고 다니며 킬로미터로 하지 않습니다. 온 세계가 다 킬로미터로 하는데 미국은 마일로 하지요. 계산하기가 복잡합니다. 센티미터도 하지 않고 인치로 하죠. 미국만 그렇게 하고 있어요. 세계 여러 곳에 있는 도시들의 이름도 그 사람들이 부르는 이름하고 미국에서 불러준 이름이 다 다릅니다. 베니스도 베네치아, 파리는 파리스. 그렇게 다르죠.

미국 우월의식이 정책적으로 반영되어 외교 정책으로 나타나죠. 후진국에 대해 미국이 패권주의를 계속 주장하는 것이 거기에서 있습니다. 미국의 자유도 제가 얘기하는 선택의 자유를 생각하면 그렇게 자유로운 나라가 아닙니다. 흑인 있는 곳에는 흑인들이 당선 안 되게 만드는 게리맨더링(gerrymandering)도 있고. 한국도 그걸 닮아서 미국의 선거 제도를 따라 소선거구를 해서 제3당이 들어설 여지가 없습니다. 제3당이 없는 게 어떻게 민주주의입니까? 선택의 자유가 그렇게 제한돼 있는데. 소선거구로 하니까 양당이 아니면 선택할 다른 당이 없습니다. 지금 하고 있는 소선거구도 중선거구로 해야 한다고 생각이 들어요.

북은 사람을 뽑는데 선거라는 게 있기는 있지만, 다당 정치가 아니기 때문에 투표에 지망하는 사람들은 많습니다. 최고인민회도 그렇고. 선거 유세도 있습니다. 자기 나름대로 선택의 자유가 있긴 하지만, 선택당하는 사람들에 대한 정보가 많지는 않습니다. 북이 선택권을 권장해서 더 나은 자유가 있는 나라가 되기를 바랍니다. 그렇게 될 수 있습니다. 남쪽은 미국을 따라가기 때문에 미국과 함께 낭떠러지에 떨어지게 돼 있어요. 민주주의라면서 자유가 없는 것이 미국이고 한국입니다.

자유 다음으로 평등이 있어야 인권이 있는 거죠. 모든 사람이 똑같은 걸 가지는 것이 평등이라고 생각하는 사람들도 있지만, 그것보다는 자유와 평등을 병행시켜서 능력에 따라 분배하고 국가에 공헌하는 분야에 따라 분배가 결정되는 점도 있습니다. 그 과정에서 합의가 안 될 수도 있지만 조선노동당이 있기 때문에 모든 것이 노동당 차원에 가면 거기에서는 일사불란하게 결정이 되는 거죠.

김정은 위원장이 러시아에 갔지 않습니까? 미국의 전문가들이 혹은 장군들, 정치인들이 나와 가지고 하는 말이 김정은은 독재자다, 무자비한 독재자다, 자기 형을 죽이고 자기 외삼촌을 죽이지 않았느냐 같은 얘기를 많이 합니다. 우리가 더 과학적으로 연구해야겠지만, 제가 고찰하고 연구하고 북에서 여러 사람들하고 대화해서 발견한 것은 자기 형과 외삼촌을 죽인 것이 아니고 당이 죽였어요. 당이 어떤 원칙에 맞지 않으면 사형에 처한다. 자기 형 죽은 거, 외삼촌 죽은 거 보고 굉장히 슬퍼했다고 합니다. 울기도 했다고 합니다.

자본주의 국가의 군사 독재자는 마음대로 죽이고 하는데, 북은 내적으로 보면 당에서 큰 걸 유지하기 위해서 사상이 좋지 않고 자본주의적인 제도를 답습하려는 죄를 덮어씌워서 장성택이나 김정남이를 당에서 제거한 것이라고 저는 결론을 내렸습니다. 몰라도 너무 몰라서 그렇습니다. 그 세 사람 다 무자비한 마르코스처럼, 후진국에서 나온 독재자처럼 그렇게 행세하지는 않았습니다. 우리는 우리 민족이기 때문에 내용을 알 수가 있죠. 그런 식으로 연구를 더 해서 결론을 내시기 바랍니다.

평등은 주로 경제적인 데 한정해서 생각하는데 정치적인 평등이 중요합니다. 매주일 모든 사람이 자기가 속해 있는 그 회의에 참석을 해야 됩니다. 한 사람이 회의 다섯 개, 여섯 개 있습니다. 그 회의에서 제일 중요한 것이 자기반성이에요. 자기가 잘못한 거. 일주일 동안 잘못한 거. 지금은 돌아가신 황장엽 씨한테 제가 직접 들었어요.

자기가 당적이 있는 사람이지만 자기가 잘못한 걸 고백하지 않으면 문책이 당까지 올라가서 자리를 유지할 수 없다고 그럽니다. 그만큼 당이 중요해요. 그러면 누가 당에 들어가느냐. 그것도 공부를 많이 해야 돼요. 당원이 되기 위해 어마어마한 과정을 거쳐야 돼요. 준비해야 돼요. 교육해야 돼요. 당원은 개인주의를 떠납니다. 사회정치적 생명체가 당원입니다. 개인적인 생명체가 아니고 당에서 보는 사람이 되어야 당원입니다.

좋은 종합대학교를 나와서 당원이 되는데, 준당원이 있고 정당원이 있습니다. 정당원 자리를 유지하기 위해서는 상당한 노력을 계속해야 됩니다. 당원이라고 하면 벌써 자격이 인정되고, 거기에는 권위가 생겨요. 우리가 북을 공부하는 데 허점이 있는 것은 남쪽에서 색안경을 쓰고 북을 보니까 북이 제대로 보이지 않아서 그런 점이 있어요.

그다음에 제일 마지막으로 얘기할 인권은 유엔에서도 별로 이야기가 없습니다. 나라권이에요. 국가권이에요. 우리가 얘기하는 주권이에요. 나라를 안 가져 보고 나라 없이 고생한 이력이 없는 사람들은 나라권이 무슨 말인지 모릅니다. 한반도가 얼마나 탐스럽습니까? 그래서 우리 국력이 약해질 때마다 일제 강점기 이전에도 중국의 모든 왕국들이 우리 땅을 점령하려 해서 조공도 많이 바쳐야 했습니다. 민족에게는 주권이 제일 중요합니다. 주권이 곧 생존권이고 주권이 곧 선택권입니다. 주권 아니면 다른 인권도 없습니다. 사랑방에서 얘기하는 인권은 주권을 앞 장세워야 합니다. 제3국가 사람들은 잘 이해하겠지만 패권주의를 했던 서구 국가들이나 미국은 주권이 무슨 말인지 잘 모릅니다.

우리가 미국과 다르고 유럽과도 다른 것은 우리는 주권이 없는 생활을 했어요. 중국도 주권이 실질적으로 없는 생활을 아편전쟁 이후에 100년이나 했지 않았습니까? 주권을 가졌다는 것은 국가가 선택권이 있다는 겁니다. 국가가 군인에 대해 안보에 대해 외교 정책에 대해 모든 결정을 선택할 수 있는 권리를 가진다는 건데, 그걸 우리는 꼭 주장해야 됩니다.

남과 비교해도, 다른 어느 나라와 비교해도 조선민주인민공화국만큼 물리적인 주권 혹은 정신적인 주권을 행사하는 나라는 별로 없습니다. 중국도 그렇게 하지 못했습니다. 우리가 스스로를 비판하고 자성할 때 주권의 중요성을 생각해야 할 것입니다. 제가 남과 북의 인권을 이렇다 저렇다 얘기했는데, 발전을 인권에 두고 찾는 것이 옳다고 생각합니다. 인권주의를 내걸어야 하는데, 이를 위한 정치 이념은 권력을 유지 또는 쟁취하는 수단이면서 그 자체로 가치관을 가지고 있습니다. 가치관이 결여된 이념이 아닙니다. 그래서 영세 중립국이 어떠냐? 중립국으로서 마땅히 기대되는 가치관을 가져야 됩니다. 가치관 없는 중립국은 곧 기회주의자에 불과합니다. 이런 눈치 저런 눈치 보고 좋은 데 가서 붙고 더 좋은 데 가서 붙고 하는 기회주의자죠. 정치 이념은 기회주의가 절대 아닙니다. 그런 의미에서 저는 우리 통일의 이념은 주권에 있다고 생각하고, 주권까지 포함해서 정치 이념은 토착 문화 속에서 창조돼야지 외부에서 받아들여서는 안 되는 것입니다. 우리는 우리의 이념을 창조해야 합니다. 다른 사람들이 많이 사용한 이념이라도 우리 것으로 만들어야 합니다. 우리가 지닌 역사적 재산을 통째로 넣어 우리 식의 정치 이념으로 바꿔야 됩니다.

  우리식 인권주의를 하면 통일 정부의 이념이 됩니다. 그 이념으로 우리가 원하면 그 테두리 안에서 그 중심으로 우리가 영세 중립국으로 나갈 수 있습니다. 영세중립국은 다른 사람들이 인정을 받는 게 아니고 정책 발걸음을 그렇게 내디뎌야 됩니다. 그래서 제가 마지막 강의로 민족주의에 대해서 얘기하려고 하는 거예요.

# 13

## 통일의 과정과 인권주의

"연합은 과정이고 수단인데 연방은 목적이다. 연합을 거쳐서 연방
으로 가자. 통일의 모습은 연방으로 나타나야 된다. 저는 그렇게
봅니다."

시즌2에 들어와서 발전이라는 말을 많이 하지요. 사회주의와 자본주
의가 모두 큰 역할을 하지 못하게 되었다. 더구나 미국적인 1국 패권주의
가 국내외적인 문제로 국제정치나 국내정치에서 민주적인 문제나 합법적
인 문제에서 미국이 지금 잘하고 있지 못한다는 이야기를 했어요. 구소련
의 붕괴와 멸망에 의해 증명된 것처럼 사회주의는 이 세상에서 인간의 문
제를 해결하는 데 큰 도움을 못 주고 소련처럼 붕괴될 것 같습니다.

그 자리에 1국 패권주의를 장악한 미국이 들어와서 지금까지 한 것
을 우리가 상세하게 보았지만 이것으로도 안 되겠다, 미국도 하향길에

들어갔다, 미국의 민주주의는 우리가 선망의 대상으로 계속 따라 갈 수 없겠다는 결론을 내렸습니다. 그럼 사회주의도 자본주의도 안 되니 이제 어떤 주의가 있어야 합니다, 나라가 있으면 이념이 있어야 합니다. 나라의 속성이자 존재조건이 몇 가지 있는데, 그중에 사상과 이념이 꼭 있습니다. 세상이 끝나 멸망한다고 말하는 사람도 있고 낙관적으로 보는 사람도 더러 있지만, 사회과학자들 대가들 대부분이 비관적으로 의견을 모으고 있는 것 같습니다.

새로운 이념이 창조되어야 되는데, 그것이 인권주의입니다. 제 나름대로 여섯 가지 인권을 특별히 강조하면서 22세기 인류를 위해서 새로운 인권주의가 나타날 것이고 나타날 수밖에 없다고 했습니다. 인권주의에는 자본주의적인 요소가 있고 사회주의적인 요소도 포함되어 있습니다. 인권 여섯 개 중에 자유와 평등도 포함되어 있어요. 20세기에 올때까지 자유와 평등 이 두 가지 이념적인 주축으로서 경쟁 내지 갈등을 빚어왔는데, 그것들을 포함한 새로운 이념이 인권주의라고 이야기할 수 있겠다. 제가 이론을 만들어내려고 『글로벌리제이션』도 쓰고, 그 책은 지금 우리말로 번역되고 있습니다. 이제 자본주의도 사회주의도 아닌 인권주의가 앞으로 세계적으로 나타날 것입니다.

저는 인권주의가 조선민주인민공화국과 대한민국이 있는 한반도에서 나와야 한다는 신념을 가지고 있습니다. 우리 민족과 우리나라의 역사가 그만큼 준비되어 있어요. 세계의 모든 사상들이 다 응집될 수 있는 아주 창조적이고 인간중심주의적인 이념을 만들어야겠다. 저는 그런 말만 했지 만들어지는 일은 젊은 학자들이 할 겁니다. 나이 많은 분들이 좋은 이론을 만들 수 있습니다. 모든 이론의 근거에는 경험이 있습니다. 경험이 없으면 개념조차 없고 이론조차 없습니다. 음으로 양으로 봐서 이 세상에 우리만큼 육체적인 혹은 정신적인, 영혼적인 경험이 많은 사람들이 없을 것입니다. 경험은 우리 민족의 큰 자산입니다. 그래서 우리나라에서 그런 이념이 나와야 된다고 생각하고, 그런 이념이 나오면 이념의 역할을 해야지요. 철학적인 체계와 세계관이 이념에 나타나지만, 무엇보다도 중요한 것이 정권을 정당화시키는 능력이 있어야 합니다. 우리가 이야기하는 새로운 세상에 여러 나라들이 나오고 여러 정권들이 들어서는데 그걸 정당화 시킬 수 있는 이념이 곧 인권주의라고 저는 주장하고 있습니다. 인권주의가 통일된 조선반도에 어떠한 구체적인 개념들이 만들어질 수 있겠는지에 대해선 앞으로 두 번 정도 다루려고 합니다.

통일된 나라는 인권이 완전히 보장되어 있고 우리가 이상적으로 생각할 수 있는 독립국가인데, 그게 구체적으로 어떻게 만들어졌냐. 통일 국가 헌법의 기조를 어디에 바탕을 두어야 되느냐 하는 것은 이다음 시간에 하고, 오늘은 그 단계로 가는 과정을 평화 만들기(peacemaking), 통일 만들기(unification making)에 대해 이야기하려고 합니다.

우리나라가 통일되는 데 과거부터 이론들이 많았지만 대략 네댓 가지 이론이 있지요 제일 쉬운 것은 무력통일이다. 무력으로 통일이 될 수 있어요. 그런데 그건 절대로 바람직한 결과가 아니죠, 다 죽어야 통일이 되는 것이니까. 북진통일이나 군사적인 통일을 하려고 하고 정복하려고 하는 것은 우리나라에서 전혀 받아들일 수 없습니다. 그것은 철칙입니다. 살고 봐야지 사람이 다 죽는 상황에서 어떻게 나라를 세우고 통일을 이야기합니까. 북진통일, 무력통일을 해서 없애버리자는 것도 말이 되지 않습니다. 누가 옳고 그르고 간에 전쟁은 안 되는 것입니다. 그래서 우리 사랑방에서는 첫째, 무기로 통일하는 것은 받아들일 수 없다. 그렇게 결론을 짓겠습니다.

그다음에 둘째가 남쪽에 의해 북쪽을 흡수하는 통일입니다. 흡수라는 말을 썼지만 군사를 안 쓰고 북쪽이 모순을 해결하지 못하고 사라지면서 남쪽으로 흡수된다. 사회주의가 명맥을 계속 유지할 수 없거나 하는 그런 이론과 역사적인 교훈을 가지고 보는 것이 흡수통일입니다. 흡수통일은 이름은 근사하지만 결국 북한이 자기 스스로 문제를 해결하지 못함으로써 남쪽에 혹은 남쪽에 의해 흡수되고 정복되는 상황을 이야기합니다. 어떻게 보면 러시아도 자본주의에 의해서 흡수통일이 되었다고 할 수가 있겠지요.

흡수통일이란 말이 나오자마자 북에서는 그것을 덥게 만들어서 스스로 옷을 벗기려고[3] 하는 걸 우리가 다 아는데 그렇게 쉽지 않다는 것이다. 그런 이야기를 제가 많이 들었습니다. 흡수통일이라는 게 있고, 그 다음에는 김일성 주석이 앞장서서 오랫동안 강조했던 말이 연방정부입니다.

연방정부는 통일되는 곳에서 연방헌법을 만들어서 거기에 맞게 하는데 연방이라는 것이 남과 북이 또 다른 게 해외동포들이 있을 수 있으니까요. 이런 것들이 연방적으로 자기들의 체제와 자기들이 운영방법과 사는 방법을 그대로 허용하면서 연방주의에 의해 통일되어야겠다. 그것

---

3) 햇볕정책을 가리킨다.

이 오래전부터 김일성 주석이 이야기한 것입니다. 그래서 남쪽에서는 연방이라고 하면 그건 안 된다. 왜냐하면 북에서 이야기하는 것이니깐 연방통일이라는 것은 우리가 찬성할 수 없다. 쭉 그렇게 나왔습니다. 2000년까지. 그래서 남쪽에서는 그 대신에 연방이 아니고 연방이 없으니까 남쪽에서는 별 이렇다 할 통일이론을 제시하지 못했어요.

통일이 필요 없다고 생각하는 사람이 굉장히 많은 것 같아요. 요새는 어떤 통일을 해야 하느냐를 이야기하기 전에 통일 자체가 필요하냐를 이야기하는 사람이 더구나 젊은 사람들이 엄청 많습니다. 통일은 우리 민족의 숙명입니다. 선택이 아니라 어쩔 수 없는 숙명입니다. 어느 나라든지 숙명이 있습니다. 우리나라의 통일은 우리 민족의 피할 수 없는 숙명이라고 생각합니다. 물론 통일이 되면 경제적 사회적 문화적 등 여러 가지를 따져서 통일이 안 될 때보다 낫다고 얼마든지 정당화할 데이트를 가지고 경험적으로 설득력 있는 통일론을 만들 수 있습니다. 그러나 요즘 남쪽에서 통일이 필요한지 통일을 왜 해야 하는지 그런 이야기를 하는데, 저는 통일은 선택이 아니고 숙명이라고 생각합니다.

숙명이란 개념이 서구에도 많이 나왔습니다. 서구 정치에서 민주주의는 선택이 아니고 사람들이 원해서 주어진 임무라고 보는 견해들이 적지 않게 있습니다. 저도 그런 입장을 같이하고 있습니다. 그뿐만 아니라 각 분야별로 우리가 연구해 보면 통일이 얼마나 중요하다. 경제적 문화적 정치적인 분야에서 통일하는 것이 옳다. 통일하는 것이 더 이롭다. 이렇게 이론을 만든 것이 필요합니다. 숙명이라고 보는 것도 일단 우리가 받아들이지만. 이론적으로나 과학적으로 분석해 보면 통일하면 안 하는 것보다 개인한테도 집단에게도 훨씬 좋고 더 잘살게 됩니다. 그걸 연구하는 사람들이 대한민국에도 적지 아니 있습니다. 정운찬이란 분이 계세요. 경제학자인데 이전에 서울대학교 총장도 했죠. "통일하면 경제적으로 이렇게 좋은 결과를 가져올 것입니다." 그런 내용을 실은 그분의 논문도 제가 읽었습니다. 우리가 통일해야 하는가에 대한 의문에 대해 배운 사람들이 과학적으로 철학적으로 설득해 나가고 우리 민족은 통일을 해야 한다는 결론을 내기 바랍니다.

## 연합 정부 & 연방 정부

통일문제가 북에서는 연방을 남에서는 연합이라는 말을 많이 썼습니다. 옛날에 제가 한국에 있을 때 김영삼 대통령께 도움을 많이 준 이홍구 교수와 가깝게 지냈죠. 그분은 저한테 비하면 상당히 보수적입니다. 그분도 연방이 아니고 연합정부라 이야기하는데, 제가 아무리 토론하고 연구를 해도 연합정부는 통일정부가 아니에요. 남남끼리 사는 거예요. 평화이론이지 통일이론은 아닙니다. 의미가 일맥상통하니까 연합연방정부로 하자고 김대중 대통령과 김정일 국방위원장이 2000년도에 합의했습니다. 여러 가지로 설명할 수 있어요. 무슨 주의란 것들 중에 제가 선호하는 게 있습니다. '연합'은 과정이고 수단인데 '연방'은 목적이다. 연합을 거쳐서 연방으로 가자. 통일의 모습은 연방으로 나타나야 된다. 저는 그렇게 봅니다. 연합이 없으면 연방이 잘 안 되죠. 서로 남남이지만 전쟁을 하지 않고 평화롭게 서로 밀접하게 교류하면서 서로 윈(win)

원(win)하는 것이 연합입니다. 연합(confederal state)이란 말에 그런 의미가 포함되어 있죠. 연합이 잘되면 일이 간단합니다. 통일작업이 간단하고 쉽습니다. 분단된 이념 상황에서 남남끼리 살면서 연합을 한다는 건 옳은 말입니다.

연방을 향해 연합을 해야 합니다. 그러면 평화적인 연합이 되지요. 지금은 연합도 아닙니다. 지금은 평화적인 관계가 아닙니다. 파괴적이고 적대적이고 서로를 악마화 시킨 관계이지요. 지금의 상황에서는 연합정부가 우선입니다. 그런 것을 초월한 통일방안은 남과 북이 이질을 초월하고 동질을 권장해서 하나의 국가가 되자는 거 아닙니까. 서로 적대하고 서로 붕괴시키고 죽이고 하는 것이 아니고 이질을 승화하고 초월해서 극복한다는 것에 대해 제가 지난 학기에 말씀드렸습니다.

여기서 변증법 논리가 나옵니다. 변증법의 논리가 역설적인 논리로서 진리라고 생각합니다. 본질이란 개념을 알아야 변증법적 관계를 압니다. 남과 북이 적대관계가 아니고 서로 배울 것이 많다. 본질적인 성향을 서로 제공해준다. 북은 남의 본질이고 남은 북의 본질이다. 그러면 역설적이고 이상한 말이 되지요. 하지만 잘 생각해 보면 진리성이 있습니다. 남자는 여자의 본질이다. 여자는 남자가 있기 때문에 여자가 되고 여자는 남자가 있기 때문에 여자가 되는 게 아닙니까. 여자는 남자의 본질이고, 남자는 여자의 본질이다. 그런 의미에서 남북이 변증법적인 철학에 의해서 서로 받아들이는 아량과 지성적인 능력이 있어야 됩니다. 그러면 남과 북이 연합으로 남남으로 살면서 서로 남이 아니다. 이런 식으로 살아야 됩니다. 그런 식으로 남북이 살 수 있느냐? 충분히 살 수 있습니다. 그렇게 살 수밖에 없습니다. 남북은 남남이 아닙니다. 남남끼리 잘살고 서로 조화적인 관계를 이루자 하는 것이 연합이라고 말씀드리는데, 세상 사람들이 다 그렇게 합의합니다. 그런데 우리는 남남이 아니기 때문에 연합이 안 됩니다. 지금까지 70여 년 동안 되지 않은 이유는 우리가 남남이 아니기 때문입니다.

통일을 준비하는 과정에서 남과 북 해외동포가 합해서 제3의 지대나 개성에서 통일 대학교를 만들어야 한다는 이야기를 지난 학기에 했습니다. 부처가 있으면 그 부처를 떠받드는 단과대학이 있어야 합니다. 농업부, 공업부, 예술, 문학, 철학이 있어야 한다. 그런 식으로 연합으로 해서 연방으로 간다는 게 2000년도에 남북이 합의한 6.15입니다. 연방을 연합단계를 거쳐서 해야 하고, 둘 다 필요하다고 결론지은 지혜로운 견해라고 생각합니다.

미국을 쭉 움직여 온 것이 최근까지는 대학이었습니다. 하버드대학이 유명합니다. 지성들의 역할이 아주 큽니다. 그런데 그런 역할이 점점 없어졌습니다. 돈으로 모든 것을 해결하는 정치국면이 되었고 생활환경이 되었습니다. 이것을 초월해야지요. 6.15를 통해서 연방정부가 생기면 그 정부는 통일된 정부입니다. 가장 바람직하기는 중립국이 되는 겁니다. 하지만 현재의 남쪽과 북쪽은 절대 중립국이 될 수 없습니다. 왜냐하면 강대국이 원하지 않습니다. 중립국을 하자는 말이 6.25 때 벌써 나왔었지요. 비동맹 운동(non-aligned movement)이라고 했습니다. 제일 앞장선 사람이 유고슬라비아 티토 대통령이었습니다. 주로 후진국 대통령들이 많이 했어요. 비동맹이라는 말이 소련과 미국의 이념 갈등 사이에서 여기도 저기도 들어가지 않고 중간을 지키겠다는 게 아닙니까? 지금도 있습니다. UN 회원국 중에 120개국이 정식회원입니다. Non-Aligned Movement(NAM). 요즘은 전쟁을 하지 않겠다만 갖고 회원이 되는 게 아니고, 이젠 미국과 중국이 포함되었지요. 이런 국가들이 대한민국을 중립국으로 만들자고 해야 되는데 미국이 절대 용납하지 않아요. 중국도 북한을 중립국으로 허용하지 않습니다. 그래서 현실적으로 아무 설득력이 없는 이야기가 중립국론입니다. 남한을 중립국으로 하면 좋지요. 하지만 100% 안 됩니다. 미국 때문에 안 되고, 국제질서 때문에 안됩니다.

이런 상황에서는 작고 힘없는 나라가 중립국이 되지요. 경제적으로나 군사적으로 등등 다른 방법으로 잠재력이 국력이 있는 나라는 중립국으로 한다 해도 동의하지 않고, 이제는 강대국들이 동의를 해야 중립국이 되지 중립국 단체가 인정한다고 되는 것은 아닙니다. 지금 상황이 그렇게 되었습니다. 경제력도 그렇고 군사력도 그렇고 UN 멤버가 아니어도 좋습니다. 저는 "한 민족 두 국가 세 체제(정부)" 이야기를 하면서 통일이론을 만들었습니다.

세 체제란 북 체제, 남 체제, 제3의 체제입니다. 남북은 각각 이념이 있지요. 미래지향적으로 없는 데서 통일국가를 창조하자는 것입니다. 창조를 해야지 있는 것을 변형시켜서 통일국가 나올 수가 없습니다. 그래서 한 민족 두 국가 세 체제(정부). 다음 시간에 제가 통일이론을 이렇게 해야겠다고 결론적으로 이야기할 때 셋째 정부가 우리 통일정부인데 어떠한 헌법이 필요할지 헌법을 규제할 수 있는 여러 가지 아이디어를 만들어 보았습니다. 다음 주에 좀 더 간략하게 우리나라에서 통일국가가 따라야 하는 원칙이 무엇인지를 제가 있는 대로 밝히겠습니다. 남은 남대로 북은 북대로 그 가이드라인을 통해서 지금부터 통일운동을 해야 돼요. 남은 남대로 통일운동을 하고 북은 북대로 통일운동을 하는 상황에서 각각 통일운동을 하는데 중요한 지침이 되는 것을 제가 몇 가지 만들었습니다. 참고하시기 바랍니다.

마지막으로, 우리는 어디까지나 국제사회에 속하는 민족국가입니다. 그런데 국제사회의 영향을 얼마나 많이 받은 게 우리민족입니다. 역사 내내 국제권력에 이리 밀리고 저리 밀린 게 우리 민족 아닙니까?

저는 세계질서가 미국의 일축에서 중국의 일축으로 넘어갈 가능성이 있다고 생각합니다. 중국을 잘 알아야 되고 예비해야 합니다. 중국을 알려고 하면 중국의 국내정치를 알아야 합니다. 중국 국내정치에서 국제 정치와 관계가 있고 제일 중요한 것이 소수민족에 대해 어떤 정책을 지향하고 있는지를 우리가 열심히 공부해야 합니다. 중국의 소수민족이 54개가 있습니다. 굉장히 많습니다. 소수민족을 행정적으로 잘 조정하기 위해서 '민족사무위원회' 정부조직이 있습니다. 이 54개 나라 중에 16개는 중요한 다른 나라들과 국경을 같이하고 있습니다. 예를 들어 동북 길림성, 요령성. 흑룡강, 압록강, 두만강을 두고 다른 나라로 되어 있지 않습니까?

그런데 중국의 동북 3성에 우리 민족이 2백 50만이 살고 있습니다. 중국에 연변조선족 자치주 같은 자치구가 다섯 개가 있고 인구가 5000만이나 되는 큰 주가 있습니다. 대한민국보다 인구가 더 많습니다. 그

다섯 주는 성급입니다. 성에서 자치적으로 운영하고 정치하는 분야들이 있습니다. 교육, 문학, 경제를 각 성에서 외국과 직접 무역을 할 수 있게 그것을 권장하고 있습니다. 등소평 때 이렇게 만들었습니다. 동북 3성은 우리가 먹는 쌀을 많이 생산하는 곳인데 옛날 남북이 통일되어 있을 때는 그곳에서 나오는 쌀을 가져다 먹었습니다. 지금은 제재가 있습니다만, 제가 아는 정보에 의하면 지금도 상당히 많은 식량지원을 받고 있는 것이 현재 중국과 조선과의 관계입니다. 그렇게 보면 소수민족이 54개이고 성급에 해당하는 큰 것은 23개가 있습니다. 성은 아주 큽니다. 타이완도 성 중에 하나입니다. 23번째 성입니다. 그걸 알아야 해요. 그 성에 대한 정책이 대만에 대한 정책에 부합되는 것입니다. 대만에 대한 북경의 정책은 국내외 소수민족 성에 혹은 자치구(autonomous district)에 대한 것과 같습니다. 지금 대만을 두고 미국에서도 말하는데 중국에서는 대만에 별 관심이 없습니다. 대만이 어디 가냐 그곳에 있으면 되지. 그렇게 생각합니다. 대만은 경제정치가 자본주의라서 제대로 잘살고 있으면 되었다고 생각하는 것이 중국입니다. 중국은 다양한 국내 정치를 하고 있기 때문에 외국에 대해서도 관용하는 정책을 세웁니다. 절대 패권을 가지고 헤게모니를 잡으려고 하는 정책을 쓰지 않고 있습니다. 중국은 대만과 빨리 통일하려고 애쓰지 않습니다. 대만은 대만대로 자본주의 경제가 되면 그대로 살게 두는 것이 북경의 정책입니다.

그런 의미에서 보면 북조선은 차이가 있습니다. 그래서 중국의 소수민족 정책을 보면 대만정책을 어떻게 하겠다. 또는 동북3성을 어떻게 하겠다. 경제적인 성급에서 자율적으로 허락하고 있는 상황에서는 동북

3성에서 생산되는 농업농작물을 저렴하게 제공하는 것을 북경에서 반대하지 않는다는 것을 우리가 알게 합니다. 다른 나라와 전쟁을 해서 패권을 잡으려 하지 않는 것이 중국입니다. 대신에 경제와 문화를 앞장세워서 비군사적인 차원에서 존경을 받고 우위를 차지하겠다 하는 것이 중국의 생각입니다. 저는 중국에서 태어났고 그곳에 친구들도 많이 있습니다. 어느 정도 제가 모르는 것도 있겠지요. 중국은 패권주의가 되어 후진국을 잡아먹으려 하는 나라가 아니라고 봅니다.

어느 나라든지 국제관계 정책은 국내정치의 연장선에서 봐야 정확하게 보는 것입니다. 국내 관계를 안다는 것은 복잡하죠. 그러니까 사람들이 그렇게 보지 않습니다. 같은 렌즈를 끼고 보는 것이지요. 중국 안경을 쓰고 올바르게 보면 다른 국제질서가 나타나는 것이 보입니다. 지금은 어떻게 보면 국제적으로 응집하는 세월은 지났습니다. 각각의 나라가 자기가 필요하면 다른 나라를 이용하지 다른 나라하고 결속되기 위해서 국익을 해치는 일은 절대로 하지 않습니다. 모든 나라들이 과거의 양국 체제에서 1국 체제로 넘어왔는데, 그다음으로 넘어가는 것이 중국 체제인데 중국 체제는 1국 체제에서 또 양국 체제에서 본 것처럼 패권 투쟁이 아닌 그런 혁명적으로 다른 국제관계가 중국을 중심으로 해서 일어날 것이라고 생각합니다.

제일 직접 영향을 받는 곳이 남한과 북한이죠. 북은 북대로 남은 남대로 연방정부가, 쉽게 말하자면 연방정부로 귀환할 수 있는 체제로 발전되리라고 희망적이고 낙관적인 견해를 가지고 있습니다.

# 14

## 통일로 가는 33가지 명제

"인간이 욕구하는 것은 공유해야 하고 인간이 욕망하는 것은 사유
가 될 수 있다. 저는 그렇게 생각합니다."

남과 북이 다 받아들일 수 있는 명제라고 생각합니다. 33가지 명제
를 네댓 가지로 문화적, 교육적, 정치적, 경제적인 것으로 구분했는데,
대략 전체적으로 보면 남도 그렇고 북도 그렇고 인권주의로 가기 위해
서는 민중이 주인이 되는 이념이라야 됩니다. 세계적인 추세가 그렇습
니다. 민중이 아니면 정치권력의 정통성을 찾아낼 수 없습니다. 요즘은
전체가 민중의 동의(people's consent)이지 않습니까? 지배를 당한 국민
들이 찬성해야 결정이 되는 것이지요. 어찌 보면 이 세계가 진정한 의미
에서 토착적으로 민주주의가 되었다고 봅니다. 민중을 떠나고 인민을
떠나서는 권력을 정당화시킬 수 없어요. 세계 헌법들을 보십시오. 미국

도 위드 피플(with people)이 중요하죠. 피플이 무엇입니까? 인민입니다. 돈이 있는 사람, 자본가가 아니고 인민입니다. 위드 피플. 그러한 개념이 북에도 있고 남에도 있어야 된다고 생각합니다. 우리가 인민, 민중이라는 민중운동이 좀 더 역사에서 찾아서 조상들이 어떻게 잘했는지 어떻게 못했는지 공부를 잘해야 할 것 같아요.

그 다음에 중요한 것이 정치 이념들을 보면, 이름을 뭐라고 붙였든지 간에, 사유재산을 어느 정도로 주느냐 하는 데서 정치이념이 결정된다. 사유재산이 없으면 공산주의가 되는 거고, 사유재산이 많으면 자본주의가 되는 것입니다. 거기에 대해서 무엇을 공으로 무엇을 사로 해야 하는가는 제 마음에는 분명합니다. 우리가 정치발전론을 했지요. 발전을 추구하는 것 중에 욕구와 욕망이 있습니다. '욕구'는 살고 싶고 가족과 같이 살아야 하는 것이 욕구지요. '욕망'은 장난감을 갖고 싶고 호화롭게 살고 싶은 것이지요.

인간의 욕구는, 예를 들어서 음식이나 그런 것 전부다 공유가 되어야 됩니다. 인간이 사유할 수 없는 것은 공유로 두어야 됩니다. 사유할 수 없는 것이 무엇입니까? 땅입니다. 지구입니다. 지구에 살다가 죽고 가면 그뿐이지 내가 땅을 가지고 있다고 해서 그 땅을 가지고 갑니까? 부동산은 공유를 해야 한다고 생각합니다. 남한을 보십시오. 남한의 사유재산은 어떻습니까? 그러나 통일국가에서는 그렇게 되어야 한다고 생각합니다. 그렇게 안 되면 대한민국은 이 상태에서 공유와 사유의 갈등 속에서 살겠지만. 욕구하는 것은 공유되어야 되고 인간의 욕망하는 것은 사유가 될 수 있다. 저는 그렇게 생각합니다.

질적으로 봐서 농업이 제일 발전 안 되는 곳이 미국입니다. 양을 불리기 위해서 유전공학(genetic engineering)으로 종자 개량을 해서 음식이 발전한 게 별로 없습니다. 독약 먹는 것처럼 되었어요. 우리 통일조국은 그렇지 않은 방향으로 가야겠다. 먹을 수 있는 음식을 만들어야겠다는 생각을 합니다.

그뿐입니까? 군인 문제를 봅시다. 군인은 안보이고 평화인데 이것은 공유해야 합니다. 사유하면 절대 안 됩니다. 그런데 미국은 부분적으로 국방을 사유재산으로 넘기고 있습니다. 세금이 왔다 갔다 하니까 부정이 굉장히 많이 생기지요. 군은 절대 일부라도 사유가 되어서는 안됩니다. 무기도 사유가 되어서도 안 됩니다. 무기는 군인과 경찰 이외는 그 어느 누구도 그 무기를 사용하도록 허락하면 안 됩니다. 그런 뜻에서 보면 미국은 후진국도 이런 후진국이 있을 수 없습니다. 한국에서는 그게 잘되어 있지요. 아무나 무기를 살 수 없지요. 군에 복무하는 것은 온 국민이 의무적으로 합니다. 직업군인이라고 해서 돈이 왔다 갔다 하는 것을 보면 군이 타락하고 부패하게 되지요. 그런 의미에서 군은 의무적으로 복무해야 된다고 봅니다.

미국의 총기사건 문제는 말할 수 없이 문란합니다. 다 없애야 됩니다. 미국에 총기사건이 많은 이유는 총이 너무 많아서입니다. 총이 인구보다 많습니다. 저는 총 하나도 없습니다. 쏘는 것도 배우지 못했구요. 그런데 요새는 새로운 무기들이 많이 나와서 우크라이나에 무기를 지원해도 사용하는 방법을 몰라서 사용하지 못할 거예요. 무기는 국가 것이다. 무기는 공공사회 것이다. 이것을 분명히 해 주었으면 좋겠습니다.

우리의 통일헌법에는 분명히 그래야 됩니다.

33가지 명제는 통일 헌법을 만드는 데 직간접으로 도움이 되는 것입니다. 환경은 나무 하나라도 사유재산이 될 수가 없습니다. 지구가 가지고 있는 자산이지 개인이 사람이 끊어가지고 만드는 것도 제한되어야 합니다. 지구를 보호해야 하는 것이 인간의 의무라는 것은 어릴 때부터 학교에서 배워야 됩니다. 학교 이야기가 나왔는데 저는 평생학자라서 그런지는 몰라도 배우는 데에는 존엄성을 주어야 된다고 생각합니다. 돈이 없어서 배우지 못하는 사회가 되어서는 안 됩니다. 교육은 전부 무료가 될 수 있어야 되고, 적어도 의무교육 12년이나 16년은 무료가 되어야 됩니다. 교육은 무료가 되어야 한다. 교육은 인권이다. 그런 생각입니다.

경제로 넘어가면, 경제는 빈부차이가 없어야 되요. 가능하면 중산계급을 살려야 됩니다. 중산계급을 살리지 않으면 자본주의 국가에서는 양분화가 되어버리고 사회주의 국가에서는 사유재산을 허용하지 않으니까 사람들이 창의적으로 사용할 수 있는 것도 국가가 다 가져가면 안 됩니다. 그것을 잘 구별해야 합니다. 그 일을 국가가 만든 대학교에서 해야 됩니다.

미국도 하버드 대학을 국가가 만들었지요. 1636년인가 설립했어요. 미국정부 세우기 150년 전에 만들었어요. 이렇게 정책을 망치는 미국도 교육의 중요성을 그때도 알고 지금도 알고 있는데, 우리는 교육을 제일 중요하게 생각하는 민족이라고 하면서 통일이라는 엄청난 과제를 두고 대학을 같이 만들지 않으면 우리가 할 일을 못한 거라고 생각합니다. 헌법에서 통일대학을 먼저 만들어야 한다고 생각합니다.

모든 교육은 인간을 만드는 작업입니다. 사람을 인간으로 만드는 작업이 교육입니다. "저놈의 인간 언제 사람 되려고 하나?" 할 때의 그 사람을 만드는 일을 하는 것이 교육입니다. 우리 역사문화나 의식구조에서 사람 구실을 해야 된다는 문제와 그리고 그 사람이 어떤 속성을 가지고 있어야 하느냐는 제가 마지막 시간에 "우리 민족이 보는 '사람'은 누구냐? 우리 사람, 우리는 누구냐?" 하는 것을 같이 생각하겠습니다. 홍익인간이 사람이고, 북에서 이야기하는 정치사회적 생명체가 사람이고, 남쪽에서는 유교적인 효도를 한다든지 국가에 충성을 한다든지 사람이 인간과 다르다는 개념이 있습니다. 이런 것들을 종합해서 발표하겠습니다.

경제문제에서 산업사회가 사라졌습니다. 산업경제가 있음으로써 중산층이 생겼고, 그래서 민주주의가 되었습니다. 그런데 산업경제가 없어졌어요. 그 대신 금융경제가 나타났어요. 요새 금융경제에 발을 들이지 않으면 돈을 벌지 못합니다. 돈 크게 번 사람은 생산업에 종사하는 사람들이 아니고 돈을 굴려서 돈을 버는 거예요. 금융경제를 죽여야 해요. 금융경제에 말려들면 아무것도 안 됩니다. 미국처럼 됩니다. 금융경제에서 산업경제로 바꾸고, 산업경제가 되면 산업경제에 종사하는 사람들은 대부분 중산계급입니다. 중산계급이 아니고 상류층에서 돈 있는 사람들을 국가에서 세금이나 정책적으로 중산계급이 만드는 트리클다운(낙수효과) 공헌을 할 수 있도록 만들어야 됩니다. 한국자본주의는 트리클다운이 잘 안 되는 것 같아요. 미국은 말할 것도 없고요. 산업경제가 아니고 경영경제가 되어서 돈이 없는 사람들은 전혀 경제적인 역할을 하지 못하고 혜택도 받지 못하고 있습니다.

그런 점에서 금융경제가 쇠잔하고 죽어야 된다고 저는 생각합니다. 그런데 요새 억만장자, 천억장자 할 것 없이 다 금융경제에 말려 들어가서 돈을 넣어 돈을 부르는 역할을 합니다. 우리 통일정부에서는 금융경제가 없어야 됩니다. 정치적인 문제는 권력집중을 막아야 됩니다. 미국적인 대통령 중심제는 황제보다 더 힘이 강해요. 지금 트럼프가 다시 들어가려고 애쓰는 것이 권력 맛을 보니까 좋거든. 그래서 또 할려고 하는 거예요. 권력이 집중돼 있으면 부패하지 않을 수가 없습니다. 부패하면 착취가 있고 착취가 있으면 비인도적인 사회현상이 자꾸 일어나지요. 삼권분립은 각 나라의 형편에 따라서 분립하는데 삼권분립을 하든지 어떤 방법으로든 창조적으로 분립해야 됩니다.

우선 대통령제보다는 내각책임제가 권력분립이 좀 더 잘되어 있는 것 같아요. 앞서 얘기한 선택의 자유를 꼭 지켜 선택이 모자라면 발굴해서 창조하는 역할을 민주시민이 해야 됩니다. 민주당이 저렇다. 국민의 힘이 저렇다. 그럼 정당을 몇 개라도 다시 만들어야 돼요. 소선거구에서 중선거구로 바꿔야 됩니다. 미국처럼 소선거구로 하지 말고 중선거구로 바꾸면 여러 가지 정당이 살아납니다. 그런 것도 연구해서 어떤 식으로 중선거구를 해야 할지 연구해서 발표하고, 외국의 것도 참고를 많이 해야 됩니다.

# 15

# 이념의 토착화

"중국은 칼 마르크스나 레닌이 얘기한 사회주의를 답습하지 않았습니다. 자기한테 토착화시켜 중국식으로 만들었지요. 미국은 미국적인 여건에 맞추기 위해 민주주의 토착화를 하려다 이전의 민주주의가 부서져 버렸어요."

사람이 가지고 있는 가치관, 신념 체계(belief system), 의식 구조 등을 총망라해서 이데올로기라고 하죠. 이데올로기가 어디에서 왔으며 왜 왔으며, 어디로 가는지 알아야 됩니다. 이데올로기는 필요에 의해 만들어졌습니다. 이데올로기는 한 가지 역할은 분명히 했습니다. 정권을 정당화시키는 역할입니다. 모든 이데올로기는 자기들이 선택한 정권과 정치 체제를 정당화시키는 역할을 해왔습니다. 정당화시키려는 사회와 이념의 가치관에 차이점이 있으면 이데올로기가 살아나지 못하죠. 그래서 토착화가 중요한 것입니다. 토착화는 이데올로기 가치관이 그 사회의 문화와 생활 방식과 사회 구조와 발전 단계까지 해서 그 역사적 맥락에 맞아야 합니다. 맞추려 하는 것이 토착화입니다.

문화에 토착화돼야 하고 사회 구조에 토착화돼야 하고 경제 질서에 토착화돼야 합니다. 역사적인 맥락에서 토착화는 굉장히 어려운 얘기입니다. 분명한 사실은 토착화가 잘되지 않으면 이념이 살아나지 못합니다. 이념이 살아났다는 것은 토착화가 되었거나 또 토착화를 위해 이념이 바뀌는 상황에서 토착화를 시도하게 됩니다.

이념도 제일 크고 이념이 중요한 역할을 한 나라가 미국과 중국 이 두 나라입니다. 미국과 중국에서 토착화가 됨으로써 중국은 이념이 타당성이 있고 또 능력을 발휘할 수 있는 중국식 공산주의가 됐고 미국은 미국적인 여건에 맞춰서 민주주의 토착화를 하려 하다가 이전의 민주주의가 부서져 버렸어요. 중국은 칼 마르크스나 레닌이 얘기한 사회주의를 답습하지 않았습니다. 자기한테 토착화되도록 변화시켜 중국식 사회주의와 공산주의를 만들었지요. 미국은 그렇게 하지 않고 각각 준독립적인 상황인 13주가 민주주의를 토착화시키는 과정에서 기존의 기독교문화를 답습하고 정당화시키기 위해서 민주주의의 본연의 가치관을 무시하게 됐어요. 미국의 헌법은 토착화된 것을 보여줍니다. 미국의 헌법은 민주주의가 아니다. 저는 그렇게 보고 있습니다.

중국의 헌법이나 정치사상은 토착화가 잘돼서 마르크스-레닌 사상을 답습하지 않았고, 미국은 토착화가 잘 되었지만 그 문화가 잘못되어 결과적으로 민주주의가 어려움을 겪고 있습니다. 토착화하려고 기독교 문화에 맞추고 13주 연방 정부의 뜻에 맞추려다 보니까 민주주의를 포기하지 않으면 안 되게끔 지금 상황이 그렇게 되어 있습니다.

민주주의는 서구에서 나왔지요. 자연 질서 또는 신의 권위로 권력을 정당화시켰습니다. 인류 역사가 시작되면서 힘에 의해서 권력을 정당화시켰습니다. 플라톤 같은 사람이 볼 때는 이 세상에 자연 질서가 있는 거예요. 말하자면 가족같이. 가족은 선출하는 게 아니지 않습니까? 자연적으로 질서가 있고 그 질서에 의해 권력이 형성되고 권력이 행사되는 것이 당연하다고 봤죠. 그러다가 군사력이 있는 사람이 권력을 정당화시키고, 그다음에 신의 섭리를 대변하는 사람들이 권력을 정당화시킨게 중세 아닙니까? 그러다 르네상스 계몽사상이 시작됐어요. 12세기, 13세기에 나와서 계몽이 되고 사회가 발전되고 기존 문명이 없어지고 하니까 서구의 개인들이 자기의 권익을 찾게 되었어요. 독재주의에 권위주의에 자연 질서에 신까지 합쳐져 거기에 항의하면 안 된다고 하니까 나온 게 민주주의입니다.

민주주의에서 우리가 알아야 하는 개념은 평등입니다. 사람은 다 평등하다. 여기서 중요한 것은 사회 계약론입니다. 정치권력은 사회 개혁에 의해서 만들어진다. 치자와 피치자 사이에 계약에 의해서 권력이 탄생된다. 이렇게 보는 것이 민주주의입니다. 토마스 홉스에서 시작된다고 하는데 물론 토마스 홉스 그분도 사회계약론이 있습니다. 그러나 토마스 홉스는 인간은 본연적으로 선한 존재가 아니라 악한 존재이기 때문에 독재자가 강압으로 정치를 해야 한다고 봤지요. 그러나 존 로크나 장 자크 루소 같은 사회계약론자들은 인간은 선하다고 봤습니다. 동양에도 인간을 선하다고 보는 개념이 있고 악하게 보는 개념도 있지요. 유교에 대해서도 견해가 여러 가지이고.

다시 서구 이야기로 돌아가면 결국 자본주의적인 민주주의가 나타났습니다. 독재주의로 권력을 정당화해야 된다는 데는 이데올로기가 필요 없어요. 힘으로 하고 신의 섭리로 하니까 인간이 만든 이데올로기가 필요 없습니다. 그런데 인간은 평등하고 사회 계약에 의해서 한다고 하면 이야기가 달라져요. 계약을 한 쪽이 사람 아닙니까? 인민들 아닙니까? 피치자들 아닙니까? 그러니까 그 사람들이 머리가 좋아져서 정치 이념을 생각하게 되고 권력을 정당화시키는 이론을 만들게 됩니다. 그것이 다름 아닌 이념이고 이데올로기입니다.

이데올로기의 목적은 결론적으로 권력을 정당화시키는 것입니다. 그런데 권력을 정당화시키는 것까지만 하면 인간 사회가 잘되게 하는 데에 권위가 좀 부족하죠. 그래서 권력을 정당화시키는 이론을 설득력 있게 만든 것이 정치학입니다. 정치학이 바로 거기에서 출발되죠. 권력은 어디에서 나왔으며 권력이 어디로 가고 권력을 어떻게 누구의 힘으로 변화를 시키는지를 다루는 학문입니다. 정치학은 다른 게 아니라 권력학입니다. 자본주의가 독재와 권위주의에 신정(神政)까지 합해서 반대했죠. 반대하면서 제일 먼저 나타난 정치이론이 무정부론입니다. 아나키즘, 무정부론, 정부가 필요 없다는 거예요. 자본주의는 인간은 가만 놔두면 '보이지 않는 손'에 의해서 공동선이 만들어진다. 아담 스미스 등등. 이런 생각이 경제학에도 철학에도 적용되어 갔어요.

우리가 중요하게 생각해야 되는 거는 이 학자들 가운데 여러 사람이

장자크 루소가 얘기한 '제너럴 윌(General will, 일반 의지)'이 있다는 거예요. 사회에는 인간이 원하지 않아도 틀림없이 거기 있고 따라야 하는 원칙이 있다는 거예요. 예를 들어 "통일은 국민 하나하나가 다수가 원하기 때문에 우리가 주장한다." 이건 제너럴 윌의 입장이 아닙니다. 제너럴 윌은 "통일은 반드시 해야 된다. 통일은 역사적 소명이다. 이미 만들어지는 것이 당연하다." 이렇게 보는 겁니다. 통일을 국민들이 원하는 대로 따라가겠다 하면 루소 같은 제너럴 윌 이론이 아닙니다.

우리는 계량화되고 숫자화되고 또 민주화되면서 인간 평등을 다수결에 의해서 결정하지요. 그 민주주의라는 게 어떤 가치를 가지고 처음 유럽에서 시작된 것이 개인주의입니다. 그다음에 민주주의는 자유지요. 국가의 통제로부터 국민들을 자유롭게 놔두면 서로 싸움하지 않는다는 것. 거기에는 서로 눈에 보이지 않는 힘이 어딘가에서 나온다는 것, 그걸 '눈에 보이지 않는 손'이라고 하기도 하죠. 어떤 사람이 권력을 잡느냐. 계약에 의해 국민의 요청을 받은 사람들이 지도해야 된다. 그게 사회 개혁론 아닙니까?

민주주의도 저변에 흐르는 것은 사회 개혁입니다. 민중 개혁. 인민 개혁. 아무튼 민주주의가 토착화가 되니까 빈부 차이도 많아지고 또 아직까지 산업혁명이 안 일어나니까 월급쟁이들이 많이 없어요. 산업혁명이라는 게 상당히 늦게 일어났으니까. 월급쟁이들이 많이 없다는 것은 중산계급이 없다는 겁니다. 일정한 소득을 확보한 사람들이 많이 없다는 겁니다. 마르크스가 이상적인 사회를, 그런 사회가 아직 오지 않았는데도 가상적인 사회를 위해서 만든 것이 사회 발전 이론입니다. 프롤레타리아츠는 노동자라는 말입니다. 산업에 종사하는 일꾼들입니다. 그들이 노동자의 역할을 하려면 노동 계급이 있어야죠. 하지만 아직 산업혁명 전이라서 노동 계급이 유럽에 미처 나타나지 않았어요.

산업화로 보면 중국은 상상도 못할 만큼 후진됐죠. 완전한 농업 사회였어요. 산업화를 생각해서 마르크스와 레닌이 만들어 놓은 것이 유럽에 맞지 않았고, 그걸 레닌과 스탈린이 가져와 보니 소련에는 진짜로 프롤레타리아가 없었거든요. 중국을 생각해 보세요. 중국은 완전한 농경 사회 아닙니까? 인구의 90% 이상이 농업에 종사하는 사람들입니다. 농업사회의 발전을 위해서는 칼 마르크스 이론이 적용되지 않습니다. 중국 농경 사회에는 아무리 찾아도 프롤레타리아는 없고 사람뿐이었어요. 중국 사람들이 있고 외국 사람들도 있었습니다. 그때만 해도 이념이라는 건 권력에 정당성을 주고 그러기 위해서는 문제를 해결해줘야 합니다. 중국의 제일 큰 문제가 뭐였습니까? 배고픈 겁니다. 모택동이 와서 우리가 중요한 문제는 세 가지가 있다. 첫째도 배고픈 거, 둘째도 배고픈 거, 셋째도 배고픈 거다. 배고픈 것을 우리가 해결하지 않으면 안 된다. 그렇게 해서 나온 것이 중국의 민족주의적 사회주의 사상입니다. 현실적으로 경제적 궁핍을 해결해야 된다.

거기에다 중국은 아편전쟁 이후에 서구에서 착취를 당한 특별한 상황이 있었어요. 저도 어릴 때 중국에 살았기 때문에 아는데 서구 사람들이 눈에 보이게 착취를 했습니다. 인간 차별도 많이 하고. 서구에서 아주 악랄하게도 아편을 가지고 들어왔어요. 중국의 그 많은 인구에 6천만 인구가 아편 중독자예요. 제가 그 지역에서 살았습니다. 아편 중독에서 해방시키는 것이 중국 국가의 급선무였습니다. 다른 방법이 없었어요. 강압적인 중앙집권으로 정리했어요. 아편 중독자들을 물리적으로 다 없애버렸습니다. 아편 중독자들을 죽여서 길에 쌓아 놓은 모습이 지금도 기억이 납니다. 그만큼 중요한 경험을 중국이 했습니다. 그런 경험은 사실 우리나라도 못 했어요. 그래서 중국의 사상은 서구 사상에 대해 직접적으로 도전합니다. 서구 사상을 받아들일 수는 없다는 거예요. 그래서 1949년에 장개석이 쫓겨났지 않습니까. 장개석은 서구적인 경향이 좀 있었죠. 세 번째 부인(쏭메이링)이 조지아 웨슬리언 대학교를 졸업해서 그 학교에 축하도 하고 했습니다. 아무튼 장개석을 위시로 해서 국제적인 세력을 의지하는 건 전부 다 없애버렸어요.

그 다음에 아까 말씀드렸듯이 중국의 프롤레타리아 계급이 없는데 여기에는 외국 사람들이 아직 상당히 많이 살고 있었어요. 모택동 혁명 이론에 두 단계가 있습니다. 첫째는 강압적으로 물리적으로 외국 사람을 쫓아내야 한다는 거예요. 둘째는 대화로써 평화적으로 할 수 있다는 개념입니다. 중국에 이념이 들어오려고 하니까 중국 사회에 정치적인 맥락, 사회를 알아야 하거든. 그게 지금 돌아보면 제일 중요한 것이 소수 민족 문제입니다. 워낙 큰 나라이기 때문에 소수민족이 인구의 7%밖에 안 되지만 수천만이 되죠. 소수 민족이 두 가지 큰 의미가 있는데, 일단 경제적인 의미가 있어요. 산업화되는 과정에서는 지하자원도 소수 민족이 살고 있는 서쪽의 연변 같은 곳에 많습니다. 거기에다가 소수 민족들이 사는 데는 국경만 건너면 같은 민족이 살고 있습니다. 중국에서 두만강, 압록강만 건너면 조선이 되는 것처럼. 그런 곳이 16개인가 있습니다. 그렇기 때문에 국가에서는 이 소수 민족에서 반란이 일어나지 않도록 만족시키는 것이 굉장히 중요합니다. 어느 정부도 그걸 먼저 해결해야 됩니다.

그래서 중국에서는 아예 성급인 성을 하나 만들었어요. 민족위원회라는 걸 만들었습니다. 거기 위원장은 장관급입니다. 거기서 소수 민족을 다루는데, 한 가지만 말씀드리죠. 소수 민족을 껴안습니다. 배제하는 것이 아니고. 미국도 그 점은 배워야 됩니다. 중국에서는 소수 민족을 흡수하려(assimilate) 하지 않고 수용해야(accommodate) 된다고 합니다. 미국은 전부 다 "Make America great again!(미국을 다시 위대하게!)"라고 해서 외국 사람들이 들어와도 전부 이용하고 그들의 권익을 돌봐주지 않습니다. 중국은 그런 게 아니에요. 소수 민족을 오히려 우대합니다. 문화혁명 때는 소수 민족 착취가 좀 과했었지요. 문화 혁명 이후 1976년 이후에는 소수 민족한테 권익을 많이 부여했습니다. 정책에서도 고려되고. 이것도 하나의 민족성이라고도 볼 수 있는데, 중국에는 왜 저 사람들을 우리보다 더 좋게 대하느냐 하는 불평이 없습니다. 이 중요한 소수 민족 문제를 이제 중국이 해결해나가고 있습니다. 국제 문제에서도 다른 소수 민족들을 착취하는 게 아니라 상호 협력할 수 있게 하는 것은 가치관의 저변에 흐르는 유교 사상입니다. 중국에 토착화 돼야 하는 문화는 유교죠. 중국과 미국 사이에 알력이 있고 앞으로도 그렇게 될 겁니다. 유교와 기독교를 비교하지 않으면 근본적으로 그 관계를 이해할 수가 없습니다.

중국 정부에서 유교를 없애려고 애를 많이 썼어요. 1949년에 중화인민공화국 정부가 들어서서 해보니까 사회주의가 좀 잘 되거든. 왜 잘 됐느냐. 집단 농장을 하는데 한 집단 체제가 100가구에서 120가구밖에 없었어요. 한 동네가 한 집단이에요. 자연적으로 형성된 질서 체제가 있습니다. 도시도 서서히 발전됐어요. 유교도 학자들이 많이 연구하겠지만, 제가 간단하게 보기에 유교는 인간과 인간관계를 정의하며 어떤 것이 옳은 관계이고 어떻게 행동하는 것이 옳은 인간관계인지를 중요하게 여깁니다. 인간과 인간관계란 사회거든요. 유교는 사회 질서가 제일 중요합니다.

기독교는 사회 질서가 중요한 게 아니라 형이상학적이고 신학적인 질서가 중요합니다. 거기에는 항상 선택된 사람과 버림받은 사람이 있습니다. 천당 갈 사람과 지옥 갈 사람을 딱 정해놨어요. 그걸 이용해서 인민들을 착취하기도 하고 안 하기도 하죠. 지금 제가 미국에 상당히 오랫동안 살고 있는데 미국만큼 종교화, 기독교화 된 나라는 없습니다. 종교 국가입니다. 미국이 기독교에 의해 종교화됐으니까 기독교의 인간관계를 살펴봐야죠. 기독교 인간관계는 양분되었습니다. 선택된 사람과 버림받은 사람. 성경에서 전부 다 입증하죠. 갈라지면 칼 마르크스처럼 변증법적으로 승화시키고 계급투쟁이 없어지는 게 아닙니다. 버림받은 사람들은 사회에서 받아들이지 않아요. 심지어 적이거나 악마가 되지요. 기독교의 악마를 사랑하라는 말은 없습니다. 원수를 사랑하자라고 하지만, 원수가 되면 전부 악마를 만듭니다. 요새 이스라엘하고 하마스하고 전쟁이 일어났잖아요. 미국의 유대인뿐만 아니고 미국 언론에서는 100%가 하마스가 악마라는 거예요. 기독교에서 악마는 죽여야 할 운명입니다. 악마를 죽이는 거야. 소수 민족이나 또 발전되지 못한 인민들, 지구의 남쪽에 사는 사람들을 보면 다 착취를 당하는 사람들이고 착취 당하는 사람들을 악마화해서 죽게 해요. 이게 가장 큰 문제입니다. 사람이 사람을 죽이는 것을 정당화시켜요.

중국은 경제적으로는 자본주의이고 문화적으로는 유교이고 정치적으로는 민족주의입니다. 그래서 칼 마르크스나 레닌의 사회주의 이데올로기는 중국에서는 없어졌습니다. 중국에 대한 정책을 세우려면 중국에서 지금 살아 있는 정치 이념이 무엇이고 어떻게 생겼고 왜 그렇게 변했는가를 알아야 합니다. 더 복잡한 게 미국인데, 미국은 제가 말씀드렸듯이 헌법주의 아닙니까? 모든 것을 헌법에 의해 합리화시키고 헌법에서 정당성을 가져옵니다. 그런데 그 헌법에 있는 수없이 많은 조항들이 비민주적입니다. 제일 중요한 것이 참여 민주주의, 정치 참여를 하는 것 아닙니까? 참여권은 선택권인데 선택 대상이 공화당과 민주당밖에 없습니다. 국민에게 무슨 선택권이 있습니까? 두 당에 모든 것을 맡기는 것보다는 제3당이 나타나는 것은 바람직한 현상으로 봅니다.

우리 대한민국도 미국을 본받아서 사람들이 제일 걱정하는 게 뭡니까? 직장입니다. 공부도 직장을 구하기 위해서 하니 학문의 발전이 없어집니다. 학문적으로 보면 학문이 제일 발전되지 않는 곳이 미국이 아닌가 생각합니다. 학문이라도 제일 발전된 곳이 대한민국이면 좋겠습니다. 미국은 말로만 민주주의가 있지 실질적으로 헌법주의로 민주주의를 죽입니다. 미국의 삼권 분립 자체가 민주주의가 되지 못하죠. 대법원이 어디 그게 3분의 1 역할을 합니까? 어중간한 9명이 앉아서 마음대로 하는데 그거부터 없애야 됩니다. 대통령제인데도 대통령 선거를 민주주의로 하지 않습니다. 선거인단(electoral college)도 어떤 주에 살면 정치적 영향력이 높고 어떤 주에 살면 무시당합니다. 지금 말썽이 많은 트럼프가 일곱 주를 지적해서 선거법만 바꾸면 자기가 당선됐다고 하는데 그것도 전부 다 미국을 움직이는 언론이고 정보고 돈입니다. 딥스테이트 얘기했죠? 잘못된 정보, 잘못된 언론, 그리고 돈이 미국을 움직입니다. 자기도 모르는 사이에 트럼프도 그렇고 더구나 조 바이든은 이 세 가지의 영향을 고스란히 받고 있습니다. 그러나 자기들이 그런 영향을 받고 있어서 다른 힘이 없다고 인정하는 사람은 하나도 없습니다.

미국을 알려고 하면 민주주의가 뭔지 알아야 하는데, 처음부터 민주주의는 선택의 자유에서 나왔습니다. 선택의 자유가 있으려면 선택의 대상이 많아야 하고 선택 대상에 대한 신뢰할 만한 정보가 있어야 합니다. 그런 정보가 없으니까 정보를 조작해내죠. 본래 민주주의란 게 개인의 자유, 창의성을 발휘해야 하는데 미국의 민주주의는 그러지 못하고 소위 딥스테이트에 사로잡혀 버렸습니다. 헌법주의 자체가 비민주주의고, 그나마 헌법주의가 잘되지도 않습니다. 중국은 토착화가 잘됨으로써 사회가 많이 발전했어요. 미국은 토착화가 잘됨으로써 오히려 망해가는 길에 놓여 있습니다. 북쪽은 토착화가 잘된 중국의 토착화를 본받은 것이 많지만 그중 제일 중요한 인민이라는 개념을 받았습니다. 인민 개념이 중국과 노스코리아가 어떻게 다른지는 요다음 시간에 인민 이야기를 많이 하겠습니다. 그때 이 문제를 짚어 봅시다.

# 16

# 인권과 통일

"이념이 없습니다. 이념의 지침이 없습니다. 통일을 위한, 통일로 가는, 통일된 이후에 유지해야 하는 조국의 이념이 없습니다. 사회주의와 자본주의는 이미 역사적으로 들통났습니다. 이제 더 나올 게 없어요."

세월이 흘러 시즌 2가 오늘로 종강이 될 것 같습니다. 섭섭하기도 하고 시원하기도 합니다. 이번 사랑방 시즌 2가 역시 시즌 1에서 한 것처럼 책으로 모습을 달리해서 시중에 나올 것 같습니다. 그렇게 하도록 최선을 다하고 있고 노력하는 분들께 고맙게 생각합니다.

오늘 이야기는 분단입니다. 우리가 분단됐기 때문에 평화가 없고 통일은 꿈도 꿀 수 없습니다. 누가 분단시켰느냐. 누가 책임이냐. 저는 그걸 따질 의향도 흥미도 없습니다. 앞으로 어떻게 봐야 되겠는지가 문제지요. 과거에 길을 잘못 걸은 게 누구인지 왈가왈부한 학자들도 많았지만 정답도 별로 없습니다. 한국에서는 보수와 진보라는 개념조차 혼란되어 있습니다. 분단되어 있기 때문에 분단을 지양하는 문화적인 운동, 정서적인 운동이 없으면 평화가 오지 않습니다. 통일 없이 평화 없다. 평화 없이 통일 없다. 이론적으로 왈가왈부할 것이 아닙니다. 70여 년 동안 하루도 평화가 없지 않았습니까. 통일에 관한 여러 가지 다른 생각들이 얽히고설켜서 적대적인 경향을 가진 그룹들도 있고, 70 몇 년 동안 이 모양 이 꼴로 꼼짝 못하고 있습니다.

분단은 누가 했느냐. 그것도 얼마든지 재미는 있지만, 지금 급한 것이 그게 아닙니다. 우리 조국의 전쟁 가능성이 날로 높아가고 있습니다. 만의 하나라도 전쟁이 난다면 우리 민족이 전부 없어지는 상황까지 생각하지 않을 수 없습니다. 어느 국가든지 통일 국가에 꼭 있어야 되는 것은 주권과 영토와 국민입니다. 중학교 교과서에서 우리가 다 배워온 것입니다. 영토와 국민 다음에 주권이 있는데, 주권은 이념으로써 나타납니다. 이념의 역할은 어떤 정치 체제에 정통성을 가져다주는 것입니다. 별로 크지는 않지만 우리가 그래도 영토는 존재하는데 문제는 주권이 없습니다. 주권이 있는 국가가 되는 데에 우리가 심혈을 기울여야 한다고 생각합니다. 제 생각에 남이나 북이나 주권이 없는 이유는 우리에게 필요한 이념적 지침이 없이 지금까지 왔기 때문입니다. 미국을 따라가든가 또는 누구를 반대하든가 또는 다른 데에서 이념의 정통성이 없는 것을 정당화시킨 것인지 우리 스스로 주권적인 이념이 없습니다.

수십 년 동안 사회주의와 자본주의가 한반도에 있었는데 거기에서 남과 북이 서로 체제의 정통성을 경쟁한다기보다는 전쟁을 하다시피 격렬하게 대치해 오늘날까지 역사가 흘러오고 있습니다. 지금까지 통일을 하려고 해봤는데 안 된 이유가 어디 있습니까? 아이디어가 없어서 통일이 안 된 건 아닙니다. 북진 통일도 남조선 정복도 이론은 다 있죠. 햇빛 정책도 이론은 다 있죠. 그런데 안 되는 거는 마음이 없어서입니다. 이론은 있지만 마음이 없어요. 돌아서면 다른 생각이나 하고. 어느 대통령도 일관성 있게 그 이념을 제시한 적이 없습니다. 남쪽에는 북진 통일여러 대통령이 또 그렇게 했죠. 북진 통일을 하다가 그다음에 심지어는 햇빛 정책까지 나왔는데, 햇빛 정책 자체도 말하자면 북을 잡아먹어야겠다는 속셈에서 나왔습니다. 그걸 북에서 먼저 알고 지적을 합디다. 햇빛 정책 나오자마자 제가 직접 북에 갔는데 북에서 그러더군요. 우리를 잡아먹으려고 한다. '따뜻하게' 하면 우리가 사회주의 옷을 벗어젖히리라고 기대하고 우리를 붕괴시키려고 한다. 햇볕 정책까지 포함해서 대한민국에서 통일을 이룰 만한 건설적인 정책 설계도가 한 번도 나온 적이 없습니다.

해외에 있지만 제가 한 사람의 학자로서 오늘 결론적으로 얘기하는 것이 그 설계도입니다.

이 설계도를 위해서 사랑방을 3년이나 했지 않습니까? 우리는 영토도 있고 국민도 버젓하게 있고 돈도 없는 게 아닌데 이념이 없습니다. 이념의 지침이 없습니다. 통일을 위한, 통일로 가는, 통일된 이후에 유지해야 하는 조국의 이념이 없습니다. 그 이념을 우리가 지금이라도 정립하고 또 거기에 대해서 찬반을 해서 더 좋게 만들고 현실화되도록 하는 것이 중요합니다. 사회주의와 자본주의는 이미 역사적으로 들통났습니다. 이제 더 나올 게 없어요.

세계적으로 봐서 사회주의도 평등한 국가를 이룩하지 못합니다. 옛날에 유고슬라비아 티토 대통령이 얘기한 것처럼 사회주의 국가에도 나름대로 부정부패가 있고 결국은 원래의 약속대로 사회 발전에 역사의 지침을 둘 수가 없습니다. 자본주의는 더 말할 것도 없이 복잡하게 되어 가지요. 자본주의는 유럽에서 미국으로 건너왔는데 유럽의 자본주의와 미국의 자본주의는 달라요. 유럽의 민주주의와 미국의 민주주의도 다릅니다. 지난번에 말씀드린 것처럼 미국이 자본주의적인 민주주의를 토착화시키는 가운데서 나온 산물이 미국 헌법입니다. 그 헌법을 제가 열심히 좀 읽어봤는데 그 헌법 문서가 아주 비민주적입니다. 헌법에 기반을 둔 미국의 정치 체제가 민주주의라는 말을 정당화시킬 수가 없습니다. 사회주의도 마찬가지입니다. 사회주의 중에 가장 성공적으로 발전하고 있는 곳이 중국인데, 중국도 경제적인 면에서는 사회주의를 이탈했습니다. 경제적인 면에서 자본주의가 돼버렸습니다. 사회주의도 자본주의도 본연의 자세를 다 상실하고 말았습니다.

둘 중에 취사선택을 해서 경제 정책은 사회주의, 정치적인 거는 자본주의, 문화적인 거는 민주주의 이런 식으로 비빔밥 만들 듯이 섞어서는 안 됩니다. 그래서 제가 제시한 것이 인권주의입니다. 제가 저 나름대로 수십 년 동안 가르치고 들여다봤지만, 인권 중에 제일 중요한 것은 자유권과 평등권입니다. 자유권은 자본주의와 민주주의이고 평등권은 사회주의 공산주의. 그렇지 않습니까? 그러니까 사회주의와 자본주의 혹은 공산주의와 민주주의가 모두 포함된 이념이 곧 인권 이념입니다. 그러니까 우선 첫 인상에 인권으로 통일 이념을 구상을 해보자. 그게 저 나름대로 생각이었습니다.

인권을 들여다보니까, UN 인권위원회에서 또 여기저기에서 인권 주장을 많이 해요. 인권에서 제일 중요한 것은 자유라고 자본주의에서는 그러죠. 사회주의에서는 평등이라고 그러죠. 그렇게 멍군 장군 하다가 끝나지 않아요. 끝날 필요도 없고. 자유가 없으면 평등이 의미가 없고 평등이 없으면 자유가 의미가 없는 것이 원칙입니다. 자유와 평등을 종합해서 이념 하나를 가지고 나온 게 인권주의입니다. 보통은 인권주의라는 말은 쓰지 않습니다. 사회주의나 자본주의처럼 제가 새로 쓰는 말입니다.

인권 중에 자유와 평등보다 더 중요한 인권이 있습니다. 생존권입니다. 살 권리. 살 권한. 그걸 반대하는 아무런 제도도 없고 정치도 없고 나라도 없고 이념도 없습니다. 그래서 생존권이 제일 중요합니다. 생존권은 남에도 필요하고 북에도 필요하고 미국도 필요하고 중국도 필요하고 다 똑같은 거예요. 생존권을 반대할 사람은 없습니다. 생존에 필요한 것들은 목표(Goal)는 같지만 "무엇을 먹을래?" 하면 밥을 먹을래, 빵을 먹을래 다양합니다. 전략적 선택(strategy choice)은 다르더라도 결국은 먹어야 사람이 사니까 먹는 문제를 해결해야 됩니다. 그다음에 전쟁 문제를 해결해야 해요. 질병 문제를 해결해야 해요. 우리가 봐서 필요한 것이 없는 것을 정치 이념의 도전 과제로 봐야 됩니다. 정치 이념의 도전은 인간이 요구하고 인간에 필요한 인권을 우리가 추구하는 것입니다. 줄곧 말씀드렸지만, 오늘은 마지막이기 때문에 제가 너무나 중요한 거는 반복하겠습니다.

인권이라고 하면 그 개념에 세 가지 원칙이 있습니다.

첫째, 누구나 다 가지는 거예요. 보편적인 적용 가능성(universal applicability). 누구나 다 인권이 있어야 된다는 겁니다. 세상에 태어난 사람은 인권을 가지고 태어나는 거예요.

둘째, 아무도 박탈해가지 못합니다. 정부를 위시해서 사회 제도나 언론이나 문화가 인권을 박탈할 수가 없습니다.

셋째, 인권을 준수하자. 집단적인 책임이 있습니다. 인권을 이루어야 할 책임이 있습니다. 아프리카의 아이들이 굶어 죽고 전쟁으로 오갈 데 없이 죽게 되면 그 사람들의 생명권이 침해되니까 세계에 살고 있는 모든 사람이 공동 책임을 져야 한다는 것이 인권의 속성 중에 하나입니다. 그걸 권리(entitlement)라고 합니다만, 그런 식으로 인권을 추구하면 인권은 서로 잡아먹는 게 아닙니다. 내가 인권이 있다고 해서 다른 사람의 인권을 유린하고 박탈해서 내 인권을 찾는 그런 게 아닙니다. 제로 섬 게임(zero sum game)이 아닙니다. 인권은 참가자 모두에게 혜택이 돌아가는 포지티브 섬(positive sum)입니다. 나도 좋고 너도 좋고. 그렇게 살 수 있는 것이 인권입니다. 세상에 인권만큼 좋은 개념이 없습니다. 인권이 사회에서 나타나야지요. 정치 제도에서 나타나지요. 생활권에서 나타나야지요. 생활권의 문화나 생활양식이 서로 조화를 이루어야 합니다. 삶의 맥락이 어떤지 남과 북의 차이점은 이미 우리가 압니다. 전부 냉전 이념에서 유발되었죠. 그러나 민족성이랄까 집단적인 성향이 남과 북은 동질적인 게 굉장히 많습니다. 똑같은 가치관으로 인권과 통일 이념을 만들어야겠다는 생각입니다.

제가 한 열 가지 있는데 다섯 가지만 얘기하지요.

제일 중요한 것은 사람입니다. 우리나라 말처럼 사람과 인간을 구별하는 데가 없습니다. 인간이 사람이 돼야 사람 취급을 받지 인간이 인간으로서 그냥 있으면 안 된다. 그럼 어떤 게 인간이고 어떤 게 사람이냐. 그걸 연구해야 됩니다. 그 사회에서, 대한민국에서 혹은 조선민주인민공화국에서 사람이라 하면 어떤 걸 의미하느냐. 미국에서 사람이라고 하면 차별이 있느냐. 제가 볼 때 미국에 인간과 사람의 차이가 없습니다. 근데 우리 민족은 "저놈의 인간은 언제 사람 돼!" 같은 이야기가 북에서도 통하고 남에서도 그대로 통합니다. 그럼 어떻게 된 것을 사람이 됐다고 하느냐. 그걸 우리의 통일학에서는 정리해야 됩니다. 사람의 자격이 뭐냐. 사람의 속성이 뭐냐. 인간과 다른 속성이 뭐냐. 그걸 찾아야 합니다.

다행히도 우리 민족은 그런 걸 많이 생각해요. 비록 우리가 가난했고 역사적으로 짓밟히고 찢어지고 했지만, 그래도 우리 민족에게는 얼이 있어요. 민족적인 얼이 있어요. 그 얼을 탐구해야 한다고 생각합니다. 통일의 기본은 민족의 얼을 찾아야 되겠고 얼하고 또 관계가 되는 것은 양심입니다. 양심은 우리 민족이 가진 절대 가치를 의미합니다. 양심에 가책이 안 되나. 양심에 가책이 되는 거는 객관적으로 사회과학적으로 정의할 수 없습니다. 어떤 게 양심의 가책이 되는지 예는 있겠지만 정립하기는 굉장히 어렵습니다. 양심이라는 절대 가치가 우리한테는 있다.

아무리 공부를 못하고 돈이 없고 농촌에서 고생을 하더라도 역시 양심을 중요하게 생각합니다. 북에서는 무엇을 양심이라고 하며 남에서는 뭐를 양심이라고 하는지 그런 걸 연구하는 게 통일 연구입니다.

그다음에 남이나 북이나 우리가 많은 것은 한입니다. 정이 많은 사람이 그 정을 표현을 못할 때 한이 생깁니다. 우리 민족만큼 정이 농후하고 강한 민족이 또 없습니다. 우리 민족의 속성 중에 제일 중요한 게 저는 정이라고 생각합니다. 그렇기 때문에 한이 있습니다. 정을 싣지 못할 때 한이 생기는 것입니다. 한이라는 개념을 우리 민족은 교육 못 받았더라도 못 받으면 못 받을수록 한을 잘 느낍니다. 한을 못 느끼고 그걸 피해서 정당화시키는 지성인들도 있지만요. 이산가족들의 한. 저는 요새도 밤에 꿈을 꿀 때 옛날 생각을 하고 이산가족으로서의 한을 꿈이라도 아직까지 체험하고 있습니다.

개인적인 얘기지만 제 아버님이 맏아들이신데 아들이 없어요. 아들이 없으면 둘째 아들의 아들을 양자로 데려오지 않습니까? 그래서 저는 친할아버지 할머니하고는 옛날에 이별을 했습니다. 한국으로 피난 나올 때 우리 친할아버지가 아니고 양자로 온 그 할아버지 할머니였습니다. 그래서 진짜 할머니 할아버지를 얼마나 그리워했는지 몰라요. 제가 어릴 때부터 만주에 그냥 버려두고 우리만 왔거든요. 그래서 돌아가셨다고 생각하고 제사를 지냈거든요. 그러다가 제가 1981년인가 북에 처음 가면서 만주에 가보니까 할아버지 할머니께서 최근 2년 사이에 돌아가셨어요. 돌아가시기 전에 몇 년 동안 제사를 지냈다는 얘기입니다. 좀 이상하죠. 돌아가시지 않는데 제사를 지냈으니까. 그런 경험도 있고 그런 경험이 다 한이 되는 겁니다. 그래서 우리는 한을 풀어주는 정치 체제가 돼야 하고 이념이 돼야 할 것입니다.

한은 풀지 않으면 안 풀립니다. 풀지 않으면 안 됩니다. 이다음에 특강할 때 제가 이산가족을 어떻게 만나게 해줬는지 경험상을 말씀드리죠. 이산가족들은 한 사람 한 사람이 전부 한이 맺혀서 한평생을 살고 있습니다. 대부분 돌아가셨어요. 한은 영어로 번역이 안 됩니다. 없습니다. 우리 민족만이 있는데 그런 아프고 슬픈 경험이 있기 때문에 그렇습니다. 그런 경험이 내내 있었기 때문에 한이 하나의 민족성이 돼버렸습니다. 넋이라고 하고 혼이라고도 하는 게 있습니다. 그렇게 보면 우리는 형이상학적인 거를 많이 생각하는 민족입니다. 하늘이 부끄럽지 않나. 하늘이 알고 땅이 알고 내가 알면 되지. 저는 그런 마음을 많이 가지고 있습니다. 하늘이 알고 땅이 알고 내가 알면 됐지 이 세상의 사람한테 알려줄 필요도 없다는 것이죠. 제가 지미 카터가 북한에 가는 걸 도와줬다는 것도 그때 좀 민감한 점도 있고 해서 얘기를 안 했죠. 황장엽 만난 것도 그렇고. 내 스스로 하늘이 알고 땅이 알고 내가 알고 이 셋이 알면 됐지. 다른 어느 누구한테 내가 알릴 필요가 없다. 지금도 그런 생각입니다. 미국은 그런 아량이 전혀 없습니다.

그다음은 우리말입니다. 우리말은 굉장히 고급입니다. 제가 50년 동안 안 써온 말도 표현이 되지 않습니까? 구사가 되거든. 말이 훌륭해서 그렇습니다. 제가 기억력이 좋아서가 아니라 말이 훌륭해서 그렇습니다. 근데 그 훌륭한 것 중에 더 중요한 것은 다른 나라보다 우리말에는 존대어가 있습니다. 존대어. 그게 굉장히 중요한 것입니다. 사회 질서를

말로써 구별해낼 수 있습니다. 저는 존대어를 사용하는 민족이라는 점을 강조하기 위해서 통일헌법에 존대어를 쓰자고 생각합니다. 존대어로 "헌법 1조, 2조, 국호는 뭐라고 합시다." 그런 식으로. 제 책도 처음 나온 것들 이외에는 다 존대어를 썼습니다. 존대어를 쓰니까 마음이 편해요. 말이 얼마나 중요한지 말이 무엇을 상징하는지를 언어학(linguistics)에서 좀 더 공부해야 됩니다.

우리 민족은 오뚝이 민족이에요. 그건 좋은 겁니다. 안 쓰러져요. 자빠지고 나면 금방 또 일어나거든. 자빠지고 나면 또 일어나는 게 오뚝이 아닙니까? 그런 민족이 우리 민족입니다.

그다음은 경험입니다. 사람과 사회와 국가와 민족 전체를 보더라도 우리 민족만큼 경험이 풍부한 민족은 세상에 없습니다. 경험이 풍부한 남과 북을 합해서 그것을 정리하면 우리만큼 다양하고 또 깊은 경험을 한 민족은 없을 겁니다. 경험이 왜 중요하냐. 경험은 사고의 절대적 동기가 됩니다. 제가 과학 철학을 하면서도 상당한 정도의 지적인 준비가 되었을 때 인간의 언어로 표현이 되는 겁니다.

마지막으로 중요한 것은 단군입니다. 과학적으로 단군 사상을 연구해야 합니다. 우리 서기에서 2333년 합이면 단기가 되죠. 단군은 서기보다 2333년 더 오래됐어요. 예수님 탄생한 원년이 서기 1년입니다. 단군은 그것보다 2333년 전에 세상에 태어났어요. 태어난 묘를 평양에서 봤습니다. 묘도 있고 연구하는 학자들도 수없이 많아요. 우리도 연구해야 돼요. 한민족의 아이덴티티를 단군에서 찾아야 된다고 봅니다. 단군 하면 저는 한 가지 개념밖에 모릅니다. 홍익인간. 이런 책 저런 책을 봐도 결국은 홍익인간을 실천하는 것이 단군입니다. 다른 사람들이 이익을 도모하는 데 널리 협조하는 것이 홍익인간입니다. 요즘 얘기하는 제로섬 게임은 다른 사람은 못나게 취급하고 자기가 자리에 올라서려 하는 것은 단군의 사상 홍익인간이 아닙니다. 그런 훌륭한 사랑을 그 시대 때에 했으니까 얼마나 훌륭한 단군이에요? 지금 2023년에 2333년을 더해 보세요. 플라톤, 소크라테스, 공자가 나오기 수백 년 전에 단군이 있습니다.

신화라서 과학적이지 않다고 하는데, 신화도 과학적일 수 있다는 인식적 논의를 우리가 할 수가 있습니다. 어찌 보면 학문은 대부분 신화적인 요소가 많습니다. 요새 인공지능 AI가 유행하지 않습니까? 우리가 알고 있는 많은 것이 AI에 의해서 만들어졌습니다. 과학적으로 만들어진 것이 아니니까 일종의 신화입니다. 신화로 볼 수 있습니다. 그러니 단군 얘기도 과학화시킬 수 있는 신화라고 생각합니다. 제가 두 학기 전이 강의를 시작할 때 북한을 옳게 알자고 했지 않습니까? 그래서 지금은 북한을 옳게 알 만큼 알았어요. 그런데 우리를 옳게 알자. 우리는 복수 아닙니까? 남과 북을 합해서 우리 민족을 옳게 알자. 그러려면 단군에서 시작해야 한다고 생각합니다. 역사도 그렇게 봐야 됩니다. 역사 가운데 전쟁사나 여성의 위치와 역할도 우리가 재조명해야 하지 않겠나 생각합니다.

분단이 문제예요. 분단은 분명히 외세에 의해서 됐습니다. 외세에 의해서 분단이 고착화되고 유지되어 왔습니다. 그런데 나쁜 건 외국에 책임을 전가하고, 미국이 나쁜데 이제 미국의 패권이 사라지고 있으니까 나쁜 역사도 따라서 없어진다는 식으로 봐서는 안 됩니다. 미국을 미화시켜도 안 되고 악마화해도 안 돼요. 과학화 객관화시켜야 됩니다. 외국을 보며 우리는 그중 누구를 닮아갈까 하는 식으로 봐서는 안 됩니다.

통일 정부는 중립화가 되어야 하는데, 중립화에 대해서 한두 말씀 드리죠.

중립화는 크게 두 가지가 있습니다. 하나는 유엔에 가입한 120개 나라들입니다. 냉전 시대에 동과 서가 서로 각축하며 경쟁할 때 제3세계에 사는 사람들, 대표적으로 인도, 유고슬라비아, 아까 말씀드린 티토 같은 사람들이 앞장서 나온 것이 중립국 이야기입니다. 서쪽도 싫고 동쪽도 싫다. 미국이나 러시아를 옹호하고 주장할 게 아니라 객관적으로 중립화를 해야겠다. 그래서 이익을 최대한 도모해야겠다. 그것이 지금 많은 나라들이 그런 말을 하고 그런 노선을 따르고 있습니다. 그게 중립화죠. 그게 중립화인데 실현성이 없습니다. 120 몇 나라가 어떻게 중립화를 해요. 또 하나의 중립화는 세계의 패권을 장악하고 움직이는 국가들이 인정하는 '전쟁하지 않는 나라'입니다. 그게 영세중립국 또는 영구적 중립국 개념인데, 이것도 틀렸습니다. 누가 시켜줘서 중립화하는 건 중립화가 아닙니다. 스스로 주권적으로 해야죠. 영세 중립화라는 말을 저는 다른 말로 사용했으면 좋겠어요.

중립화는 우리가 중립화를 원해서 우리가 선언하면 끝나는 거예요. 선언(declare)해서 그대로 정치와 정책을 이런 식으로 하겠다고 주권 국가로서 "우리는 평화를 추구하는 주권 국가이다!"라고 하는 세상에 성명서를 발표하면 그걸로 끝납니다. 그렇다 해도 다른 나라에서 침범할 수 있습니다. 그렇기 때문에 전쟁에 대비해야 합니다. 전쟁 준비도 하고 핵무기도 계속 추구하면서 평화 지향의 목적을 세상에 선언하면 됩니다.

전쟁에는 절대 참여하지 않는다. 군사 동맹에는 참여하지 않는다. 그러한 원칙을 앞에 내세우고 우리는 영원히 평화를 추구하는 주권 국가라는 것을 세상에 천명하면 그것으로써 독립국이 됩니다. 물론 잘 안 되겠죠. 그러나 제가 원하는 제3정부, 셋째 정부, 통일 정부는 영원히 평화적인 주권국으로 성명을 발표하고 또 선언해야 한다고 생각합니다. 그렇게 하기 위해서 우리가 원하는 제3체제의 경제 원칙은 무엇이며 정치는, 문화는, 사회는 무엇인지 등등 이걸 다 해야 되죠.

그러나 한 사람만의 머리로는 안 됩니다. 그걸 하기 위해서 필요한 것이 제가 얘기하는 통일대학입니다. 개성대학이 될 수도 있고 통일대학이라는 말을 붙여도 됩니다. 대학을 만들어 놓으면 그곳이 통일 체제의 전신이 됩니다. 대학이 만들어졌다고 하면 우리는 모종의 통일이 되었다고 얘기할 수 있습니다. 70몇 년을 또 다시 기다려야 합니까. 대학을 만들면서 통일되었다고 또 평화 주권 중립을 선언하고 통일 국가를 만들어 내야 합니다. 그런 데는 연구하는 사람 또 교제하고 설득시키는 사람들도 모두 힘을 합해야 되요. 인권이라는 개념을 부정적으로 보는 학자는 거의 없습니다.

인권 중에 제일 중요한 것이 자유라고 하지 않았습니까? 그렇다고 봅시다. 자유에는 두 가지 종류가 있습니다. 소극적인 자유가 있고 적극적인 자유가 있습니다. 소극적인 자유는 세 가지 정도를 역사적으로 고찰해 왔습니다. 정권의 강압으로부터의 자유, 궁핍으로부터의 자유 그리고 상대적인 박탈감으로부터의 자유, 곧 상대적 자유(relative freevation)입니다. 빈부차가 심한 사회에서는 자유가 의미 없어요. 그래서 소극적인 자유입니다. 적극적인 자유는 한 가지입니다. 선택권입니다. 제가 지난 학기에 말씀드렸죠. 지난 학기에는 적극적인 자유만 얘기했어요. 소극적인 자유는 역사적으로 세 가지 다 볼 수 있지 않습니까? 우리의 이념은 적극적인 자유와 소극적인 자유를 다 추구해야 돼요.

평등은 자유처럼 그렇게 복잡하지 않습니다. 골고루 나눠 먹는 게 평등입니다. 그러니까 필요한 만큼 갈라 먹느냐 아니면 덮어놓고 균등하게 분배를 하느냐의 차이들이 있습니다. 그런 차이를 이론가와 정치가들이 서로 논쟁해야죠. 그건 바람직한 거예요. 우리의 통일 국가, 제3국가가 지향해야 하는 이념적인 길을 구체적으로 모색하기 위해서 평화대학을 남과 북이 협력해서 만들자는 겁니다.

어느 나라든지 국가를 떠받치고 국가에 충성하려면 이념이 있어야 됩니다. 미국의 참여민주주의(participatory democracy)는 자유민주주의(liberal democracy)가 아닙니다. 자유민주주의는 정부가 적을수록 좋다. 자유방임주의 비슷하게 가지 않습니까? 미국은 그게 아닙니다. 권력을 얼마든지 많이 가져도 피치자들이 참여해서 결정한 사람들이 권력을 행사합니다. 요새 미국을 보면 정치인들이 독재국가에 못지않은 권력 행사를 합니다. 미국적 참여민주주의예요. 윤석열 정부가 미국을 좋아한다던데, 그러면 참여민주주의를 따라가겠느냐 하는 것이죠. 미국이 이야기하는 참여민주주의는 중우정치(衆愚政治; 어리석은 대중의 정치)예요. 제대로 정리된 정치가 아닙니다. 눈치만 보고 따라갈 게 아닙니다.

여담으로, 사람들이 저를 비난할 때 "미국에서 50년 동안 가르치고 미국에서 60년 가까이 살아온 사람이 왜 그렇게 미국을 비판하느냐"고 합니다. 미국같이 힘 있고 경제력이 있고 정보도 많고 능력이 있는 나라가, 기독교적인 부분은 잘못된 게 한두 개가 아니지만, 미국이 잘 되기를 저는 바랍니다. 자기 아들이 공부 못하고 행실이 나쁘면 매로 키우지 않습니까? 사랑하기 때문에 매로 때리는 것처럼 미국도 제가 한 50년 살고 나니까 정이 들었어요. 그래서 미국이 잘되길 바랍니다. 미국이 잘되길 바라는데 『글로벌리제이션』에서 마지막 장에 가면 어떻게 사회가 발전되어야 잘 되는 것인지를 다룬 게 있습니다. 제가 미국을 많이 비판하는 게 미국이 미워서 하는 게 아니고 미국이 좋은 역할을 해달라는 의미에서 사랑하는 아이를 키우듯이 해야겠다는 생각에서 그렇게 합니다.

아직 얘기를 안 했는데, 통일 국가나 통일을 추구하는 국가나 모두 어디에 있습니까? 급변하는 세계정세 속에 있습니다. 급변하는 세계정세가 어떻게 변하고 있는지를 잘 파악해야 돼요. 크게도 보고 미시적으로도 보고 잘 파악을 해야 돼요. 크게는 패권주의가 이제 없어졌어요. 패권이 두 개 있다가 하나 있다가 지금은 없어졌어요. 여러 개로 나간다는 거는 숫자를 대지 못하니까 여러 개가 있다고 추측하는 것이죠. 제 생각에 패권정치는 이미 인류 역사에서 끝난 것 같아요.

각 나라는 자기 나라의 이권을 위해 수단 방법을 가리지 않지요. 몇 나라가 합해서 무슨 동맹(alliance)을, 방위 동맹을 맺는 그런 시대는 지나갔습니다. 중국도 그렇게 안 할 거예요. 패권주의가 인류 역사에서 없어졌다는 것을 염두에 두고 곰곰이 생각해 보십시오. 세계 질서 속에서

통일된 혹은 통일되기 전의 남과 북이 어떤 위치에 있으며 어떤 역할을
할 수 있겠는지 생각해야지요. 통일된 이후에 우리나라가 어떻게 해야
될지 기다리지 말고, 남과 북이 지금 어떻게 해야 되겠는지를 실질적으
로 토론해야 한다고 생각합니다.

박한식 사랑방통일이야기2

# 인권과 통일

인 쇄 일  2024년 2월 20일 초판1쇄 발행
지 은 이  박한식
펴 낸 이  이명권
펴 낸 곳  열린서원
주   소  서울특별시 종로구 창덕궁길 117, 102호
전   화  010-2128-1215
팩   스  02)2268-1058
전자우편  imkkorea@hanmail.net
등   록  제300-2015-130호(1999.3.11.)

값 18,000원
ISBN 979-11-89186-43-2  03340